鲍传友 张曦丹◎主编

百名中小学校长谈师德

BAIMING ZHONGXIAOXUE XIAOZHANG
TAN SHIDE

人民出版社

目　录

第二部分
对师德内涵和要求的认识与实践

第三部分
校长在师德建设中的引领作用

第四部分
师德建设的困境与化解

附　录
幼儿园园长对师德的认识和实践

序

　　教师是人类灵魂的工程师，是人类文明的传承者，承载着传播知识、传播思想、传播真理，塑造灵魂、塑造生命、塑造新人，培养德智体美劳全面发展的社会主义建设者和接班人的时代重任，是教育发展的第一资源和办好人民满意教育的重要基础。

　　党和政府历来高度重视教育发展和教师工作。党的十八大以来，以习近平同志为核心的党中央将教师队伍建设摆在突出位置，作出了一系列重大决策部署。习近平总书记先后对广大教师提出了"三个牢固树立""四有好老师""四个引路人"和"四个相统一"的殷切希望，为新时代教师队伍建设指明了方向和原则。2018年1月，中共中央、国务院颁布了《关于全面深化新时代教师队伍建设改革的意见》，对新时代教师队伍建设提出了总体要求和规划，为加强师德师风建设，培养高素质教师队伍，形成全社会尊师重教的良好风尚，促进优秀人才争相从教提供了制度保障。广大教师要认真学习、领会，落实到教育实践中，争做育人楷模。

　　尊师重教是中华民族的传统美德。习近平总书记每年教师节都会前往学校看望师生，或致信祝贺问候，为全党做出了尊师重教的表率。他在全国教育大会上提出要在全党全社会弘扬尊师重教的社会风尚，不断提高教师政治地位、社会地位和职业地位，让广大教师享有应有的社会声望。这一倡导振奋人心，催人奋进。

建设一支高素质的教师队伍，师德是关键。"学高为师，身正为范"，只有具备了"坚定的理想信念、高尚的道德情操、扎实学识和仁爱之心"的教师才能真正当好学生的"引路人"。师德建设的首要任务是坚守教育的政治方向，教师要时刻思考"培养什么人、怎样培养人、为谁培养人"这样的根本问题，要培养社会发展、知识积累、文化传承、国家存续、制度运行所要求的人，培养一代又一代拥护中国共产党和我国社会主义制度、立志为中国特色社会主义事业奋斗终身的有用人才。要深入学习领会习近平新时代中国特色社会主义思想，树立正确的历史观、民族观、国家观、文化观。教师要带头践行社会主义核心价值观，成为弘扬中华优秀传统文化和社会主义先进文化的典范；要树立专心从教、潜心育人的职业追求，养成以德立身、以德立学、以德施教、以德育德的职业意识，真正承担起立德树人、为党育人、为国育才的光荣使命。

学校是师德建设的主要场所，校长是师德建设的第一责任人。校长和园长对于师德的认识和理解，师德工作的方式和方法对于师德建设具有重要意义。《百名中小学校长谈师德》一书抓住了师德建设的关键力量，反映了全国各地优秀中小学校长和园长对于师德建设的思考和探索，使我们分享了不同地区、不同学校师德建设的经验与智慧。

社会进入了一个新的时代，面对新形势、新任务，师德建设面临很多挑战。信息技术、互联网使新一代学生的生活学习都在发生很大的变化。各种文化的交流，价值观的多元化都在影响着学生的思想。希望今后加强对新时代师德建设规律的研究，总结我国师德建设的经验和教训，深入分析新时代师德师风建设的形势和任务，实践创新，努力探索师德建设的长效机制，打造一支专业过硬、道德高尚的教师队伍。

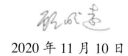

2020 年 11 月 10 日

前　言

"善歌者使人继其声，善教者使人继其志。"

遇到良师是一个人一生中的最大幸运，也是一个人一生中最重要的精神财富。品德高尚的教师不仅会将我们带到知识的海洋中，教会我们求真向善，更能让我们体验到学习和成长的乐趣与幸福，享受生活和生命的丰盈与美好。

做"四有好老师"和"四个引路人"，是党和国家领导人对新时代教师的殷切期望，体现了党和政府对教师队伍建设的高度重视，是教师职业发展和队伍建设的目标和方向。教师队伍建设师德是关键，"亲其师则信其道"，只有具有高尚的师德，教师才能当好"引路人"，才能完成教书育人和"立德树人"的历史使命。党的十九大报告明确提出了"加强师德师风建设，培养高素质教师队伍"的要求，要帮助广大一线教育工作者和研究人员深入了解和认识新时代师德建设的重要意义及其内涵，分析和认识实践中的师德问题，探索师德培养的有效长效机制，真正培养一批爱岗敬业、严谨治学、立德树人、乐于奉献的教师队伍。

改革开放以来，随着我国经济社会的发展，基础教育规模日益增长，教师队伍也日益庞大，专业化水平日益提高，在中华民族尊师重教的社会氛围影响下，涌现出了一大批像于漪老师那样胸怀大爱、毕生奉献教育的教书育人楷模，不仅展现了当代教师的风采，也为广大教师树立了典范。但是，在市场经济的影响下，也产生了一些诸如有偿补课等追求个人利益的教学失范行为。另外，最近几年在基础领域频频发生的一些极端师德案例也经常见诸报端，成为热搜，引起了全社会对师德问题的广泛关注，也成为当前教育政策的热点话题。千百年来人们赋予教师更多的是精神导师和社会道德楷模的化身，"蜡烛""园丁""灵魂的工程师"等，都体现了人们对教师专业品质的美好期待，赋予了教师崇高的社会形象，同时也向教师提出了更高的道德要求。毫无疑问，随着教师队伍的日益壮大，教育情境的日益复杂化，师德建设将面临更加复杂的环境和更为严峻的挑战。从某种意义上来说，师德建设甚至成为当前教师专业素养提升和职业形象再造刻不容缓的任务。然而，师德问题的出现不仅与教师个人素质有关，而且有着十分复杂的社会因素和管理因素，有时甚至受到历史和文化传统的影响，因而师德建设不是一朝一夕之功，也不可能一蹴而就；师德建设任务的复杂性和艰巨性需要教师个人、教育管理者，乃至全社会的共同努力。

校长作为学校的领导者，是教师队伍建设的主体，也是师德建设的主要责任人，他们对当前师德形势、政策、任务和问题的认识与行动，对于师德建设意义深远，也只有依靠校长作为师德建设的主体，才能真正建设出一支德才兼备的教师队伍。过去几年，笔者在参与教育部国培项目小学校长队伍建设和管理以及学校改进的过程中，深切地感受到校长在学校教师队伍建设中的作用，只有他们认识到师德建设的重要性、规律性并自觉地践行和示范引领，师德建设才能获得持久的动力。正是基于这样的理解，我们策划了《百名中小学校长谈师德》一书，并力邀来自全国各地的近百名中小学校长和园长来共同讨论师德建设的相关主题和问题。他们管理经验丰富，在实践中有着广泛的影响力，其中大部分都是来自教育部"领航工程"的校长和园长，有的是党的十九大代表和全国人大代表，有的是地方人大代表和政协委员；有来自北京、上海、浙江、江苏、山东等经济发达的东部地区的，也有来自贵州、云南、新疆等西部少数民族地区的；有工作几十年的老校长，也有正在成长中的新校长；有第四届全国基础奖特等奖和重要奖项的获得者，也有地方名校长工作室的主持者。为了避免重复，在约稿时将内容分成了四个部分，第一部分是校长对新时代有关师德重要论述和相关政策的认识；第二部分是校长对师德内涵和要求的认识与实践；第三部分是校长在师德建设中的引领作用；第四部分是师德建设的困境与化解；第五部分为附录部分，为幼儿园园长对师德的认识和实践。共有近百位中小学校长和园长参与了这五个部分的讨论，分享了他们的观点和做法；不仅反映了广大中小学校长和园长对于师德问题的深入思考，也较为全面地向我们展示了全国各地师德建设的实践经验，其中不乏真知灼见和实践创新，对师德建设具有很好的启发性。

从 2020 年年初发出的第一批约稿函，到 6 月初书稿初步成形，历经了半年多时间，此间正好经历了一场史无前例的新冠肺炎疫情，为了实现"停课不停学"的目标，广大校长和教师不仅服务大局，做好学校防疫工作，而且创新教学途径和方式，积极探索网上教学，展现了新时代教师的责任担当和奉献精神。所以，首先要非常感谢所有参与此书撰写的近百位校长和园长，他们在极其紧张和繁忙的抗疫中贡献了他们在师德建设上的思考和智慧；其次要特别感谢人民出版社为校长们的思想交流搭建了一个很好的平台，提出了很多非常有价值的建议，也为此书的编校做了大量卓有成效的工作；还要感谢教育部国培项目办郭磊主任的支持，为组稿提供了很好的建议和沟通渠道。

由于时间比较紧，主题和篇幅有限，限制了校长们的思路，使得许多内容无法深入展开，难免有蜻蜓点水之嫌。同时由于涉及的人数众多，来源广泛，管理情境差异大，看问题的视角不同，表达风格各异，在逻辑结构和体系完整方面也有一些不尽如人意的地方。诸多不当之处，敬请读者和各位教育同仁批评指正，倘有启发便不枉我们编辑此书的初衷。

　　历经大半年的担忧、焦虑和期盼，终于等到了开学的曙光，疫情让那些曾经令老师们焦头烂额的学校琐事都变得如此珍贵，希望老师们珍惜与学生共处的美好时光，展现师德光芒，照亮每一颗纯净的心灵。

　　　　　　　　　　　　　　　　　　鲍传友

　　　　　　2020 年 9 月 1 日于北京师范大学英东教育楼

第 一 部 分

对新时代有关师德重要论述和
相关政策的认识

一、修好校长"八气"，当好教师引路人

北京市第十二中学校长　李有毅

争做"四有好老师"，当好"四个引路人"，是中华民族伟大复兴的现实呼唤，是教师自我价值实现的内在诉求，也是学校高位优质发展的关键。在这个过程中，校长不仅要做"领头雁"，还要成为众人的团队领袖，带领出一支"排云一上，搏击万里"的队伍。结合北京市第十二中学一直以来倡导的"八气修身"理念，我来谈一谈校长在新时代教师队伍建设中的角色调整和能力建设。

1.树正气，做生涯领航人

"校长是一个学校的灵魂"，这个灵魂应是博大的、深邃的、正义的，影响到学校每一位师生灵魂的生成。雅斯贝尔斯说，"教育的本质意味着一个灵魂唤醒一个灵魂"。在学校这个大家庭中，校长作为最核心的大家长，理应成为教师的生涯领航人，成为最具示范性的榜样。

对于校长而言，"正气"首先就是要有正确的办学观，牢牢把握社会主义办学方向，深入落实立德树人根本任务。其次，校长要有正义的价值观，高尚的品德，干事的激情，务实的作风，以正能量感召师生，明辨是

非，崇德向善，理性思考人生发展，树立理想信念并能够付诸百倍努力。

2. 涵雅气，做团队影响者

新时代的校长应该具有赋能团队的强大力量，不仅要提升个人修养，有和雅之情，儒雅之智，大雅之举，高雅之趣，还要凭借一身雅气形成影响力，赢得全体教师的尊重，并产生积极的推动作用。因此，校长要做团队的影响者，用思想、用情怀、用行动去营造具有人文性和创新性的发展氛围。

我一直认为，是否在任职期内为后任校长留下一个可持续发展的基础以及一种极具生命力的思想痕迹，是评价一任校长"业绩"的重要标尺。北京市第十二中学经过多年办学积淀，形成了"真善美"的文化，为此，我仍要不忘初心，继续前进，通过对"真善美"的坚守，让这种影响力扩散开来，让我们的老师以"真善美"的化身去影响学生，让我们的学生带着"真善美"的烙印去影响家庭和社会。

3. 展大气，做全局战略者

苏霍姆林斯基曾说过，"校长对学校的领导，首先是教育思想的领导"。在教育改革风起云涌的今天，校长走在前面，学校才能出类拔萃。校长要与时俱进，始终做理念的先行者，做谋划全局发展的战略家，在研判未来人才需求、澄清学校发展议题、推行教育改革主张中形成牢不可破的思想力，拥有分析和解决战略性、全局性、前瞻性问题的大智慧。

这种大智慧体现的就是"大气"，是做人的气魄与胸襟，是做事的全面与系统，所谓"德智体美劳全面发展"就是以一种大气的眼光看待学生综合素质的发展，摒弃唯分数论、唯升学论的不良倾向，真正站在适应社会生活、接受高等教育和未来职业发展的角度去培养人。在我看来，这种

"大气"就是陶行知先生所描述的"人生为一大事来，做一大事去"的教育境界。

4.蕴灵气，做课程规划师

课程改革是教育改革的重头戏，校长的课程领导力是衡量校长实力最重要的指标。尤其是在强化综合素质培养方面，不仅强调课程体系要体现"五育并举"的思想，更强调课程内容要突出"知行合一"的理念。如此，校长要成为富有智慧灵气的总规划师，在新高考、新课标、新教材的背景下，聚焦学生核心素养和学科素养，推进"课程—教材—教学—评价"一体化改革，打破常规的课程结构，开发多元的组合课程，铺筑多条的成长路径，为学生的全面而个性化发展定制并推送优质资源支持的课程套餐。

作为校长，要有"钟灵毓秀"的意识，既要聚集天地灵气，也要蕴积自身灵气，还要激发团队灵气，有突破传统思维定势的课程改革力，敢为人先，敢于创变，让课程成为一池荡漾的活水，一朵飘动的云彩，一片变幻的星空，让灵动的课程培养出灵性的学生。

5.筑底气，做科研带头人

随着教育改革的深化，通过科研引领学校系列改革与发展已成为常态，这就要求校长要从行政领导者的角色向"专家型"校长转变，深入课堂教学一线，不仅自身具备一定的科研能力，还应该成为学校整体科研的倡导者、推动者、激励者和支持者，也就是说，新时代的校长必须具有"论学创新"的精神，成为学校的科研带头人。

我认为做科研要有两种底气，一种底气源于自身的扎实学识，即修才气方能有底气；另一种底气来自对一线的精准了解，即接地气才能有底气。为此，一方面要树立"活到老，学到老"的终身学习理念，更新个人知识库，朝着专业智慧的方向发展；另一方面要进课堂、下活动、问学生、访家长，做到实情在握、成竹在胸，让科研真正解决问题，开拓新路，从而为学生的发展服务。

6. 讲和气，做资源整合者

学校要获得更好发展，往往得益于校内外优质教育资源的完美融合。在协同育人的大背景下，校长不能仅是闷头抓教研、苦练修内功的管理者，还应穿越各种边界，熟练"外交"功夫，成为资源的整合者。注重利用高校、科研机构、企业等各种社会资源，构建学校、家庭、社会协同指导机制。

和气，是一种感召社会各界参与学校建设的博爱之心。和气的校长，总能在开拓资源中以和谋事、在建设资源中以和共事、在利用资源中以和成事。为此，校长要广泛接触社会，拥有亲和力，不仅在"点"上有效发挥全体教师的专业优势与特长，也在"面"上积极搭建"家—校—企—社"四位一体的立体资源网络。

7. 立志气，做质量督导人

大凡成功之人，必能不断审视自身，超越自我，走向新的成功。时代的发展、人民的期望不断对学校教育提出新要求。《国务院办公厅关于新时代推进普通高中育人方式改革的指导意见》(以下简称《指导意见》)提出"完善综合素质评价"和"完善学校课程管理"的要求，强调评价监督和质量监测，明确校长主体责任和完善诚信责任追究制度。因此，校长必须具有品质思维，不仅要高质量完成教育任务，还要超越家长和公众的期待，做好教育质量的督导人，严格制定标准，深抓质量评价，带领学校迈上新的台阶。

我很推崇"极致原理"，要么不做，要做就做到最好，这就是所谓的"志气"。志气不仅是志向，更是骨气，是一种向善向好的信念。在强调教育均衡与优质发展的当下，校长不仅要怀有追求完美，缔造一流的信心，还要担当起构建高中学生综合素质评价体系的大任，以评促改，以评提质，扭转不科学的教育评价导向，健全"立德树人"的落实机制。

8.鼓勇气，做改革实干者

习近平总书记曾强调："良好的精神状态，是做好一切工作的重要前提。"改革路上，最不可或缺的就是昂扬向上的"精气神"，这是攻坚克难之信念、锐意进取之勇气、百折不挠之斗志、真抓实干之执着。《指导意见》直接提出"育人方式改革"，其意义深远，就是要建树"不破不立"的信念，让高中育人方式来一次彻底的革命。为此，校长要成为改革的实干家，努力办好在人才培养中起着承上启下关键作用的高中教育。

做改革实干家，首先需要"改"的志，改革就是去除顽疾，正本清源，在革故鼎新中健康发展。其次需要"拼"的劲，改革是建立在苦干基础上的，是一点一滴干出来的，唯其磨砺，始得玉成。最后需要"勇"的气，改革要前行，就必须风雨无阻，勇往直前，开弓没有回头箭，要一鼓作气，不留余地。

作为承担多种角色的一校之长，处在教育发展的大好形势下，站在教育改革的风口浪尖上，唯有常思初心之使命，常求改革之策略，常筑人格之气韵，常修管理之能力，才能迎来教师队伍行稳致远的发展、学校日新月异的新未来！

二、五育并举，立德树人，涵养高尚师德

——教师如何做好"四个引路人"

重庆市九龙坡区谢家湾小学校长　刘希娅

第32个教师节前夕，习近平总书记在北京市八一学校考察时强调："广大教师要做学生锤炼品格的引路人，做学生学习知识的引路人，做学生创新思维的引路人，做学生奉献祖国的引路人。""四个引路人"是对教师职责的深刻诠释，也是当今时代赋予教师的使命要求。当前人才力量成为影响一个国家现代化进程的关键因素，立德树人成为新时代教育的根本任务，立高尚之德、成有用之人，要求教师具有国家大德、社会公德、个人私德，才能真正做好学生的"四个引路人"。

1. 价值选择，是教师做好"四个引路人"的根本前提

做好学生的引路人，教师首先要找到正确的道路与方向。教师对职业价值及人生价值的理解与追求，会潜移默化影响着其言行举止，并润物无声地将价值观、世界观传递给学生。一位教师的价值选择，是其涵养师德的土壤。

在信息技术、人工智能高速发展的时代背景下，世界各国的竞争归根到底是人才特别是创新人才的竞争。学校教育作为人才培养的重要渠道，教师义不容辞地担负着国家赋予这个岗位的使命、责任、担当。胸怀国家大德，深刻地理解我们每天朝夕相处的每一个孩子，都将经我们走向社会、走向未来，成为在瞬息万变的时代发展、风云变幻的世界格局中去博弈去改良开创的未来人，都将成为决定中国以何种姿态立于未来时代的重要个体。正如 2019 年谢家湾小学"教育强国与我的教育人生"主题教师节上一位一线教师所说："普通就像你我，能否把自己有限的生命与国家民族的命运相连，与国家民族复兴的梦想共振？答案是——能！"

谢家湾小学"六年影响一生"办学理念、"红梅花儿开，朵朵放光彩"主题文化，正是基于对国家对教育对孩子终身负责的敬畏感、责任感、使命感，唤起老师们深刻理解孩子们六年小学生活的每一天都不可逆地影响着其一生的发展，孩子的立场、体验、收获是所有工作的出发点和落脚点。校园里的每个主体、每个环节、每个要素都始终坚持站在孩子的角度，去关注、尊重每个孩子，争取一切可能的机会和资源让每个孩子得到最好的发展。所以在谢家湾小学，能看到无论是成绩优异的孩子、多才多艺的孩子、半身瘫痪的孩子、智力有缺陷的孩子，都能得到每一位教师的尊重与爱护；能听到新入校骨干老师上课管不好班级纪律，隔壁班教师担心耽误孩子们而直接向学校反映要求更换教师的故事；能做到近十年，全校没有一位教师进行有偿家教。一切以孩子利益为出发点的价值取向一旦形成，老师们摒弃急功近利的心态，心平气和地研究孩子、全身心地投入教育。

"教育，是两个世界的相遇。"教师对学生的影响，不仅在于传道授业解惑，更是以整体生命的存在于润物无声中影响学生的每一天，教师的生命状态就是最好的课程资源，每一个对自我职业、自我生命高度尊崇的人，会带给孩子不可预估的积极影响。在谢家湾小学，每一个教师节都精心准备，让老师体会职业幸福；老师们看书由学校买单，鼓励老师们在阅读中不断扩容；邀请各界专家为老师们讲中美贸易、讲如何度过更年期、讲营养早餐的搭配，引导老师们热爱生活、关注世界、开阔视野、提升格局，更有质量地过好每一天。这些年来，到校调研或研修的专家、同行们常常惊叹于谢家湾小学教师和学生身上都呈现出一种自信阳光、积极向上、大气开放的生命样态。对老师们的不记名问卷显示，85%没有职业倦怠感，90%觉得自己的职业有价值感、成就感。

2. 专业提升，是教师做好"四个引路人"的核心关键

教师，要为国家培养具有创新能力，能够适应未来、影响未来、引领未来的接班人。因此，教师的德不能停留在爱学生这一感性维度上，更应提升爱学生的能力。作为教育教学的主阵地，课堂成为促进学生学业发展、培养学生创新能力的重要阵地。近年来，谢家湾小学的老师们贯彻党的教育方针，落实立德树人根本任务，发展素质教育，遵循教育规律和孩子们身心发展规律，大胆创新实践，变革习以为常的惯性思维和行为，围绕学习方式转变，提升每节随堂课质量，孜孜以求地研究更多让孩子主动学习、深度学习、探究学习的课程要素，共同推动教育教学改革。

早在十余年前，谢家湾小学老师们主动尝试跨学科教学，不同特长的老师们开设社团活动，开创了以课程整合为载体和突破口的学校综合变革，创新了教师专业成长路径。全面对接国家课程要求与标准，将地方课程、校本课程融入国家课程，建构了三级一体化小梅花课程体系。促进了老师们在课程实施中对课程内容的扩充、对学习方式的优化，使国家课程更优质地落地。近年来，研发142本《小梅花课程系列丛书》，500多个专题活动和200多项社团活动，老师们在这个过程中，逐渐突破教室中心、教师中心、教材中心，对教育教学有了更加科学的观念认知，并在各学科、各环节的教育实践中实现"育人"。2019年9月，出版7门学科、25本教学建议，力求回答谢家湾小学如何在每一节随堂课中关注全体学

生的差异性发展，让每个孩子够到自己的最近发展区，得到最好的成长平台。这个过程中，老师们大量阅读脑科学、教育学、心理学书籍，以一节节课例为载体，探索构建合作学习、深度学习、探究学习的最佳课堂样态，培养具有创造力的学生。

在这样的专业成长中，教师的职业价值感、自我尊崇感得到极大满足，在与学生发展的共振中实现人生价值。无论是 2015 年暑假、2019 年暑假，当走进谢家湾小学，阅览室、办公室、教室里，都能看到老师们三五成群，围绕教学丛书、教学建议心无旁骛地编辑文字、翻阅资料，热火朝天地集体讨论，甚至面红耳赤地争辩……下班后、节假日主动留下来为一个教学材料、一个教学片段、一个报告继续展开研究，这样的专业研究状态在谢家湾小学已经成为一种常态。老师们自我专业提升的主观能动性被激发出来，并影响着学生成长的每一堂课、每一天校园生活。

3.五育并举，是教师做好"四个引路人"的重要途径

2018 年全国教育大会上，习近平总书记提出要"培养德智体美劳全面发展的社会主义建设者和接班人"。多年来，教育只看重分数忽视学生作为"完人"的整体存在，使教师的育人观、质量观发生扭曲。高尚的教师师德，应建立在对质量观具有科学的认知和实践基础上，即充分理解教育的根本目的是育人，育全面和谐发展的完人。因此，坚持德育为先，五育并举，应成为每位教师落实立德树人、实施素质教育的重要途径。素质教育所倡导的基础性、全体性、全面性、差异性、发展性应成为学校教师在教育教学实践中的不竭追求。

五育并举，首先是德育为先。要培养具有爱国情怀、具有社会主义感的学生，要从细节处做起，把宏大的目标和具体的行为以学生能理解、能做到的方式有机融合起来。例如：为了让社会主义核心价值观用孩子们听得懂的方式进校园，老师们结合孩子们的校园生活，用标志性图片和更贴

近孩子的语言呈现在校园里各个角落，如"爱国：从敬一个标准的队礼开始"，如对"民主"的呈现是配以孩子们大队委选举的照片，并鲜明地写上"投下神圣的一票，履行少先队员的权利和义务"等；在《小梅花课程系列丛书》里，老师们特意根据习近平总书记在北京民族小学的讲话选编了《从小积极培育和践行社会主义核心价值观》；每年两会期间，开展"跟着校长看两会""朵朵聊两会"等活动；六一儿童节，开设自由演讲平台……这些贴近孩子们校园生活的主题教育活动，引导着孩子们更加爱党、爱祖国。甚至有孩子树立的理想是长大了当国家主席。

五育之间并非割裂的，以融合的形式作用于学生发展，培养学生的健全人格和综合素养。五育并举正是教师对全员育人、全程育人、全方位育人的理解与实践，成为教师师德的高度体现。教师应不分学科、不分时间、不分地点，以培养学生综合素养为目标为其提供完整的成长环境，作用于孩子们的精神状态、学习成绩、综合素质、行为方式、修养气质等方面，潜移默化使孩子自由、活泼、自信成长，成长为具有健全人格的人。

谢家湾小学教师们正是致力于通过课程改革促进校园综合样态的改良，整体作用于学生德智体美劳全面发展。学校每天 9 点上课，取消上下课铃声，孩子们上课可以根据自己的需要随时上洗手间、喝水，圆弧形课桌让孩子们学习如何合作交流、如何协调矛盾、如何处理分歧；全校取消统一课间操，每个班级每天一小时体育活动时间，分年级分别进行棒球联赛、足球联赛等，每年每个班级创作一套自编操；建构跨年级社区式学习空间，不同年级的孩子生活在同一楼层，还原社区真实空间，促进孩子跨年级跨界交往；全校自助午餐并开发相应的劳动课程，孩子们独立添餐收拾餐盘、为同学盛汤、收拾餐台、整理餐具、清洗餐具。有的老师带领班级以自助午餐为主题创编了自编操，用融入学生日常校园生活的方式增强劳动意识。通过小梅花课程，谢家湾小学的校园生活更加从容、自在、充满活力，孩子们自主自律、勇于创新、身心愉悦、善于合作，综合素质强。

六年影响一生，小学阶段的基础性、可塑性决定了孩子们在这个阶段形成的世界观、人生观、学习观将对其未来发展产生至关重要的影响。作为孩子们六年成长过程中的重要陪伴者与同行者、引导者，教师要自觉涵养师德，坚守正确的价值选择，不断提升专业能力，在坚持落实五育并举中促进每一个孩子全面发展，才能成为让学生信其道、奉其教、效其行的合格引路人。

三、为国育才，行之以忠

上海市实验小学校长　杨荣

旗帜就是方向，就是指引。教育的方向，就要坚持以习近平新时代中国特色社会主义思想为指导，拥护中国共产党的领导，贯彻党的教育方针。我们的论述将从分享两个教育故事开始。

上海市实验小学，始建于 1911 年，首任校长李廷翰是上海一名颇有名望的学者，为了实现教育救国的理想，受国民政府的委托在一亩三分地的露香园旧址上，建起了上海第一所贫民小学——万竹小学，并为小学堂确定教育为了"强国固基"、办学为了"起始儿童幸福"的目标，数十载的励精图治，使学校享有"上海小学之最优"的美誉。新中国成立后的第一任校长张炎林提出贯彻党的教育方针，服务社会主义，服务工农大众，把旧中国的名校办成新中国自己的名校，经历艰苦的自我革命与积极的教育实践，成为上海第一所以"实验"命名的学校，教育部在上海唯一的一所部属重点小学。思索其成功核心，则在于小学校用专业的行动，体现着与国家共命运、与时代同呼吸的大情怀。

上海市实验小学，现有 8 位省级以上劳动模范，上海市首批自然特级教师林有禹就是其中的一位，在他百岁华诞回顾教坛生涯之时，他是这样说的：当时新中国刚成立，百废待兴，要国家强大必须发展科学，所以我就要努力在孩子们的心中埋下科学的种子，在以后的日子里，没有自然教学法，林老师自创自编《小学自然教学法》，没有教具、实验器材就自己动手做，不仅满足自己学校需要，还提供给区域内小学使用，终成德高望重的学科泰斗。总结其成功核心，则在于普通教师自觉与祖国共命运，小小课堂连着大时代。

坚定政治方向，教育的政治方向包括以目标、立场、观点、纪律为主的政治认同，和以鉴别力、领导力、行动力为主的自觉实践。多年来政治建设中出现的"松软散"问题，同样也反映在教师队伍之中。党的十九大明确提出"两个一百年"奋斗目标，中国特色社会主义进入了新时代。2018 年 9 月，习近平总书记在全国教育大会上明确指出：新时代教育肩负的使命就是必须把培养社会主义建设者和接班人作为根本任务，这也成为新时代教育事业的灯塔与航标。

教育强则国家强，强教育人人有责。学校在完善机制、文化滋养的基础上，建立"以提高政治站位坚定理想信念，以厚植家国情怀实践为国育才"的工作原则，探索了新时期教师教育的新路径。

培育"学习+"开放模式，强化认知。学校是教人学习的地方，教师就是学习模范，是学生的榜样，校长是教师的"教师"。学校是塑造人的场域，处处是学习的场所，教育每每凸显政治站位，时时刻刻强音理念信念，为此我们形成了兼顾组织与传播功能并行的"同心圆"开放式的学习模式，即以支委会的政治理论学习为内圆，以行政会议"咖啡学习时间"、以教研组的 10 分钟微学习、以周一次全教会学习为外圆，层层传递，持续发力；以书本自主学、会议室集体学到课堂为"半径"的公开宣讲活动，让政治走进教室，走进学生心里，通过每学期"党员故事屋"走进班级，社会发展、知识积累、文化传承、国家存续生动呈现。学校教师教育必须把政治学习前置于业务进修，用鲜明的政治导向，保证教育的政治方向。

建立学习制度，精细过程管理。针对普遍存在的重业务学习、轻理论学习的问题，学校提出"三严"的要求，即严谨制度设计，严格过程记录，严肃学习形式，实现有章程可遵循，有记录可查询，有成果可实证。章程制度从党支部"三会一课"制度，到全教会会议制度，从教研组微学习到教师个人各类学习，均对时间、地点、内容、任务等作了明确规定，保证了团队学习和个人自主学习都在规范中得以落实。学校对学习的关键环节，精细设计了管理措施：对教师学习的时间作了严格规定，保证教师有足够的时间学习；把理论学习作为校本培训的常规内容，从总量到质量上都有明确，夯实了政治理论学习的效果；建立主讲制，校级会议党政主要负责人讲党课、时政，教研组长、骨干教师在全教会、教研组主讲改革前沿，政治理论成为不同专业水平的第一分水岭。

融通学习载体，对接专业培训。把政治素养作为职业培训最重要的内容，需要管理的智创，学校在不过多增加教师负担的前提下，把政治理论学习与经典专业进修方式融合联动。如把读书与写字基本功修习相结合，做到日日学日日写，习近平新时代中国特色社会主义思想就是教师习字的内容；把阅读与朗读相关联，在阅读理论书籍时，采用"最美朗读者"的方式，让教师选择自己最喜欢的段落在读书节上展示，有利于深读细品。把政治学习心得带进教室，传递给学生，研发"党员故事屋"项目，"改革开放在身边""70 年家事国事"等专题，把理论性极强的内容，通过故事的方式，演绎成学生思想教育的鲜活内容，为学生所喜闻乐见。

培育"行动+"文化的学习形态，体现效能。教师真正具有坚定政治方向，一定是深刻的理解融入血脉之后，再化作言行，站立在三尺讲台，对学生产生的积极影响力，之所谓己不昏昏然，方能示人以昭昭然，我们探索了"行动+"的实践模式，用学校历史文化资源感染教师，用万竹沙龙社组织教师在攻坚克难中追求卓越。

重温历史不忘初心。学校用百年文化积淀为教材，让教师与历史对话，了解教育的意义是为民族谋未来，为人生谋幸福，学校的价值是为国育人才。

学校把百年办学的沿革著成《穿越时空——百年名校持续发展的规律性研究》一书，传递的是"学校是儿童幸福的起点"基本办学理念下的中国故事：用专业谱写"前辈毕业后辈继，万竹教泽长"的学校美好记忆；用管理的"形神兼备"，规范行为，鼓励教育走出中国自己的路；把教师资源作为学校第一资源，坚持"小学校之良否"，在于"教师之学力"的评价标准，尊重教师，培养教师，帮助教师在体验"教学相长育英才，实验常辉煌"中感受职业幸福；体会学校发展是能在社会重大变革或者浩劫中率先成功"应变"。理想与专业兼备，职业与文化交融，才可以在"擘划经营年复年"中铸就"万竹声名扬"的教育传奇。

"浸润历史敬仰名师"以养正气，通过走访名师，在与大家面对面中，领悟好教师的成长规律，树立职业榜样，像优秀的前辈一样做老师，把国家的发展植入学生心中，把国家对公民的要求渗透在每一次与学生家长的交流中，培育未来公民应有的核心价值观，把国家对人才的需要融入每一节课时中，为学生积聚报国的力量，无愧于学生成长引路人、为国育才践行者的使命。

伙伴对话沙龙论道攻坚以显灵气。办人民满意的教育，办社会欢迎的学校，做学生喜欢的老师，是教育工作者最大的政治坚守与责任担当。上海的教育要前行在实现教育现代化的最前列，百年名校要成为教育的常青树，就需要自我加压，敢于革新，励志超越，为此学校采用了"特"组织的方式，建立"万竹沙龙社"，此意是警醒教师不忘万竹小学的起点。沙龙下设高级教师为成员的"骨干社"和以五年内新加盟教师为成员的"青年社"，通过协同研修，课题攻关，在专业互动中实现优秀师资的代际传承。近年来凭借着"上海市教育信息化标杆校培育项目""校本项目活动撬动学生学习方式变革"等的研究，在先行先试中成为教育改革的排头兵、突击队。

教育之道有诸多解说，但核心之道只有一条，那就是做社会主义核心价值观的信仰者、传播者、模范践行者；教育工作有诸多定律，但黄金定律只有一条，那就是遵其师信其道，今天学生信师传之道，明天才可能成为师所望之人；教育任务有诸多内容，但核心任务就是培养社会主义建设者和接班人。我们每一个教育工作者将忠诚履行党和国家赋予的神圣使命，坚持政治方向，坚定理想信念，行之以忠，用成功的教育实践回答"培养什么人""怎样培养人""为谁培养人"的时代之问，在为国育才的赶考中交出一份无愧于时代、人民的出色答卷。

四、坚定政治方向，凝聚教师力量

北京市史家小学校长　王欢

坚定正确的政治方向，是学校教育发展的根本要求，也是教师队伍建设的首要任务。在史家教育集团，我们以习近平新时代中国特色社会主义思想引领教师队伍建设改革，将坚定政治方向贯注到教师发展价值中，使教师有正确的政治观、历史观、民族观、国家观和教育观，争做"四有好老师"，当好"四个引路人"，坚守"四个相统一"，始终忠诚于党和人民的教育事业。

1.把准政治方向，明晰教师职业的价值核心

社会主义核心价值观为学校教育价值核心的确立提供了根本指针。党的十八大报告首次明确了社会主义核心价值观。我们认为，对应社会主义核心价值观的三个基本层次，引领全体教师把社会主义核心价值观熔铸到职业发展价值中，着力塑造史家教师的"为民德""为人德""立身德"，是史家教育义不容辞的责任。"为民德"指向热爱祖国，"为人德"指向关心社会，"立身德"指向完善个人。"为民德""为人德""立身德"从师德建设层面确保了社会主义核心价值观落到实处，并持久推动全体教师的职

业深度发展。

我们不仅着力贯通社会主义核心价值观与"为民德""为人德""立身德"的内在关系，还着眼让全体教师围绕社会主义核心价值观的培育和践行，通过立德来树人，培养德智体美劳全面发展的社会主义建设者和接班人。在史家教育集团，"为民德""为人德""立身德"成为教师队伍建设的价值核心，并贯通人的类性、群体性和个体性发展，成为马克思主义关于"人的全面发展"理论在史家教育中的具体体现。而这种职业价值上的深层和谐，实质上把"修身、齐家、治国、平天下"内在地贯通起来，从而把教师发展和学生成长导向更高层次的家国情怀。由此，鲜明的价值核心为我们在教师队伍建设中把准政治方向提供了有力支撑。

"为民德""为人德""立身德"成为史家教师心灵深处的清晰投影与真实写照，使每一位史家教师都能够将全部力量汇聚成给予孩子无限成长可能的精神力量。特别是史家教师在推动城乡一体化学校建设，并在雄安校区建设及面向全国的史家学院培训工作中，着力拓展了集团化办学的优质均衡效应。在一条拥有家国情怀、具有史家特色的教育精准扶贫创新之路上，全体史家教师实现了职业发展境界的内在提升，让史家教育优质的半径不断延长，让集团办学均衡的圆周持续扩大。

2. 把握政治方向，夯实教师育人的价值基础

"四有好老师"要求侧重师德建设视角，"四个引路人"要求则凸显学生成长视角。秉持"为党育人、为国育才"的教育使命，我们把"为了孩子健康快乐成长"作为史家小学教育的价值基础。同时，我们从学生成长维度定义教师职业发展，积极构建、持续倡导教师在学生成长中当好学习价值的引导者、学习场景的创设者、学习过程的激励者、学习获得的评估者、学习资源的统筹者。

在集团化办学中，我们还不断深化"成长"内涵，从精神上凝聚、思

想上引领全体史家小学教师在义务教育综合改革中并肩开拓、携手奋进。基于"教育即成长"的理念，我们认为，教育就是给予学生"成"的力量、尊重学生"长"的过程。"成"的力量源自立德要求，"长"的过程基于树人规律。史家教育立德树人，就是要在多要素、长链条、全方位的家国情怀教育中给学生成长以无限可能。由此，坚实的价值基础为我们在教师队伍建设中把握政治方向提供了深层依托。

为使集团的价值基础更加全面地体现党的教育方针和政策要求，我们进而致力于"好教师"向"好教育"的价值传导。我们认为，好教师就是好教育。我们倡导，史家好教师应具有博大育人情怀，把家国放在正上方，把师德放在正前向，把学生放在正中央，在专业、志业、德业的层递式发展中真正成为学生成长的引路人，在历史接引现实、书本接轨生活、认知接连行动的育人过程中，不断塑造学生真实的成长价值。史家好教育应具有宏大发展格局，凸显国家意志，呼应人民心声，增进资源融合，持续创拓学校牵头、家庭支撑、社区跟进、社会延展、网络连接的办学新样态，以成长为标杆，以专注为标尺，以绽放为标度，促进学生在宏大视角下与不同维度的学习资源密切交互，在真实发生的学习中不断成长为"具有家国情怀的顶天立地的中国人"。

3. 把牢政治方向，确立教师品行的价值标准

在教师队伍建设中，我们围绕"品行端庄的文化人"内涵持续展开广泛讨论，不断推动每一位教师在有品质的集团发展中促公平、增活力。特别是党的十九大以来，中共中央、国务院颁布《关于全面深化新时代教师队伍建设改革的意见》后，我们凝智聚力、集思广益地提出了"品行端庄的文化人"的价值标准。

我们认为，"品"指向专业精神，教师要"热爱祖国，具有较高政治素养，贯彻党的教育方针""热爱教育，落实立德树人根本任务""热爱史

家，理解、认同、践行史家和谐教育理念"；"行"指向专业能力，教师要"尊重儿童，遵循教育规律，具备扎实的教学基本功""投身改革，不断更新自我，拓宽视野""团队合作，积极开展协作与交流"；"端庄"指向专业态度，教师要"为人师表，作风正派""甘于奉献，言传身教"；"文化人"指向文化自觉，教师要"终身学习，优化专业知识结构，提高文化素养""潜心钻研，以科学精神和方法进行日常反思与职业研修"。由此，确切的价值标准为我们在教师队伍建设中把牢政治方向提供了具体遵循。

当前，"品行端庄的文化人"形象已成为全体教师的自觉追求，也成为领航教师的集体形象，并以其内蕴的强大发展动力不断提升集团教师领导型治理结构的运行品质。基于"互相追随、互为引领"的教师动力群，一种"多元群动、和谐共治"的办学新样态正在集团教育中无限生发。在领航教师带动下，史家教育不断彰显政治自觉、文化自信、教育自主。例如，在抗击新冠肺炎疫情期间，集团打破年级界限组建相同班号的学生形成 29 个"班级社区"，以每晚在线交流方式助力学生居家学习生活。行政领导服务于每周 145 个主持班级社区的领袖教师，带动近 600 名教师共同组成生机勃发、活力无限的教师战疫团队。大家深知，大疫当前，教师凝聚起来，孩子们就能凝聚起来，千万家庭就能凝聚起来，中华民族就能凝聚起来，举国一致、齐心一力、战胜一切！

教师有信仰，教育有力量；教师有情怀，国家有希望。坚定正确的政治方向，笃行教师的发展价值，方能在关键时刻立得住脚、挺得起身、冲得上人，方能让我们深层激发并多向凝聚全体教师一心向党的强大政治动力，在携手打造新时代好教育的史家办学之路上满载使命、健步前行！

五、以党建力量，推动师德师风长效机制建设的巴蜀实践

重庆市巴蜀小学校长　马宏

"巴山映古今，蜀水刻春秋，小时见未来，学问要创造。"

这首暗含巴蜀历史传承和未来追求的藏头诗，寓意着学校在传承中发扬。巴蜀人正是这样"一代接着一代干"，不断强化师德师风建设，全面深化着新时代教师队伍建设。

谈到教师队伍的师德师风建设，似乎是一个老话题，却是一个常讲不衰的话题。从习近平总书记在不同场合多次强调、深刻阐释教育改革见解，到中共中央、国务院出台《关于全面深化新时代教师队伍建设改革的意见》，再到教育部等七部门联合印发的《关于加强和改进新时代师德师风建设的意见》，无不彰显了党和国家对教育是国之大计、党之大计，教师是立教之本、兴教之源，师德师风建设是立德树人根本任务的必然要求的重视。

从"趋合时代、适应潮流"土壤中生长起来的巴蜀，作为一所基层小学，在全国第二批"不忘初心、牢记使命"主题教育中，用党建引领师德师风长效机制建设，精准领会其精神实质，结合学校传统，创造性地落实好教师队伍建设巴蜀实践，把自我革命推向深入。

1. 文化传承与发扬——对师德师风的巴蜀认识

(1) 从历史中走来的传统基因——以先进的思想育人

任何一个学校，都有属于自己的学校传统。创办于 1933 年的巴蜀小学，孕育于巴山蜀水之中，发展于此，服务于此。家国之初心，崇高的社会理想导引着新一代巴蜀老师，不断地吸纳与转化着黄炎培、叶圣陶、卢作孚、沈钧儒、王缵绪、周勖成等前辈先贤们的智慧。

1932 年发布的《建校宣言》中"顾及教的种种，又顾及育的种种"的师德师风表述，至今依然作为优秀的传统基因，在一代又一代巴蜀人血液中流淌不息，让巴蜀人始终不敢、不能、不愿有违初心，努力着"创造一个新的学校环境，实验一些新的小学教育"。八十多年来，"与学生脉搏一起律动"，在对教育思想的理性深化过程中，加强师德师风建设，从而培育一批有思想、有情怀的教师队伍。重庆市首届"最可敬可亲教师团队"，是队伍建设获得人民认可的重新审视，更是对师德师风的最好注脚。

(2) 在新时代追求的境界生活——以创新的实践强师

教育不仅是满足个体和社会发展需要的工具，而且也是不断提升个体人生境界并以此引导社会良性发展的工具[1]。新时代，巴蜀旗帜鲜明将"立德树人"作为根本任务，回应持续坚守的巴蜀育人目标，回归教育的初心与梦想，提出了培养"头脑科学，身手劳工，自信、豁达、优雅的现代公民"的"巴蜀型"学生。这样的培养目标，就需要师德为先、读懂学生的教师队伍。

借助在长期实践中形成的对"基于学科育人功能的课程综合化实施和评价"这一国家级教学成果特等奖的研发，卷入所有教师边实践、边研究、边总结、边深化、边推广的螺旋式递进，为师生发展创造更大的成长

---

[1] 戚如强：《习近平师德观述论》，《社会主义研究》2018 年第 3 期。

空间和更多的机会。每位巴蜀教师以身示范，借助学科课堂把人性中最善良、最美好、最纯真的东西植入孩子心田的同时，作为党员、少先队辅导员，在孩子心田中埋下爱党爱国的种子，和他们一起立下"心怀祖国、放眼世界，关心人类共同命运"的远大志向。持续对教育教学的实践创新，过上有境界的教育生活，成为新时代老师的职业生活追求。

（3）当下环境凸显的温和思考——以厚重的文化育人

2020 年作为《中国教育现代化 2035》的重要起步年，恰逢巴蜀新十年计划征程的开启。高位再发展的巴蜀，正以新的视角来看待教师发展的新命题，一起探索如何坚守人的良善，且在人的良善的基础上主动担当起教育人的使命，在大视野、大格局、高格调中不断提升自己的师德师风，在教育现代化发展中主动担当，践行为党育人、为国育才之责任。

特别是这次新冠肺炎疫情，带给教育更多深层次的思考。巴蜀人立足当下，面向未来，在学校党委"做好自己、服务他人"倡导下，在危机的"暂停"中回归对教育本质的追问和"重启"，涵养师德，展开关于未来教育"变与不变"的思考和行动，研发系列课程，服务师生成长。

"巴蜀公开课"基于"泛在学习（U-Learning）"理论，秉持"陪伴我成长"的核心理念，利用信息技术和移动互联资源，构建起基于互联网环境的学习共同体组织生态，从良好的成长习惯、有效的家校互动、扎实的学科知识三个方面，开展云上管理、课程、教研、学习、评价等活动。巴蜀师生在"一班一生一节奏"中舒展教育生活，促进学生学习的内在需求自主性和个性化，全时空、全流程、全素养在线学习，为学生终身学习奠基，在不断的实践探索中，五育并举，全面发展素质教育。

还记得 10 分钟内就完成招募的巴蜀志愿者团队，他们面向社会，组建公益在线学习"云班级"，结对牵手重庆部分区县，以及"脱贫攻坚"的凉山随班就读 30 多个班级，在 2 个多月、10 周、50 个主题课程、140 余份教育资源共享中主动作为、坚守责任，用"真与动"的巴蜀精神，践行了教育人的责任与担当。

只有"大德"才能舒缓焦虑，只有"大德"才能陪伴成长，也只有"大德"才能给我们温和坚定迎接未来的力量。立意高远，坚守为党育人、为国育才、为民服务之责任使命，是巴蜀教师队伍发展的原则和底线，也是巴蜀对师风师德的进一步理解。

2."三个自觉"激活内驱动力——师德师风建设的巴蜀实践

新时代师德建设要求广大教师首先要有马克思主义信仰、共产主义远大理想和中国特色社会主义共同理想，这是最根本的思想政治素质[①]。在2019年那段岁月静好的日子里，"不忘初心、牢记使命"主题教育在巴蜀如火如荼展开。学校党委带领广大党员干部，从政治自觉、思想自觉、行为自觉三个方面以党建引领师德师风建设，以思想先导引领团队的教育实践。

（1）严守政治自觉的原则底线，筑牢完善制度保障

党的政治建设决定党的建设方向和效果，不抓党的政治建设甚至忽视、背离党的政治建设的指引方向，党的其他建设就难以取得预期成效。师德建设当然也是如此。高位再发展的巴蜀，同祖国一样站在了历史的高起点。我们始终相信，巴蜀的老师们都有"教书"的优秀技能，但"育人"需要把人性中最善良、最美好、最纯真的东西植入孩子们的心田，这不是"两耳不闻窗外事，一心只教圣贤书"就能达成的，需要老师和孩子们一起立下"心怀祖国、放眼世界、关心人类共同命运"的远大志向。

所以，我们讨论共识、明确制度，党员干部带头自觉把自己放在组织的坐标体系上来思考问题，发挥党员教师先锋模范作用，以政治自觉提升理论素质，以身示范引领教师们树立严格的师德师风底线意识。

---

① 杨修平：《习近平总书记"四有"好老师的教育哲学意蕴》，《中国教育学刊》2018年第7期。

政治自觉为师德师风的长效机制建设打下了制度基础。

（2）**激活思想自觉的内驱动力，夯实团队奋进之基**

思想建设是党的基础性建设，坚定理想信念是党员干部进行思想建设的首要任务。站在新起点，开启新征程，如何确保教育事业始终沿着正确的方向不断前进？结合新时代巴蜀高位发展中面临的困难与挑战，党委班子深知缔造一支事业上素质优良、思想上甘于奉献的队伍最为重要。时至今日，巴蜀"进了巴蜀门，就是巴蜀人"的职业感、责任感、归属感、关爱感，和那一份在工作生活中不断提升正气、提升修养、提升师德师风的使命感，不断提醒着我们要坚定信仰信念。

所以，我们在校园党建中坚持加强理想信念教育，不断改进工作作风，以思想自觉提升师德师风建设中的责任意识。

思想自觉为师德师风的长效机制建设打下了团队基础。

（3）**增强面向未来的行动自觉，提升师德与专业能力**

习近平总书记在考察八一小学时强调，一个人遇到好老师是人生的幸运，一个学校拥有好老师是学校的光荣。针对"好老师"的定义提出了"要有理想信念、有道德情操、有扎实学识、有仁爱之心"四条标准。"四有好老师"不仅是对教师专业技能的要求，更是教师师德水准的标尺。

所以，我们在校园党建中要求党员干部、教师群体以此为目标，以行为自觉提升专业能力，激活创新活力，"在做事中熔炼队伍修养"集中智慧，解决师德师风建设的内在动力，不断提升专业水平，扩展能力边界。

行动自觉为师德师风的长效机制建设打下了能力基础。

3. 学校党建引领师德师风长效机制建设——新常态下的巴蜀再思考

《中国教育现代化2035》明确要求"大力加强师德师风建设，将师德师风作为评价教师素质的第一标准，推动师德建设长效化、制度化"。由于教师职业的神圣性，加强师德师风建设，必须以党的建设为指导，充分发挥党组织的核心作用，才能真正推进师德师风长效机制建设。

在巴蜀，我们从以下几个方面进行思考、实践。

（1）探索建立师德师风建设与思政工作同频共振的工作机制

为了解决长期以来在师德师风建设中存在的读读材料、记记笔记等摆形式、走过场的问题，巴蜀建立了思政工作与师德师风建设同频共振的工作机制。

通过党建工作的开展，我们充分发挥着思想政治工作在教师职业道德、教师作风建设中的主阵地作用，将师德师风建设工作融合、渗透在巴蜀思想政治、意识形态工作中。尤其以微党课等形式号召广大党员干部讲出自己的故事，讲出自己的思考，凝聚众智，在神圣的校园党建环境中，推动着师德师风长效机制的建设。

（2）形成完善师德师风考核与党内评议监督并轨运行机制

在传道授业解惑的过程中，我们是教育者，也是参与校园党建等活动中的被教育者。因此，巴蜀借助支持教师发展的"四段三维"评价，建立了党员干部监督评价机制，着力解决在师德师风落实中主客观原因存在的缺乏监督、有知无行、知行不一等问题。

当今社会环境中，随着对教育的重视，人民群众对教师的依赖性也越来越大，对教育者的期待更是越来越高，这更需要每一位教育者通过高尚的师德情操来保障。巴蜀优先将师德师风建设纳入教师日常工作评价考核中，健全师德监督体系，并从党员推广到学校行政、学术委员，再逐步落实到全体教职工，以每周小学校行动例会、学科组教研工作会议、管理干部例会等方式，常态优质进行师德师风引导和监督，实现师风在一线转变、师德在一线树立。

（3）构建新时代网络党建与师德师风建设一体化机制

新时代，新挑战，新机遇，新作为。我们理解，好学校永远是不安的，需要不断主动革新自己。推进师德师风长效机制的建立，必须以未来的眼光思考，对个人、对学校来讲，永远葆有接续奋斗的状态，需要领导者的以身示范。

学校抓住"关键少数"，引领带动"绝大多数"。通过开展网络党建，积极联动新媒体，以多种形式扩宽影响面。例如在学习强国等平台上，通过群聊等形式，号召党员干部集中学习师德师风相关内容，鼓励大家分享学习心得，不断发掘网络中优秀舆论导向作用，建立有效的宣传工作机制，并提供专业的工作指导。

4.总结与展望

2019年教师节，我代表团队在人民大会堂受到习近平总书记的接见和勉励，我们将始终牢记总书记的教诲，人民教师无上光荣，每个教师都要珍惜这份光荣，爱惜这份职业，严格要求自己，不断完善自己。我们的光荣来自于那一份善良、感恩、职业、专业的自觉和熏陶，更来自于藏在教育者身上诸多标签之下的"德"！

在这个不断变幻的时代，巴蜀"真与动"精神昭示着我们：保留那一份"真"，用内驱动力不断成长自己；更要兑现那一份"动"，以创新的力量打破常规的桎梏去成就学生、成全同事、发展学校、成长自己。"共同经历、彼此滋养"，师德师风建设只有进行时，没有完成时。巴蜀将秉持"教育是做的哲学"：以党建力量，推动师德师风长效机制建设，用奋斗诠释初心，用专业践行使命，与学生脉搏一起律动，用教师的师德为立德树人根本任务落实保驾护航。

六、落实立德树人是新时代
中小学校的重中之重

哈尔滨市第十七中学校长　刘艳伟

党的十八大以来，习近平总书记在一系列重要讲话中对我国教育"培养什么人、怎样培养人以及为谁培养人"这个根本问题作了具体阐述，在党的十九大报告中，习近平总书记又进一步深化了立德树人的理论内涵，赋予了立德树人理论意蕴的新高度，对立德树人提出了更高的实践要求。新时代的中小学校师德师风建设，就是要解决和落实谁来引导学生的立德，谁来培养创造性人才，就是要强调教师的楷模作用。

1. 落实立德树人是新时代中小学校的新目标，要把立德树人落实在学校的办学思想上

习近平总书记在党的十九大报告中特别在立德树人前面加了"落实"两个字，这是在新时代对中小学校提出的新目标。党的十九大报告再次强调了立德树人，学生的社会责任感、创新精神和实践能力的重要性。正如习近平总书记在北京市八一学校考察时强调：希望同学们努力成为一个有责任担当的人。很高兴的是我校的办学思想"为每一个学生的发展打好

基础，做负责任的校长，做负责任的教师，培养出负责任的人"是符合习近平总书记要求的。我校提出的注重培育学生强健的体魄和健康的心理品质；强调学生离开学校的时候，带着浓厚的学习兴趣，走向高一级的学校和社会。即：培育有良好的品格、有科学的思维方式、有正确的价值观的"三有学生"的"阳光教育"办学主张，就是"落实立德树人"任务的具体实践。

中小学校立德树人首要任务是培育学生的德性。我校以办学理念、校训校史、校风学风、校园文化传统等基本元素构成的"阳光教育"是一种内隐式的校园文化。悠久的校史校情、优良的校风学风以及健康的教风班风等是一所学校的精神归属，无不深刻地影响着学生的思想、道德和行为，时时刻刻发挥着文化熏陶与渲染、凝聚力与吸引力的作用。我校的"三有学生"教学目标培育着学生德性、锤炼着学生品德、熏陶着学生道德情操、塑造着学生思想、培养着学生健康心理、健全着学生品格、匡正着学生价值观，课堂教学中的"三引导"在潜移默化中引导学生"扣好人生第一粒扣子"。"阳光学生""我的成长看百天"，起着榜样示范和感召作用，不仅弘扬了主旋律，还传播了正能量。"为每一个学生的发展打好基础，做负责任的校长，做负责任的教师，培养出负责任的人"办学精神内化为学生的道德修养和人生追求。

2. 落实立德树人是新时代中小学校的新作为，要把立德树人落实在学校的文化建设上

新时代中小学教育改革发展的成果要更多、更公平地惠及全体人民，这是党和国家对我们的厚望。为此，我们在专注教育内部改革的同时，要有更宽的时代格局。例如，我校为了使"三有学生"的培育目标落到课堂教学中，提出了教师在课堂教学中要注重引导学生感受什么是优良品格，什么是科学思维方式，什么是正确的价值观的"三个引导"下的"学导相

兼"课堂教学要求。"三个引导"提出的目的就是让老师在课堂教学中培育"三有学生"目标有抓手。

每一所学校的校园文化都蕴含着中华优秀传统文化要素，能够铸造立德树人之"魂"。育人先育德、育德先育魂，这个魂就是中华优秀传统文化。在我国 5000 多年的文明发展历程中，孕育了辉煌灿烂、博大精深的中华文化。作为中华民族的"根"的优秀传统文化储存大量宝贵的育人资源，对于培育学生发展的核心素养具有重要的意义。新时代，基于对教育的根本任务——立德树人，学校要有强烈的文化育人的使命感。仁爱、诚信、友善、和睦、自省、公平、正义等许多传统文化中最精粹、最优秀的思想精华至今仍影响着学生的世界观、人生观和价值观的养成，这种优秀传统文化精髓则是立德树人的内在核心灵魂。校园文化蕴含的优秀传统文化积极引领学生的渐进成长与理性发展。校园文化中的优秀传统文化基因通过转换成学生喜闻乐见、生动活泼的传播话语范式后，深入浅出、循循善诱，让学生入耳、入脑、入心，真学、真信、真懂，内化于心变成精神力量、外化于行变成实际行动。我认为，我校的校园文化作为一种隐性的课程，承载着学生的德性成长，引导着学生情感、态度和价值观的生成和发展。

3. 落实立德树人是新时代中小学校的新要求，要把立德树人落实在每一个学生心上

立德树人的对象是活生生的人，需要"动之以情"，施加人格影响；"晓之以理"，激发积极性；"导之以行"，调动能动性。以学生的成长成才发展为切入点，尊重学生的主体性，同时也要承认学生的差异性，时刻关注学生的个体成长，不放弃每一个学生。

我认为新时代中小学教育的重中之重是以学生发展核心素养为抓手，落实立德树人根本任务，这是中小学教育价值选择的归宿。首先，每位教

师要准确掌握核心素养指标体系，准确把握学科本质，进一步强化课堂教学的价值引领。教师在课堂上的价值引领就是教师自身理想信念在课堂上的体现。拿我校来说就是要把培育有良好的品格、有科学的思维方式、有正确的价值观的"三有学生"，在课堂教学上落实。把我们提出的在课堂教学中要注重引导学生感受什么是优良品格、什么是科学思维方式、什么是正确的价值观的"三个引导"下的"学导相兼"课堂教学改进的基本策略落实好。其次，要用新思想管理学校，用学校管理品质影响着学生核心素养。我认为，学校作为培养人的专业机构，管理也是教育，不适合的管理将会导致不完整的学生。高品质的学校管理，一定会把学校的发展置于新时代去创新，一定能做好学生的必备品格和关键能力的引路人。再次，中小学校也要面向网络教育，培育学生具有支撑终身发展、适应时代要求的关键能力。变革学习方式、提升学生的核心竞争力是发展网络教育的根本目的。要培养适应未来时代的学生，我们必须有未来学校的眼光，要把教育的重点放在培养探究能力、问题解决以及创造力上。

育人为本要一切从学生的实际出发，贴近实际、贴近生活、贴近学生，尊重学生的身心发展规律。学校立德树人是个"生命"运动的过程，需要以生为本，突出对学生的人性关怀、人文关怀。育人，需要传播人文知识、塑造人文情怀、渗透人文精神，需要尊重学生、关心学生、爱护学生，营造适合学生全面发展的人文环境，这种人性关怀、人文精神恰是落实立德树人的"阳光"。通过形式多样、内容丰富的校园活动，要把学生放在主体地位，赋予学生主体性才能调动他们参与校园文化活动的能动性。在坚持人性教育、强化服务意识下，以关心、关爱每一个学生为宗旨，助力学生健康成长。开展校园活动要充分契合学生的身心特点，要用他们喜闻乐见的形式开展校园活动，从而激发学生参与其中的兴趣。丰富多彩的校园活动能为学生提供展现自我、锻炼自我、检验自我和提升自我的广阔空间和平台，能促进学生个性自由发展和全面发展。我们要继续开展以"我的成长看百天"教育活动为载体，关注学生的品行、思维方式、价值观的"三个成长"。不断总结提炼我校通过课堂教学的"三个引导"，培育"三有学生"，评价上关注学生"三个成长"的校本化核心素养。

我们要认真思考教育如何跟上学生需求的步伐和时代的发展。要思考给予下一代人什么样的教育，让他们如何创造新的未来。站在新时代的新起点上，教育工作者肩负立德树人的光荣使命。我们不仅要成为习近平新时代中国特色社会主义思想的学习者和践行者，更要成为新思想的研究者和传播者，在教育实践中旗帜鲜明地落实社会主义核心价值观，引领青年一代树立正确的世界观、人生观、价值观，为了公平而有质量的教育，为了造就合格的建设者和接班人，在新思想的指引下向着教育强国之路昂然奋进。

七、深刻理解新时代师德内涵，
打造德才兼备的师资队伍

深圳小学校长　王海林

师德建设是队伍建设的灵魂，它不仅关涉教师队伍的高度和美誉度，更决定了教育的质量，深刻影响着国家的未来。然而，又因其复杂性和长期性，很难落地抓实，容易流于形式。2019 年 11 月，教育部等七部门联合印发《关于加强和改进新时代师德师风建设的意见》（以下简称《意见》），《意见》紧扣《新时代公民道德建设实施纲要》和《中共中央、国务院关于全面深化新时代教师队伍建设改革的意见》，既有政治和理论高度，又要明确细致的要求，具有很强的操作性。因此，新时代的师德建设应当围绕《意见》要求，深刻理解师德内涵，站在国家战略的高度，增强责任感和使命感，打造一支师德高尚、业务精湛、实战能力强的新时代教师队伍。

1.深入贯彻落实《意见》指导思想　增强使命感和责任感

《意见》在"指导思想"中明确指出，要以习近平新时代中国特色社会主义思想为指导，深入学习贯彻习近平总书记关于教育的重要论述和全国教育大会精神，把立德树人的成效作为检验学校一切工作的根本标准，把师德师风作为评价教师队伍素质的第一标准，将社会主义核心价值观贯穿师德师风建设全过程，严格制度规定，强化日常教育督导，加大教师权益保护力度，倡导全社会尊师重教，激励广大教师努力成为"四有好老师"，着力培养德智体美劳全面发展的社会主义建设者和接班人。这段话不仅强调了师德建设的重要性，而且明晰了师德建设的内涵。

我们应当把"为谁培养人"和"培养什么人"作为师德建设的首要任务，因为它决定了师德建设的方向和目标，不能有丝毫偏差。2019 年在北京召开的学校思想政治理论课教师座谈会上，习近平总书记再次强调："我们党立志于中华民族千秋伟业，必须培养一代又一代拥护中国共产党领导和我国社会主义制度、立志为中国特色社会主义事业奋斗终身的有用人才。在这个根本问题上，必须旗帜鲜明、毫不含糊。"这既是新时代教师的责任，也是终身使命。

2. 自觉接受教师职业法规的约束　珍惜时代所赋予的光环

韩愈在《师说》中写道："师者，所以传道受业解惑也。"他明确告诉我们"师者"不仅仅是文化知识的传播者，还应该是人们的精神导师。在儒家教义中，"师者"的地位是崇高的，自古就有"一日为师，终身为父"之说；因为"师"是"天地君亲师"的代言者；是"四书""五经"的传授者；是中国历史文化的传播者。有鉴于此，儒教不断地强调"师道尊严"，代代相习，深入人心。新中国成立后，我国直接用法律条文的形式强调教师的社会地位与作用，并一再倡导全社会尊师重教。

2000 多年的"师道尊严"传统，既赋予了"师者"特有的光环，也一直对"师者"有着极高的标准和严厉的约束。即便是基础教育普及程度越来越高的今天，大众对"师者"的期盼和要求依然如此；因此，我们的师德建设当与时俱进，自觉接受新时期教育法规的约束，自觉维护教师队伍的尊严。

正如《意见》中指出，要"突出规则立德，强化教师的法治和纪律教育"。我们仅有道德和伦理层面的训导是不够的，还应该不断强调"法治"意识的重要性，要把《中华人民共和国教师法》、新时代教师职业行为十项准则、地方的教师职业规范文件明确纳入师德培训体系中，以提高全体教师的法治素养、规则意识，提升依法执教、规范执教能力。

时下，随着人们生活水平的不断提升，家长对子女的教育重视程度也在不断加强，这同时也加剧了教育竞争的激烈程度，一些教育"乱象"与教育的蓬勃发展相伴而生，对教师队伍的整体形象产生了一些不利影响，如任其发展，势必影响教育公平和教育质量，影响教育事业的良性发展。因此，《意见》中明确指出，要强化纪律建设，全面梳理教师在课堂教学、关爱学生、师生关系、学术研究、社会活动等方面的纪律要求，依法依规健全规范体系，开展系统化、常态化宣传教育。加强警示教育，引导广大教师时刻自重、自省、自警、自励，坚守师德底线。

孟子曰："不以规矩，不能成方圆"。可以说，教育法规是师德建设的基石，是"师者"光环的保鲜剂。

3. 不断提升教师队伍的育人水平 在实践中锤炼高尚师德

之所以说《意见》具有很强的操作性，是因为《意见》明确地告诉我们：教师的业务提升和道德修养不是两张皮，教师的业务水平就是师德的一部分。《意见》中说，要"在育人实践中锤炼高尚道德情操"，要"突出课堂育德，在教育教学中提升师德素养。充分发挥课堂主渠道作用，引导广大教师守好讲台主阵地，将立德树人放在首要位置，融入渗透到教育教学全过程，以心育心、以德育德、以人格育人格"。

因此，一名师德高尚的老师必须具备高超的育人能力，这个能力应该包含以下几个方面：教书与育人有机结合；全面发展与个性化发展相结合；

教书育人必须面向全体、贯穿全过程；要自始至终高度重视创新能力和合作能力的培养。教书与育人有机结合了，就可以避免急功近利，可以体现教育的完整性，可以关注人的完整性；全面发展与个性化发展相结合，则是强调要遵循教育规律，遵循人的发展规律，因材施教，让每一个人朝着自己最好的方向发展；教书育人必须面向全体、贯穿全过程，旨在强调教育公平的重要性和教育的长期性；之所以把"创新能力"与"合作能力"单列出来，因为这二者是学生"核心素养"之"核心"，是国家人才战略之核心，缺少这二者的支撑，将大大削弱国家之竞争力。

如果能紧紧围绕以上四个方面锤炼我们的队伍，一定能确保其育人水平的广度与高度，一定能将"为党育人""为国育才"落到实处。

4. 不断丰盈自己的精神世界　让理想之灯永不熄灭

师德的培养固然需要外在的压力，但最终还得靠自我修炼。2014年第30个教师节前夕，习近平总书记考察北京师范大学时勉励广大师生，要做有理想信念、有道德情操、有扎实学识、有仁爱之心的"四有好老师"。人民教育家于漪说，做"四有好老师"，关键在于内心的深度觉醒，把自己的命运前途与国家的命运前途、老百姓的命运前途紧密联系在一起，"一旦觉醒，人就会变得聪明起来，就会站在比较高的地方思考问题，而且心中总是有一团火，有旺盛的经久不衰的内驱力"。由此可见，师德修炼的关键还是自我觉醒与自我修炼。

"教师是人类灵魂的工程师"，这句话也把教师的职责直接指向了人的精神世界，是对教师职业的最高期许。然而，教师也是凡人，俗世的诱惑，工作的冗繁，也会消解他们的创造热情，甚至影响到他们做人的尊严。一个没有尊严的老师是不可能培养出有尊严的学生的。同样，一个灵魂不高贵的老师也是不可能培养出高贵灵魂的。

因此，教师必须构筑好自己的精神防线，才能抵御世俗洪流的侵袭。

人的高贵缘自灵魂的高贵，而高贵的灵魂必须有高贵的思想。正如帕斯卡尔所说，"人只不过是一根苇草，是自然界最脆弱的东西；但他是一根能思想的苇草。……我们的全部尊严就在于思想。……由于思想，我囊括了宇宙"。

我以为，教师丰盈自己精神世界的最佳路径还是阅读——持续高品位的阅读。李政涛教授在《重建教师的精神宇宙》中写道："所谓教师的专业发展，归根结底是属于教师自己的事情，不是任何一个外在于教师的领导、专家和培训机构的事情……认识自身宇宙的基本方式仍然是阅读，在阅读孩子的宇宙中阅读自身，在对外部一切与教育有关的有字之书与无字之书的阅读中返回自身宇宙的世界。教师宇宙世界中一切博大和丰富的诞生，一切生命的灵动与生动，都有赖于具有高度、广度和深度的阅读。"著名教育家朱永新先生也说过，一个人的精神发育史就是他的阅读史，一个民族的精神境界取决于这个民族的阅读水平。

教师既然是学生的引路人，就必须始终是一个优秀的读书人。唯其如此，才有资格指导学生读书，才能引导学生穿越人生的迷雾，才能不断完善学生的人格，才能在丰盈自己精神世界的同时，丰盈学生的精神世界。

教师承担着传播知识、传播思想、传播真理的历史使命，肩负着塑造灵魂、塑造生命、塑造人的时代重任，是教育发展的第一资源，是国家富强、民族振兴、人民幸福的重要基石。因此，要始终把师德建设当作教师队伍建设的重中之重来抓，深入贯彻落实《意见》的指导思想，深刻理解师德建设的内涵，打造一支有理想、有信念、有使命、有担当、能战斗的强国之师。

八、新时代教师要具备四种能力，
实施"五育互育"

深圳市第二实验学校校长　崔学鸿

党的十八大以来，党和国家对如何加强学校德育工作，特别是师德师风建设，提出了新的更高要求。如何贯彻落实好这些要求，贯彻落实好习近平总书记在全国教育大会上提出的立德树人根本任务，特别是贯彻落实好习近平总书记关于师德师风建设、做"四有好老师"等重要论述，就成为摆在德育工作者尤其是学校管理者面前的一项重大命题。

笔者认为，抓好师德师风建设，就是要坚持德智体美劳全面发展的素质教育，以"五育互育"①落实立德树人根本任务，以"五育互育"促进学生和教师的全面发展，从而有力提升师德师风建设的水平和实效。笔者以下试结合"五育互育"来谈谈如何抓好师德师风建设，整体提升师德水平。

笔者认为，抓好师德师风建设，贯彻落实立德树人根本任务，实现德育为首、"五育互育"育人实效，首先需要教师提升两个认识。这两个认

---

① "五育互育"教育理念，是笔者近几年结合学校教育教学工作实际的研究心得而提出的，曾在全国中小学名校长论坛上做过专门报告，并以《"五育互育"：高效促进学生全面发展》为题撰写了研究论文，刊发在《中小学管理》2020 年第 2 期。——笔者注

识是：

一是要从师德师风第一标准的高度，来认识师德建设与素质教育的关系。

习近平总书记关于师德师风建设有很多重要论述。他强调评价教师队伍素质的第一标准应该是师德师风；要求全国广大教师要做"有理想信念、有道德情操、有扎实学识、有仁爱之心"的"四有好老师"；自觉坚守精神家园、坚守人格底线，带头弘扬社会主义道德和中华传统美德，以自己的模范行为影响和带动学生；要给学生心灵埋下真善美的种子，引导学生扣好人生第一粒扣子；等等。

党的十九大报告指出，要全面贯彻党的教育方针，落实立德树人根本任务，发展素质教育，推进教育公平，培养德智体美劳全面发展的社会主义建设者和接班人。《新时代公民道德建设实施纲要》（以下简称《纲要》）则进一步要求："加强师德师风建设，引导教师以德立身、以德立学、以德施教、以德育德，做有理想信念、有道德情操、有扎实学识、有仁爱之心的好老师。"

兴国必先强师，育人首重育德。习近平总书记关于师德师风的论述，高屋建瓴地指明了师德师风建设和素质教育之间的辩证关系，指明了教师是立教之本、兴教之源。具有高尚品格和人格的教师，对学生具有强大的感召力和榜样作用。唯有具备高尚师德的教师，才能育出合格的时代新人。习近平总书记关于师德师风的这些重要论述和文件精神，是学校师德师风建设的重要的思想源泉和理论依据，也是我们全面贯彻落实素质教育的行动纲领和实践指南，需要我们认真学习领会，努力付诸实践。

二是要从"五育互育"的角度，来认识师德建设与素质教育的关系。

"五育"指德智体美劳五育，"互育"指德智体美劳五育之间的相互作用。以德育为核心，德智体美劳各自无不包含其他各育的内容。五育在教育内容和教育方式上的相互包容、交汇、渗透、补充，在内容上可以实现"互育"，在方式上可以走向"互育"。"五育互育"有利于发挥五育整体育人功能，只有通过"五育互育"实现五育的整合与融合，才能涌现"五个一相加大于五"的整体成效，高效促进学生全面发展。"五育互育"的内涵和真谛，就是贯彻落实德智体美劳全面发展的素质教育，既是科学的育人观，也是具体的方法论。

《纲要》非常清晰地指出德育在五育中的重要地位："要全面贯彻党的教育方针，坚持社会主义办学方向，坚持育人为本、德育为先，把思想品德作为学生核心素养、纳入学业质量标准，构建德智体美劳全面培养的教育体系。"这一要求，强调德育为首，德育是核心、是灵魂；同时，德育、智育、体育、美育、劳动教育又紧密联系、相互渗透和相互作用，共同服务于塑造全面发展的人才这一目标，从而达到"把立德树人贯穿学校教育全过程"。而这一目标的实现者，无疑是具备高尚师德的教师。

习近平总书记指出，教师做的是传播知识、传播思想、传播真理的工作，是塑造灵魂、塑造生命、塑造人的工作。教师不能只做传授书本知识的教书匠，而要成为塑造学生品格、品行、品味的"大先生"。"大先生"之"大"，体现在"塑造灵魂、塑造生命、塑造人"上面。"大先生"不单是一种称谓，更是对教师高尚职业、高尚人格、高尚精神的一种肯定和赞美，包含着师德师风建设的丰富内涵。唯有"大先生"，方能育出大时代国家栋梁之材。

笔者认为，抓好师德师风建设，贯彻落实立德树人根本任务，实现德育为首、"五育互育"育人实效，还需要教师具备四种能力。这四种能力是：

一是要具备"以德立身"的能力。"以德立身"，就是要求教师不断提升和完善自我人格，忠诚于党的教育事业，时刻铭记教书育人的使命，并怀有一种"捧着一颗心来，不带半根草去"的高尚职业精神，甘当人梯，乐于奉献。"以德立身"，既是教师道德素养自我完善的内在要求，也是贯彻落实习近平总书记关于师德师风作为评价教师队伍素质的第一标准的内在要求，更是实现德育为首、"五育互育"的内在要求。

二是要具备"以德立学"的能力。"以德立学"，就是要求教师成为拥有先进思想、渊博学识和扎实专业功底的教育教学行家里手；就是治学要严谨，治教要科学，具有端正的学风、端正的教风；就是坚持正确的育人观、成才观，不以"唯分数论"来衡量学生。"以德立学"，既是教师人文素养自我提升的内在要求，也是贯彻落实习近平总书记关于"四有好老师"的内在要求，更是贯彻落实德智体美劳"五育互育"全面发展这一育人观的内在要求。

三是要具备"以德施教"的能力。"以德施教"，就是要求教师用社会主义道德和中华传统美德教育引领学生向善向美；用美好道德、崇高理想、高尚境界完善人格教育和激励学生，传播先进思想文化，引领学生对知识和真理的渴望与追求，成为学生成长、成才的引路人。"以德施教"，既是对教师专业素养的根本要求，也是贯彻落实习近平总书记关于教师"要成为塑造学生品格、品行、品味的'大先生'"的根本要求，更是实现"五育互育"在教育内容和教育方式上实现共生与融合的根本要求。

四是要具备"以德育德"的能力。"以德育德"，就是要求教师要以社会主义核心价值观作为道德和行为规范，不断自我完善道德境界和人格修养，影响和感召学生。正如孔子所说的"德不孤，必有邻"，高尚的师德，就是一种感染力和号召力。教师要在思想、行为、语言、工作、学习、生活等各个方面，以身作则，为人师表，以高尚塑造高尚，用人格培育人格。"以德育德"，既是对教师职业素养的基本要求，也是贯彻落实习近平总书记关于"用高尚的人格感染学生""自觉做为学为人的表率"的根本要求，更是践行"五育互育"理念，为落实培养社会主义建设者和接班人这一立德树人目标任务的根本要求。

九、以德立教，追求教师职业的尊严与幸福

北京市海淀区中关村第二小学校长　杨刚

2019 年 11 月，教育部等七部门联合印发《关于加强和改进新时代师德师风建设的意见》，提出了"把立德树人的成效作为检验学校一切工作的根本标准，把师德师风作为评价教师队伍素质的第一标准"，旨在加强和改进新时代师德师风建设，倡导全社会尊师重教。师德师风作为宝贵的教育资源，是做好学生健康成长的指导者和引路人的核心。只有从师德师风建设的根本目标、制度保障、实施路径等层面立体构建教师生命成长共同体，才能真正达成育人目标，落实立德树人的根本任务。

1. 我对师德的朴素理解：对学生的爱要有能力表达

我把对师德的理解总结为朴素的一句话：对学生的爱要有能力表达。简单地说，师德就是师爱和师能的体现。

师爱是师德之魂。教师没有爱，或是没有让学生感受到爱，教育的力量无从谈起。爱在细微之处，严在情理当中。严慈相济的爱、一视同仁的爱才是真正符合教育规律和青少年成长规律的师爱。

师能是吸引学生、影响学生的关键因素。教师的专业知识、专业能

力、专业伦理不断提升，是以专业之德，育教师之德的最佳途径。每天学习多一些，思考多一些，才能有行动、有方法、有进步、有改变、有提高。

师爱与师能相互依存、相互促进，这是师德最好的体现，也是教师最富人格魅力的地方。

2.师德建设的根本目标：让每个人都成为儒雅良师

在中关村第二小学，"做内外兼修的儒雅教师"是全体教师的师德共识。我倡导教师做"君子儒"，以正心诚意，养君子之德，将积淀深厚的文化底蕴和学养作为追求的目标。倡导教师言行以"雅"为标准，润泽性情，行道德之范。内儒外雅，内外兼修，通过内心世界的丰富、文化底蕴的提升、人格素养的完善来修炼自身儒雅之道，努力做到"教书者必先学为人师，育人者必先行为世范"。让每个人都成为儒雅良师，做好学生的学问之师、品行之师，真正感受到职业尊严与幸福。

儒雅，凝聚了二小对教师职业生涯、对个体生命成长的发展建议，为落实立德树人根本任务打下坚实的基础。

3.师德建设的制度保障：让校园成为育德养德的能量家园

（1）文化认同：以文化养德，坚守师德建设初心

学校文化，是一所学校的灵魂，是全校师生共同遵守的价值标准和行为规范。和谐融洽的人际交往，宽松愉悦的工作环境，活泼进取的学习状态，是二小最受大家认可的"家园式"的文化氛围。以人为本的家园文化是爱与尊重的文化，每个人都是爱与温暖的传递者。这份爱来自于与学生心灵的对话，关注于学生成长需求；这份温暖来自于伙伴间无私的互助激励，来自于教师体验到的职业幸福感与归属感。在"家园文化"的浸润

下，教师始终不忘育人初心，以德育德、以德立教，在共识中共进，使学校成为二小师生共同成长的精神家园。

（2）规范建设：底线共识与高位引领，将规范转化为教育信念

推动师德建设走上常态化、规范化、法治化轨道，是健全师德建设的长效机制保障。多年来，学校持续加强师德探讨，针对不同主题，开展了近二十场师德论坛、百余场师德交流。师德标准与规范得到每一位教师的认同并达成共识。在全体教师共同研讨中，学校逐渐完善了集教育、宣传、考核、监督、激励和惩处于一体的师德规范保障。《中关村第二小学教师职业道德规范》《中关村第二小学师德管理制度》等规范制度是教师界定的师德底线共识。多元化的民主评议师德机制，以外在的约束力，指导教师教育行为，言有所戒、行有所止。

讲好师德故事，树立师德典范，点燃、激发更多教师的主体意识。"二小名师""师德之星""我是教师""寻找身边最美的身影"等多层次、多角度的评选推荐，分享优秀教师对教育观、教学观、教师观、学生培养观的认识，真正让师德典型树立起来。以身边人的故事感动教师，挖掘优秀教师背后的育人理念，营造相互影响、相互激励、相互带动的良好氛围，进而推动师德建设的整体提升，促使师德规范更有效地转化为教师稳定的内在信念和行为品质。

以家园文化育德，以家园文化养德，全体教师达成共识的师德标准和行为规范，有效的师德建设机制，使我们的校园成为充满正能量的、育德养德的美好家园！

4. 师德建设的实施路径：助力教师自主成长，追求职业尊严与幸福

师德建设是一个持续推进的过程，更是一个动态提升的过程。师德建设的本质是教师成长，这种成长一定是教师自发的、主动的、持续进行的。我倡导教师从关注做事到注重理念、注重实践与反思，每一位教师都

应该找到自己的成长点和发展点。学校致力于构建教师发展的专业成长平台，帮助教师从整体提升到个体成长，最终实现自我成长。

团队建设，助力教师整体提升。尊重教师的发展需求，以共研共促的团队研修方式，为教师搭建成长平台。专家工作室、党团工作室、科研项目组、教师俱乐部等团队建设，使每一位教师都能在团队中找到自己的位置，拥有属于自己的发展空间。在团队中碰撞思想，不断提高道德修养、专业素养。

私人定制，助力教师个体成长。尊重教师成长规律，为不同发展阶段的教师提供适合的帮助。开展个性化脱产培养，充分尊重教师自己的发展需求，打造专属个体发展需求的"私人定制"；举办青年教师沙龙，邀请40余位校内资深教师为指导专家，言传身教中为新入职教师树立良好的职业道德和职业认同感，建立职业生涯和职业发展的清晰目标；设立教师蓄力研修班，为工作中遇到瓶颈或出现倦怠的中年教师搭建提升平台，更新育人观念，丰富专业内涵，激发教师主动改变的内在动力。

搭建平台，帮助教师实现自我成长。每一位教师都是独一无二的，每一位教师的成长需求也不尽相同，学校为每一位有想法、主动寻求发展的教师提供最大力度的支持，创造条件帮助教师个体追求职业幸福感。爱好天文的朱老师，学校全力支持她建设天象厅、开设天文校本课、组建天文星云社；刚刚参加工作的焦老师十分喜欢京剧，学校支持他筹建京剧团……尊重每一位教师的成长需求，促进教师形成专业上的新认知、新行为、新品行。

从整体提升到个体成长再到自主发展，学校建立了"立体覆盖＋自主选择"的教师专业发展培养体系，全方位地助力教师发展。准确把握不同教师群体的特点，启发带动教师"多学一些，自悟一些，践行一些，传递一些"，引导教师知行合一，树立终身学习的理念。实现了教师培养立体式、多层次、全覆盖。

师德建设要让教师拥有终身学习、成长的原动力。我认为师德的更高目标，应是教师主动追求自我提升、自我完善和自我发展，进而自觉、自主地履行教育职责，提高育人质量。师德建设要始终鼓励教师涵养内心之德，磨砺专业之能。唯有坚守"育人为本，以德立教，以德育德"的初心，遵循教师成长规律，才能真正促进教师自我完善和自我发展。唯有坚守才能真正达成育人目标，落实立德树人的根本任务。

每一位教师都应享受到职业的尊严与幸福！

十、"四有好老师"是如何炼成的

西安铁一中校长　庆群

医者仁心，师道大爱。"德性"无论于医生，还是教师，都至关重要。2014 年第 30 个教师节前夕，习近平总书记在考察北京师范大学时勉励全体教师要做"有理想信念、有道德情操、有扎实学识和有仁爱之心"的"四有好老师"，为新时代教师队伍建设确立了方向。师德是什么，师德就是教师应该具有的德性，就是教师在育人过程中自觉地践行"四有好老师"的精神。只有如此，我们才能让生命与使命结伴同行，才能以师道赢得尊严，不负"人民教师"这一称谓。

西安铁一中数学高级教师王刚就是这样一路成长的。1995 年他从陕西师范大学数学教育专业毕业，进入西安铁一中任教，担任西安市数学会理事会理事，西安市教科所数学学科中心组成员，陕西省教育学会学术委员会专家组成员。所带班学生均进入全国一流大学，一大批学生进入全国顶级知名高校，多名学生获数学国赛金牌。王刚先后获陕西省教学名师、陕西省中小学学科带头人、陕西省中小学教学能手、西安市优秀班主任、碑林区优秀党员等数十项荣誉。

年近五十的他把人生中最美好的一段岁月，都留在了铁一中的校园。虽已人到中年，青春不再，但对教育事业的那份深沉的爱依旧！让我们看看他的心路历程。

我的青春去哪了？回顾昨天，看得最清楚的是这近十年。

这十年，儿子长大，双亲过世，我从年近不惑到将知天命。

这十年，我带了三轮三个班，每个班都让我感慨万千。我很感谢我的学生们，对于他们，我确实付出了不少，但是远远没有他们给予我的多！

我的高2012届8班：

孩子们有情有义，爱学校爱老师。已经毕业的他们，了解到2015届我新带班孩子们情绪不稳，他们发来视频为学弟学妹们加油。真是有心了！有些人和事会让你的付出和努力都有了光彩和价值。2014年8月，当学生们给我准备了生日蛋糕，点燃了蜡烛，播放着精心录制的祝贺视频，我心里感动得一塌糊涂。感谢所有我带过的可爱的孩子们！是你们让我感受到了"责任"两个字沉甸甸的分量，体会到了"荣誉"两个字带给我的成就感。更重要的是，只要和孩子们在一起，我觉得自己就是年轻的，充满活力与激情。

他们高三那年的冬天，每天早上跑操，西安的冬天天亮得晚、气候干冷，寒风刺骨，我和孩子们准时开始，孩子们个个认真对待，没有迟到请假，毫无怨言。没想到就这么跑着跑着，孩子们都以优异的成绩实现了自己的求学之梦。

我的高2015届11班：

这个班班级氛围也很好，同学们之间你追我赶的同时又能够亲密无间，众志成城。这边有"霍神"，那边有"许仙"；这次是某同学的崛起，下次是某同学的逆袭。没有抱怨只有埋头苦干和燃烧的斗志。一把火照亮榜单，孩子们个个以良好的精神品质和优异的学业成绩步入全国顶级名校。

我的高2019届12班：

在2018年9月开学伊始，学科竞赛4人夺得国金，15人获得省级一等奖。但随着竞赛生的回归，原本平稳安定的12班有些动荡起来。有位竞赛失利的学生晃着我的胳膊，哭着说："老师，我该怎么办？"怎么办？其实我早就开始关注每个学生的情绪变化，作为班主任、孩子们的主心骨，我告诉孩子们要坚持，要乐观坚定地往前走，我和同事们商量，利用晚自习和休息时间给学生补课。经过努力，孩子们的状态逐渐好转，恢复了信心。六月决战，看着孩子们从容的笑容，我那颗时刻紧绷而又不敢有丝毫外露的心终于释然了。

从2005年到2019年，在学校每学年一次的"十佳明星教师"评选中，我13次被学生分别评为：最关心学生的教师、批评教育最得当的教师、课堂秩序最好的教师、批改作业最认真的教师、板书最好的教师等。孩子们的认可是我最珍贵的荣誉，余生我愿继续陪伴一群群可爱的孩子们一路同行！

从王刚老师与学生亦师亦友的成长故事中，我们感受到一位青年教师在西安铁一中这个集体中的成长，他正是一个个铁一中教师的代表。西安铁一中从1929年建校至今，几经迁徙，生生不息，无论是经过战争年代战火的考验，还是改革开放以来，艰苦奋斗，创新发展，取得一个个新的突破，特别是近年来，从一所企业子校，顺利转型为公办学校，成为全国企业学校成功移交政府管理的典范，都得益于一位位像王刚老师那样的铁一中人，在这片沃土上，以敬业的状态、精业的姿态和进业的常态，用平凡书写伟大，用普通孕育崇高，以实际行动践行着做"四有好老师"的追求。

第一，有理想信念。教师岗位平凡，日复一日，年复一年，很多人会产生职业倦怠，而王刚老师从大学毕业至今20多年，每天七点多到校，晚上备课、批改作业至深夜，天天如此。常年担任班主任，2015年，年近九十的父母先后住院，他只能将家务和照顾父母的重担托付给妻子，常常是深夜才能含着内疚的心情看一眼病中的父母。支撑他的就是最初步入师范院校认定教师职业的那颗初心，就是党旗下的铮铮誓言，他用平凡却伟大的行动证明着自己的信念和追求。他常说的：我们面对的是一个个鲜活的灵魂，一个个智慧的火花，每当面对那一双双求知若渴的眼神，感觉真的很幸福。他的这种幸福感，也感动着身边的每个人。

第二，有道德情操。好老师就是学生做人的榜样和楷模。铁一中的校训是"责任荣誉"，铁一中的老师们不仅仅在一堂堂课上言传着，更在生活的点点滴滴中立德树人，身正示范。王刚老师曾经右手掌骨折，不能板书，为了不影响所带高三学生的学业，每天晚上用左手将要讲的内容写下来，然后由妻子一张张誊抄，第二天给学生们投影，经常忙到深夜。他的坚持，他的执着，让学生们敬佩，让家长感慨遇到一位好老师。也正是他的陪伴，孩子们能够在寒风中坚持奔跑的步伐，孩子们在面对挫折时选择积极面对。铁一中也正是有这样一批老师在引领着学生成长。在抗击新冠肺炎疫情中，当学校发出志愿线上辅导抗疫医务者子女的号召，老师们积极报名的热情令人感动，他们的行为感召着孩子们，学生纷纷以书画、歌曲、诗歌等形式赞美"逆行者"，支援抗疫。责任与担当、爱与道义在师生间、在社会上传递、传承。

第三，有扎实学识。铁一中老师以"德高业精"广受家长和社会的认可，如果说"德高"是从教之魂，那么"业精"则是立教之本。王刚老师大学毕业，科班出身，如今已经是同行眼中的"名师"，但他仍把学习作为每天的必修课。作为数学教师、竞赛教练，每天做题至深夜，各种培训、网上学习总是那么用心，为了更好地消除与新生代学生的障碍，他研究心理学，学习沟通技巧，尝试建立创新的新型班风，所带班屡获优秀班集体。他参与教育部以及省市多项教研课题，多篇论文发表，主持学科带头人工作坊、陕西省及西安市名师工作室，带领培养出了一批优秀青年教师。"视质量如生命"，精益求精，成为每位铁一中老师的追求。

第四，有仁爱之心。学校建设优雅的学习条件，创设友爱和谐的人文环境，倡导老师们"视学生如子女"，父母之爱子女，则为其计深远，不计回报。只有爱才能走进心灵，实现灵魂的沟通；才能让教育有了生命，让生命之光更加耀眼。王刚老师说：作为一名铁一中的教师，自己更像打火机。"这些学生天资聪慧，照亮他不如点燃他，一定会比我亮很多。"他日复一日像位大哥哥，关心着学生的衣食冷暖，关心着学生的喜怒哀乐，学生也以"刚哥"称呼他，这是一个个纯真的生命产生的强烈回应。在这爱的互动中，教育对话的大门敞开了，教师"传道"的路径畅通了，教育的效果显而易见。

"四有好老师"是每位教师努力的方向，也是教师师德师风建设的标准。王刚老师就是我们身边的好老师，他用行动书写着教师的德性。学生遇到了是人生的幸运，铁一中拥有了是学校的光荣，我们民族源源不断涌现出一批又一批这样的好老师，则是民族之希望。我们将引领老师们不断朝着好老师的目标迈进。

十一、让每一个孩子更加"健壮"

——学校如何培养学生公民素养

北京市中关村第三小学校长　刘可钦

教育学就是一门迷恋他人成长的学问。学校应该是一个"迷人"的地方。

说"迷人"，首先要体现在老师的专业能力上，老师们所采用的教学方式，能够从学习规律出发，尊重并遵循儿童的年龄特点和心理特征，通过持续的实践研究，探寻用孩子们喜欢的方式，完成"规定"的教学任务和目标。

"健壮"的含义主要是学习过程价值意义以及学习目标的全面和厚重。通过老师们自觉的教育行为，将思想、品德、行为、价值观等内容蕴含在日常的学习生活之中，帮助学生获得有意义的知识能力以及有价值的人生目标，不仅拥有必备的知识和技能、关键的能力和素养，更拥有爱党爱国爱人民的情怀，报效祖国、服务人民的高远志向。学习过程的"迷人"与学习内容的"健壮"实现完美结合，是学校落实"立德树人"根本任务的实践回答。

无疑，教师是做好这个答卷的关键人群之一，是推动新时代公民道德建设的关键人群。一个好老师就是一门好课程。老师们用爱心和专业引导学生成长进步的过程，也是教师高尚的师德修炼的过程，是精湛的教学能力提升的过程，是相辅相成、相生相长的过程。

1. 在多样的学习关系中，共担育人

通常，我们的育人目标是从一个全人角度来描述的，而老师的工作又是由一个个学科的一节节课构成，如何让每一个老师自觉肩负教书育人的重任，而不是只教教材？如何鼓励教师们走出相邻的教室，成为学生成长的"合伙人"？

我们通过学校的时空重组，建构"班组群"的学习组织形式，形成共同育人的新模式。

将三个连续年级的三个班的孩子安排在一起生活，再加上七八个不同学科老师组成一个"师生家庭式的学习生活基地"。我们称之为"班组群"。超越了上百年来班级授课制的局限，将三间相同的教室整体设计在一个空间内，每间教室的隔断墙可以根据学习需要打开。既有分科学习的空间，又有更大的用于合作、探究活动的空间，还有人际交往的空间。

"班组群"为师生多样人际交往构建了真实的学习关系，既保留了中国传统分科教学的优势，又为更多样的综合学习提供了可能。当两位或几位老师有合作课程发生时，通过隔断墙的开合，形成大小不同的教室空间，供两个或三个班级的孩子共同探讨和学习。

"班组群"中采用班主任＋导师的育人模式，助力老师们自觉走出"我的学科""我的班"，自然承担起"我们家"的孩子的教育，共担育人的责任成为学习生活的一部分。教师之间的协同合作，既解决长期分科教学背景下，容易造成对学生全面发展认识上的局限，又避免在西方常见的"包班"状态下教师专业成长的孤独；面对学生的"真实""立体""鲜活"，一个老师眼里有了更多的孩子，孩子们也会受惠于更多的老师。

除了班组群的常规学习关系之外，我们还特别设计了一些"非正式学习"的组织形式。即每周三、周四的午餐后，有将近一个小时的时间，交由学生们去"挥霍"。在这个时间段里，学生们可以自主安排自己的事情，可以根据不同的爱好组成小社团，可以结合自己的兴趣参与一些"演出秀"活动，甚至允许"无所事事"。但是前提是安全以及不给他人带来麻烦。学生在组织、参与、争论、协商、克服困难的过程中，也经历着长大的喜悦。身处其中，学生的"责任心、进取心、同理心、条理性和领导力"等重要品质，也有了生长的空间和可能。

校园生活因此平添了几多色彩和种种新的"可能"，当然放开的"小神兽们"，自然也给老师们带来更多的"麻烦"。孩子们向往着能够更多地"站在台前"以表现"我的才华"，老师们则智慧地隐藏在"幕后"，帮助孩子们完成心愿，尽心尽力让每个孩子拥有主动参与的满足和进步。每一个"麻烦"又都是孩子们成长的最佳契机。老师的仁爱之心也是在与学生的互动中，生长出来的一种专业精神。这种精神表现在当老师知道倾听比说服更重要时，会先保持倾听的姿态，而后给出建议，因为老师读出了孩子自我修正的觉醒；表现在老师对学生的尊重和引导，因为老师的教育智慧传递出对于学生成长的高期待，这是一种唤醒的力量；更表现在给予学生的种种"帮助"之后，孩子竟不知是"老师在帮他"的那种"不教"的境界。

曾记得一个学者说过，我们的教育，不是你走上讲台的那一刻开始的，也不是与学生谈心时才开始的，而是与学生相遇时就开始了。所以，在班组群空间里，师生的相遇常常如同居家过日子，这种交往更加自然真实，教育也更加有效。多样的人际关系，也是师生共同学习、一同进步的学习空间。学习生活在一起，教师作为学生人生中的关键人物，用教师特有的爱心、耐心，以及专业和学术上的引领示范，给学生带来潜移默化的积极影响。

于是，我们发现，老师为了能够让教学过程"尽精微"，让教学研究能够"落地生根",让不同的孩子获得一个个成长机会的历练,老师们始终是脚踏实地,认真勤勉。一次次的谈心,一次次的家访,一篇篇作业的耐心修改,一节节教学设计的反复推敲,每天的精耕细作,教师的实践添加了许多平凡而又深刻的教育故事,积淀着朴素而又深刻的教育情怀和信念。经年累月,孕育着优秀教师专业的精气神,历练出一支有理想信念、有道德情操、有扎实学识、有仁爱之心的好老师团队。

2. 在真实的学习中,与时代同步

我们认为,学习发生在学生的足迹所至和人际关系所在。于师生皆如此。

写这篇文章时,正赶上了新冠肺炎疫情。危机之下,人们看到了人生百态,也体会到了人性的美好,更涌现了一大批志士仁人成为为国家、为民族的逆行者。于是,人们更加呼吁学校教育对下一代人的教育和影响,家国情怀、社会责任、尊重科学、尊重事实等。"健壮"的思想内容与"迷人"的学习过程有机统一,更有了时代性和迫切性。

应该认识到,新时代的教师角色也在发生着变化。老师们要更多地承担起学习资源的组织与开发,学习活动的设计以及学习任务的驱动等,不再是那种单一的知识传输者和答案正确与否的判官。所以,今天的教师,更需要与学生一同学习,一同发现,在实践中赋予教学相长的新时代内涵。

每一个重大真实的事件,对于正在经历中的学生而言,都是培养其人生观、世界观、价值观的关键时期。抓住这些关键,通过教师团队的设计和引导,通过项目学习的方式,用研究的眼光看待正在发生的历史,学会思考,学会形成自己的观点,都是一堂堂很好的生活大课。我们常说的"五育并举",更要在"并"字上做好文章。

我们中关村三小在疫情期间的居家学习,开展得有条不紊,每个阶段都能够实现平滑对接。这得益于我们一贯追求的"真实的学习"课程价值理念，理念与实践的一致性，确保了面对"突如其来"的事件时能够做到平稳有序。能够结合居家学习特点，不断更新迭代学习内容和方式，师生都没有"违和感"，可以实现很自然的过渡和衔接。

比如，我们推送的学习内容和材料基本上分为三大类：

第一类：学科学习。主要以学习能力提升为主线展开的学习。设计围绕大概念、核心知识等方面的学科内容，引导学生进行整理与复习。

第二类：健康、阅读、亲子、家务劳动等实践性的学习。

第三类：以疫情为主线的采用项目研究方式的综合任务学习。《"我"不是食物》《致敬逆行者》《制定一份家庭健康手册》《疫情下的中国表现》等，基本上是一周一个；学生要通过大量的阅读、信息搜集、整理信息等，设计访谈提纲、在线实践，形成观点，再用可视化的方式呈现出来，学生综合学习能力提高的同时也获得了更多的学习经历。

而做到这些，靠的就是我们清晰的课程结构，明确具体的跨学科学习任务，以及充分的探究学习过程来保障，而不仅仅靠一两项轰轰烈烈的活动。

以《疫情下的中国表现》项目学习为例。教师们研究的主要方向就是如何驱动学生的学习。于是，就有了四个层级的问题链——

模拟一个场景，你最想对谁来讲述这段时间的故事呢？

选择一个角色，展开更生动的表达？

每位同学用5—8分钟的小视频或音频，从国际、国内两个方面来完成你的讲述吧！

提供学习支架（问题链、技术支持、学习单、任务单等）。

学生则需要根据任务驱动，逐级完成学习任务——

根据《采访任务单》，学习如何访谈他人，至少找到两个采访对象，每个采访设计3—5个问题，每份任务单对应一位采访对象。

如何确定采访问题？ （1）在资料分析的基础上，明确已经知道的信息，还有哪些信息想要了解。（2）结合当前的热点话题，列出最关心、最想问的问题，而这些问题有可能你也没有答案。

为什么要采访他／她？（1）他／她能够解答我的问题。（2）我要能够联系上他／她本人。

根据《资料整理单》，学习阅读资料和提取信息，在国际方面和国内方面，分别至少选择3篇资料进行阅读和整理，每个方面对应一份学习单。

引导学生通过靠谱的网站等获取信息，资料整理包括文章来源、主要观点、简明信息、我的结论等。

在这样真实丰富的学习过程中，不仅是学生，老师们也在提升。如何给学生提供积极"健壮"的学习内容，怎样的问题可以更好地驱动学习，学生们独立的思考以及形成观点需要哪些学习支架？这是新时代老师应该具备的基本功之一。不是简单的告知，或是仅有观点上的认同，而是通过扎实的实践，在"真实的学习"中，发展认知，形成新的技能，实现与时代同步发展。

3. 在教育共同体互动中，增强价值感

一直以来，学校的围墙阻隔了学校与外界社会的连接，导致学校与家庭关系单一，与社区关联断裂。由于缺少教育孩子的正确方法支持，家长往往会跟风，用大量的课后辅导班填满孩子们的时间。再加上学校普遍缺乏家长走进学校的良性机制，部分程度上还导致了家长的过度担忧。家庭教育与学校教育价值的不一致、信息的不对称，又会冲销一部分学校教育的效果，老师们也面临着越来越大的压力。

于是，我们一直致力于消除传统学校教育相对封闭的弊端，用开放来唤醒学校的教育活力，主动走出"学校孤岛"，让学校融入社区之中。促进家、校、社共育的良好教育生态，形成良性互动的亲师生关系，全力支

持师生的教与学。

营造开放包容的学校社区文化。学校不仅仅属于这里的师生，更应该成为社区精神文明的"高地"。所以，借助我们新校区的建设，我们在学校的大门口留下一个"凹"字形的广场，主动从建筑红线内退后 10 米让出一个缓冲地带。在校门两侧还设计了座椅，成为社区往来人员的休闲之地。这是学校与社区对话的开始，也是将社区融入教育共同体的第一步。

正是因为这样的追求，几年来，我们先后开启了很多有意义的活动，将学校与社区、老师与家长、学生与学生等连接在一起，形成了家、校、社和谐的教育生态，亲师生良好的积极关系。

好老师进社区。在与家长面对面交流孩子教育问题上，指导家长正确的教子之道。引导每个家庭建设成学生积极行为养成的最近"课堂"，成为学生行为品德示范的第一任"教师"。当面对来自家长"四面八方"的教育问题时，也促使老师们有了与家长一道"再学习"的需求和动力。

周末公益课。每个人都可以成为知识的传播者和接受者。学校开放场地，整合资源，面向社区举办"周末公益艺术课"。公益课还得益于家长和社区的鼎力支持，是学校连接社会最好的载体。通过邀请居民进入学校，回归课堂，实现学校对社区的反哺，实现社区居民对教育资源的共享。增强对学校办学理念的认同，形成教育合力。身处其中的老师们，又因更开阔的"讲台"，在帮助他人的同时，建立了自己的专业自信和职业价值感。

老师们在与孩子们共同经历各种成长的酸甜苦辣中，在长期的互动相依中，更加了解孩子，读懂孩子，学生的个性与独特性得以被尊重，因而赢得了被学生"迷恋"的教育默契和感动，创造出更多样的学习经历和机会。应该是教学相长的另一种解释。

回过头来，再去看学校时，我们发现，这里的学习是那样的真实而厚重；我们发现，老师们的言行中散发着呵护、关爱、理解、激励、期待的美好气息，充满着一种对生命的肯定的力量；我们发现，正是得益于老师们精湛的教学水平和高尚的纯粹的教育之心，才让一所学校变得如此"迷人"与"健壮"。因为，这里的每一个人都始终保持学习和进取的姿态，以富有行动力的教育创新，将教育情怀融入国家和中华民族的伟大复兴的使命感，努力为孩子们创造一所让其向往的学校。培育一大批将来"家庭里能指望得上""单位里能靠得住""国家民族能够立得住"的一代新人。

十二、审视·感悟·重塑

——中小学教师师德认识与实践探索

吉林亚桥教育集团小学部校长　陈福

办好一所学校，必须要有一支高素质的教师队伍，师德建设对于推进教育教学改革，培养高素质合格人才，进而提高整个国民素质，具有重大而深远的意义。为此，2019 年年末，教育部等七部门联合颁布《关于加强和改进新时代师德师风建设的意见》，旨在激励广大教师努力成为"四有好老师"，我校高度重视师德师风建设，有效地融合到学校各项工作中去，现结合工作实际，谈谈对师德的认识与实践探索。

1."志当存高远"——对师德建设意义的重新审视

一是师德建设是新时代学校精神文明建设的需要。《新时代公民道德建设实施纲要》指出，"加强师德师风建设，严格落实有关规定，教育引导教师以德立身、以德立学、以德施教"。教师既是社会人才的培养者，也是学校精神文明建设的示范者。师德建设是学校精神文明建设的核心，加强师德建设成为学校一项紧迫的任务。

二是师德建设是实现立德树人根本任务的需要。教育部等出台的《关于加强和改进新时代师德师风建设的意见》，强调要坚持好、发展好中国特色社会主义，把我国建设成为社会主义现代化强国，需要一大批各方面各领域的优秀人才。人才培养，关键在教师，首要在立德。师德建设是树人的基石。

三是师德建设是建设高质量有特色现代化学校的需要。师德建设是建设高质量有特色现代化学校的一项重要基础工程。高质量的学校必须有高水平的师资队伍，而高水平的师资队伍必须要有高尚的道德修养。只有加强师德建设，才能促进良好的党风、校风的形成，才能全面提高教职工的职业道德素质和整体水平。

四是师德建设是教育可持续发展和办人民满意教育的需要。教育的可持续发展需要师资队伍的整体素质提高，不仅表现在高学历和高职称，也表现在高尚的道德上。人民群众满意的教育首先是对师德的满意。

2."造化钟神秀"——对师德内涵的再度感悟

师德，如泰山之奇秀，将自然的造化、天地的灵气集于一体，照射生灵心境，辅助万物生长。师德有历史的继承性，也有鲜明的时代特征。

师德是理念的相融。育人的天职，伟大崇高，承古今中外之良训、纳诸子百家之精华而筑起师碑，锻造师品，德高为师。孔子的因材施教、为政以德、有教无类等思想，与习近平总书记提出的"四有好老师""四个引路人""四个相统一""六要"的标准等在理念上是相承的。教师要将这些理念与工作相融合，才能具有为中华民族崛起而奋斗的坚定信念和为祖国培养实现伟大中国梦人才的责任感和使命感。

师德是心灵的回应。教师形象之高，可入云端；教师心胸之旷，辽阔如海；教师笑容之甜，如山间清泉；教师行为之美，若水晶玲珑。因为他们拥有知识泉、智慧火、灵魂峰。我校的邹春红老师就是这样一个能读懂学生心灵的好老师。有一次，她"误伤"了一个孩子，事后她知道是自己错怪了孩子，晚上，她躺在床上辗转反侧，彻夜未眠，眼前总是浮现出孩子那无辜的神情。第二天一大早，当着全班同学的面，她诚恳地向那个孩子说了声"对不起，原谅老师好吗？"此时，泪水顺着孩子的脸颊流了下来，全班同学突然掌声四起。这就是教师以真诚换来的心灵回应。

师德是情感的对接。师爱是师德的灵魂，是一种永恒美丽的灵魂。视名利淡如水，看事业重如山，捧着一颗心来，不带半根草去，孜孜以求为他人照路。这种爱是教师教育学生的感情基础，学生一旦体会到这种感情，就会"亲其师"，从而"信其道"，也正是在这个过程中，教育实现了其根本的功能。因此，师爱就是师魂。在我们亚桥小学大家庭中，用母爱之心，关心每个学生的教师更是数不胜数，李淑荣老师，把学生带回家里让孩子感受母爱，温暖了一个不喜欢妈妈的学生。

师德是智慧的碰撞。奥地利教育哲学家马丁·布贝尔说："教师只能以他的整个人，以他的全部自发性才足以对学生的整个人起真实的影响。"我校提出顺势课堂的理念，老师在课堂上要顺应学生思维的走势、情感的升势和生成的态势，因势利导、顺势而为，以教师的智慧启迪学生的智慧，用教师的创新点亮学生的创新，以发展学生的核心素养。

3."报得三春晖"——对师德形象的时代重塑

（1）探索培养机制，树立与时俱进的师魂

建立在对教师终身教育理念上的教师培养机制。从入职教师、成熟教师、骨干教师和学科带头人等层次进行培训，对全体教师进行以加强教师的职业道德、职业精神、思想观念、道德品质为核心内容的教育。组织开展"师德问题"大讨论，教职员工结合自身工作，谈师风，谈思想，谈经验，确定亚桥小学师魂，即"六种职业精神"，其中"亚桥教师不收礼，收礼只收祝福语"成为我们对家长的庄严承诺。

（2）建立激励机制，肯定爱岗敬业的师观

表彰师德优秀的教师，发扬先进，激发教师以德修身、以德育人的积极性、主动性和创造性。如我校宣传师德先进典型，举办师德报告会，组织师德演讲活动、征文活动等各种生动活泼的形式，使教师在各种活动中得到熏陶和教育，形成人人重师德、个个讲师德的良好氛围。这样有助于激发广大教师的积极性，增强责任心和荣誉感。

（3）完善监督机制，抵制损害形象的师行

对于我们这样的民办学校，前来应聘的教师多为有经验的教师，我们通过多方面调查，首先对其师德进行全面考核，对以往有不良师行的，我们一票否决。我校制定了《师德十不准》加强师德监督体系。如我校开展的行风监督员聘任活动，网上教师评议活动等，都是很好的方法。师德监督要实行自律与他律相结合，行政与社会相结合，明察与暗访相结合。不断鼓励教师自我加压，严格自律，以达到慎独的高境界。

（4）强化评价机制，提高教书育人的师能

学校建立了师德科学的师德评价指标体系，把师德建设的目标具体化。还设立了"师德奖""优秀教师奖""突出贡献奖"等，对师德高尚、业绩卓著的教职工予以表彰和奖励，掀起了树形象、学榜样、找差距、作贡献的热潮，如我校的体育教师杨岩每天早上都在校门口服务学生，家长车到校门口，他拉开车门把孩子接下车，即"秒停秒行保安全、保畅通"，深受家长和交警的称赞，被授予"优质服务奖"。受奖教师作为教师聘任、晋升、晋级、培养、流动等方面的重要依据，这极大地调动了教师工作的积极性，促进了师德水平的提高。

十三、把握关键元素推动整体变革，努力适应新时代学校德育的要求

上海静安区第一中心小学校长　张敏

　　党的十八大以来，立德树人作为教育的根本任务越来越成为教育事业发展的共识，也日渐成为引导教育变革的核心价值与导向。在这样的时代背景下，学校德育的地位受到更多的重视，如何顺应时代发展需要，树立科学的德育理念，探索有效的德育方式，不仅关系立德树人根本任务的实现，也在很大程度上决定着学校教育质量、育人质量的高低。2019年10月，中共中央、国务院印发了《新时代公民道德建设实施纲要》（以下简称《纲要》），全面擘画了新时代公民道德建设的总体要求、重点任务、实施路径和领导保障机制，成为进一步加强和改进公民道德建设的纲领性文件。学校德育是加强公民道德建设的重要阵地和载体，每一所学校和每一位教师，都应该深刻学习和领会《纲要》的要求，努力寻找《纲要》与学校德育变革的有效衔接点，抓住学校德育课程建设和教师职业道德建设两个关键领域，推动学校道德教育体系建设的整体变革，以积极主动的行为来适应新时代学校德育的新要求。

1. 关注课程建设——夯实学校德育的实施基础

课程是学校德育开展的基本依据和载体，变革学校德育，提升德育成效，基础性的工作是优化学校德育课程建设。《纲要》中的很多内容，尽管没有直接论述学校德育课程问题，但实际上都对课程建设提出了不同角度的借鉴与启示，学校德育课程建设要充分领会这些借鉴与启示，因地制宜，因校制宜，应对《纲要》的要求，着重解决五个方面的现实问题：

其一，解决德育课程的理念问题，其核心是树立起与时代发展相适应的整体性德育观念、大德育观念，树立起"全员德育、全过程德育、全学科德育"的价值认知，自觉实现"德育课程"向"课程德育"的转变，充分挖掘学校课程体系中的德育元素，让课程的德育价值得到充分发挥，让德育渗透到课程建设与实施的全过程。其二，解决德育课程的导向问题，其核心是坚持德育的以人为本价值，充分考虑青少年的身心成长需要，满足其道德生成需求。《纲要》指出，青少年是国家的希望、民族的未来，要坚持从娃娃抓起，引导青少年把正确的道德认知、自觉的道德养成、积极的道德实践紧密结合起来，而要实现这样的目标，必须在德育课程建设的过程中充分调研和尊重学生需求，将学生熟悉的课程素材纳入德育范畴，通过学生喜闻乐见的方式进行展示和呈现，让德育成为贴近学生心灵，激发学生情感共鸣的有效方式。其三，解决德育课程的内容问题，其核心是充分整合课内外、校内外德育素材，丰富德育的呈现载体，以丰富的德育素材发展学生，开发学生潜能，让学生通过教育的过程变得越来越聪明、越来越善良、越来越健康。[①] 要将《纲要》中提及的理想信念、社会主义核心价值观、中华传统美德、民族精神、时代精神、良好家风、文艺作品、先进模范等纳入课程开发视野，找到这些道德教育元素与学生生

---

① 杜时忠：《我国学校德育体系将进入"五个德育"新境界》，《人民教育》2018年第22期。

命成长的良好契合方式。其四，解决德育课程的实施问题，其核心是要建构开放的、多元的、立体的、实践的德育课程实施体系，增强德育课程的感染力和吸引力，特别是要按照《纲要》的要求，充分发挥各类道德阵地的教育作用。其五，解决德育课程的特色问题，其核心是充分运用学校独特的办学理念、办学历史、办学优势，在课程建设的过程中进行个性化的设计和创生，形成具有学校特质的道德教育课程体系，让德育课程成为学校整体课程建设的亮点。以笔者所在学校为例，我校根据创始人陈鹤琴先生的"活教育"理念，多年来一直追求"小公民教育"的办学特色，在这一过程中我们架构了特色化的"五指课程 +"课程体系，着眼于未来合格小公民培养在道德、情感、价值观等领域的要求，在每一领域的课程中都设计了丰富的道德教育元素，将生命教育、安全教育、公民意识教育、民族文化教育、心理健康教育、理想信念教育等有机融合到"五指"课程之中，并且通过全学科活动、小公民教育实践活动等进行实施。课程建设和实施的过程中，我们每年都会征求学生意见，动态性调整课程内容和实施方式，先后形成 7 个版本的课程体系，真正建构起了满足学生需求的丰富完善而具有特色的德育课程，让德育与学生的日常生活有机融合，也为培养具有良好道德的现代小公民提供了坚实的基础。

2. 关注教师队伍——提升学校德育的实施成效

学校德育的核心价值在于促进学生的道德发展，而学生的道德发展具有不同于学习知识和技能的独特规律，其中榜样效应和环境影响至关重要。[①] 班杜拉认为，观察和学习具有榜样性质的他人行为，对学生的道德判断、道德行为以及自我调控能力会产生直接影响，他人的榜样行为示范不仅能帮助学生获得基本的道德知识，强化或抑制其对正反榜样行为的

---

① 傅维利、于颖：《教师职业道德的独特品性及其价值实现》，《教育研究》2019 年第 11 期。

模仿与实施，而且能加强学生面对道德两难选择时的道德意志力[1]，因此，作为学生成长过程中的重要他人，教师自身的道德素养及其育德意识和育德能力的高低，在很大程度上决定了德育实施成效的优劣。这也就意味着要落实《纲要》的要求，促进学校德育品质的全面提升，除了关注课程建设之外，还需要关注教师队伍建设，这其中尤其要注意"一内一外"两个维度的关键问题。内部的维度，主要是提升教师自身的道德素养，让教师以良好的职业道德示范学生成长；外部的维度，主要是提升教师的育德意识与育德能力，让教师通过道德的教化与行为引领学生发展。

对于教师而言，不论是道德的涵养还是育德意识与能力的提升，在学校境遇中，主要应该依靠三种途径：其一，要依托针对性的培训。要把教师职业道德作为教师专业发展的首要内容，在设计校本教师培训体系的过程中主动融入道德元素。以我校为例，我们从学校创办人陈鹤琴先生提出的"活教育"思想出发，通过精心设计的一系列以情动人、以榜样鼓舞人的活动，促动教师的师德情感，从而自觉规范自己的言行，提升自身的修养，连续多年开展师德主题的校本培训，让提升道德成为教师自觉。其二，要建构激励性的文化。教师道德的养成和德育能力的提升，需要相应的文化与精神引领。我们根据素质教育改革的大背景，营造一个积极进取、奋发向上的争先创优、相互团结、相互帮助的良好氛围，提出了"四爱""四高"师德教育的主题，即：爱事业要爱得纯、爱学校要爱得真、爱学生要爱得深、爱同事要爱得诚；高标准上好每一节课、高质量教好每一个学生、高规格搞好每一次活动、高品位完成每一项任务。这就使得我们对教师的道德要求具体化了，也让教师的道德成长有了精神层面的引领。其三，要发挥榜样性的示范。当今时代的教师成长已经逐渐摆脱了个人主义的拘泥，发挥榜样的作用，让教师在先进模范人物的感召下及时检

---

[1] 冯文全、徐东：《论班杜拉社会学习道德教育思想》，《湖南师范大学社会科学学报》2006年第5期。

视和提升自我，是被证明了的行之有效的教师成长方式。在实践中，我们不仅注重引导教师学习各领域先进人物的感人事件，也注重评选学校年度"心人物"，引导教师主动讲述"我的教育主张"，其目的就是为教师寻找道德成长的榜样，建构浓郁的道德氛围，让教师师德素养的提升和育德意识与育德能力的发展成为其生涯常态。

第 二 部 分

对师德内涵和要求的认识与实践

一、"党建＋师德"确保学校的办学方向

云南玉溪第一小学校长　杨琼英

加强中小学校党的建设，对于全面贯彻党的教育方针，保证社会主义的办学方向，落实立德树人根本任务，办好人民满意的教育，具有十分重要的意义。

云南玉溪第一小学党总支在贯彻落实中共中央组织部、教育部党组《关于加强中小学校党的建设工作的意见》中，突出思想建设、组织建设和作风建设三个重点，围绕学校的中心工作，改革创新基层党组织建设管理模式，充分发挥政治核心作用，把党建工作、师德师风建设、教育教学工作深度融合，探索出"党建＋师德，引领学校内涵发展"的模式，师德师风建设成果显著，2018 年，学校获全国"四有好老师"优秀团队奖。

1. 特色党小组示范、引领，提高学校管理效能

学校党总支把全校 86 名党员和部分优秀教师组团，并将其划分为五个特色党小组，将其分别命名为："创意无限"，即学校管理团队；"春风化雨"，即班主任团队；"青春律动"，即青年教师团队；"激情岁月"，即老党员教师团队；"护校安园"，即安保后勤团队；"家风伴我行"，即家委

会、社区联动党员团队，并赋予了新的内涵。每个特色党小组均有自己的工作理念、专业精神，以及育人特色和目标要求，在不同的岗位上发挥着先锋、模范和各自的引领、示范作用，带动营建"创意无限、和谐并进"的管理队伍；"师爱无痕、激情育人"的教师队伍；"活泼灵动、博雅艺精"的学生队伍；"家风伴我行、快乐成长"的家长队伍。每个特色党小组象征着一盏明亮的灯塔，五盏灯塔在照亮着校园每一个角落，学校里每个生命都沐浴在党的阳光下快乐健康成长。五个党建特色小组中有许多优秀的党员教师在发挥着他们的引领、示范作用。如："春风化雨"特色党小组建设中，涌现了一批优秀的班主任，她们中有"全国优秀班主任"，"云南省师德标兵"，玉溪市、区十佳班主任、优秀班主任、优秀辅导员等，她们在引领和带动着德育队伍即班主任的专业发展。

2. 党员示范、引领，彰显学校办学实力

2009 年 9 月，玉溪一小受市、区教育局的委托，受命整合一所城乡接合部的村完小（原东风小学，整合后命名为"玉溪第一小学山水校区"）。面对"强"与"弱"的巨大落差，学校没有退缩，全体党员干部从大局出发，面对困难，知难而上，党员干部先行。第一批优秀共产党员8 人主动请缨，大家放弃城市生活的各种优势，迎难而上，克服离家远、交通不便等困难，迅速组成一批精英团队奔赴山水校区。

杨翠英副校长是玉溪市最年轻的特级教师、云岭名师。接到整合任务后，她主动承担重任，说"我除了管理学校，还要带一个班级的数学教学"，面对家人、朋友的不理解，她说的最多的话就是"我是优秀共产党员，这是我发挥模范带头作用的最好机遇，现在不去更待何时?"从此她开始"享受"每天提前 40 分钟起床到校，在学校附近以游击战的方式解决吃的问题，中午在办公室桌子上趴一下，早去晚归"两头黑"的"漂泊"生活，几次住院不吱一声坚持着、坚守着……儿子甚至几次哭着求

她："老妈，你不要命吗？我养您，好不好！"她说："工作需要做，老妈是党员，你懂的！"

随后副校长张雯、总务副主任倪长华也主动要求到山水校区工作，他们的家庭住址离老校区不足一公里，从原来可以步行上班，到如今购买"专车"上班，每天"南来北往"穿梭在整个市中心上下班。

作为山水校区总务主任，倪长华老师迅速承担起改扩建破旧校舍的重任，每天起早贪黑坚守在学校工地上，为保证工期的质量和进程，他和施工队工友们一起"享用"快餐，一起选材等。从施工到装修，直至搬迁，工人换了多少拨，唯一不变的就是工地上的倪老师。他经常忘记了周末，不奢望假期。儿子马上就要参加中考，可是他却没有一天完整的时间去陪孩子。他们挂在嘴边的话就是"我们是共产党员"。这样的党员教师在整合任务中还有很多很多。截至 2016 年 9 月，两校区交流教师合计 56 人，其中党员 26 人，占交流总人数的 46.4%。

优秀党员不仅把精良的业务带到山水校区，而且把一小优秀党员的吃苦耐劳、敬业奉献、锐意创新等精神带到了山水校区，引领并融入了教师的精神文化，促使两校区的文化快速、高度融合，山水校区的美誉度、知名度不断提升，学校规模从原来的 700 余人增加到 2600 余人，缓解了玉溪市中心城区的招生压力，让更多的老百姓享受到优质教育资源，有效地促进了义务教育的均衡发展。

3.党组织阵地建设、引领，提升学校环境建设软实力

学校党总支提出"厚重、独特、雅致"的党建特色文化园地建设理念，以"回味历史、融入党史、立足童心、愉悦身心"的思路，规划和设计学校党建文化园地。一是把校园里命名为"腾飞的海燕"的每盏路灯用党建元素来美化。把学校的五个"党建特色小组"分别布置在路灯上，象征着"一个党小组一盏灯塔"，并且用"互联网＋党建"的方式为每个

"灯塔"设计了二维码，扫描二维码便可以了解每一个党建特色小组的理念、目标、群组成员的简历，以及适时更新党小组活动方式和内容。党小组之间、党员之间、党群之间都在相互学习，互为示范，共同引领。二是设计师生"善行义举榜"。教师板块有"教坛新秀""枫华之星""孝敬之星""环保之星""师德之星"；学生板块有"勤奋之星""体育之星""艺术之星""节俭之星""孝敬之星""文礼之星""互助之星""环保之星"。倡导师生在校园里"追星"，即追身边的"大明星"，把抽象的社会主义核心价值观具体化，并落实到师生的日常行为规范中。

走出校园的"小明星"逐步实现"大明星"梦想的学生不胜枚举，如：学校当年的"体育之星"郭伟阳成为伦敦奥运会上的体操冠军；"艺术之星"马聪成为中央芭蕾歌舞团的舞蹈演员，董轩涵成为上海戏剧学院的话剧演员；身残志坚的"勤奋之星"矣晓沅被誉为"轮椅上的清华学子"，几次被中央电视台报道，成为全国的励志典范。

4. 党支部联建、引领，促进学区教育均衡发展

玉溪第一小学作为红塔区小学第一学区的牵头学校，肩负着牵手高仓、研和街道学校协同发展的重任。整个学区是有着 16 个村完小、216个教学班、497 名教师、9070 名学生的"万人学区"。面对牵手"万人学区"的重任，学校党总支发出"学区建设，支部联建，党员先行"的倡议。首先成立了"学区党总支"，学区党总支的联建，打破了学校支部原有的"壁垒"，转"学校党员"为"学区党员"，发挥党员在学区建设中的示范、引领、辐射作用。如：优秀党员、教务主任胡梅芳、周永平等 14 人以长短结合的方式送教下乡，在研和、高仓街道学校进行教育教学半年或者一个月；学校党支部书记率领学区内各学校党员领导干部走遍了学区里的山区、坝区完小，开展送温暖、送教问诊、指导学校的教育教学等活动，开启了学区内涵建设与发展的新渠道，"同在蓝天下　快乐共成长"的美好

愿景得以实现。

5."五个深入"服务、引领，强化社区教育

党员教师深入社区，为社区群众服务，是深入贯彻党的十九大、十九届四中全会精神，践行党的群众路线、密切联系群众、努力办人民满意教育的有力举措。为此，学校党总支确立了基层党组织服务社区党建工作的目标任务，明确要求党员具备"五个深入"的服务意识，即：深入社区开展义务讲学，为休假儿童提供帮助；深入社区家庭开展家教指导，家校联动营建良好家风；深入了解社区群众的需求，做好社区群众的思想工作，宣传、释放正能量；深入社区环境保护工作，协助社区清理卫生死角，为生态文明新玉溪建设做示范；深入社区指导社区文化建设，营造社区践行社会主义核心价值观的良好氛围。学校党总支将"五个深入"纳入党员积分管理，要求党员带头实施。学校党总支还探索推出了"一个困难家庭一个方案""一个学困生一个方案"的帮扶机制，开展了社区困难家庭、学困生结对交友等活动，帮扶困难家庭和学困生，助其渡过一个个难关。

二、自觉爱国守法　践行立德树人

北京市第一师范学校附属小学校长　张忠萍

　　教师发展，师德为要。《新时代中小学教师职业行为十项准则》第二条规定，教师要自觉爱国守法。既提出了正面倡导，即教师要"忠于祖国，忠于人民，恪守宪法原则，遵守法律法规，依法履行教师职责"；又划定师德底线，即教师"不得损害国家利益、社会公共利益，或违背社会公序良俗"。这是对教师的基本要求。

　　爱国守法是一种最基本的公民道德规范。

　　爱国体现的是公民对祖国的深厚感情，反映了个人对祖国的依存关系，是公民对自己故土家园、民族和文化的归属感、认同感、尊严感与荣誉感的统一。它是调节个人与祖国之间关系的道德要求、政治原则和法律规范，也是民族精神的核心。国家是物质利益的寄托，更是精神家园的寄托。爱国是每个人都应当自觉履行的责任或义务。

　　守法是指公民自觉遵守法律的规定，将法律的要求转化为自己的行为，从而使法律得以实现的活动。守法是对每个公民的基本要求，每一个公民都要知法守法，用法律来规范自己的行为。

　　教师既是一名普通的公民又是普通公民中的特殊公民。因为教师承担着传播知识、传播思想、传播真理的历史使命，肩负着塑造灵魂、塑造生命、塑造新人的时代重任。习近平总书记指出，今天的学生是未来实现中华民族伟大复兴中国梦的主力军，教师则是打造这支中华民族"梦之队"的筑梦人。要培养爱国守法的公民，需要有爱国守法的教师。教师自觉爱国守法，才能更好地立身、立学、施教，才能以德育德。

在引导和促进教师自觉爱国守法的实践中，我校通过"四个一"的教育活动，收到了很好的效果。

一次师德教育月。每学期第一个月是我校的师德教育月，通过"名师课堂"、快乐论坛、观看视频讲座、自学与交流、"阅读分享"及"不忘初心　奋力奔跑"主题教育等方式，学习年度"感动中国十大人物"、改革开放40年改革先锋、身边榜样教师等英模事迹，学习教育法律法规等，不断丰富教师的精神世界，增强教师的爱国情怀、守法意识，激发教师做"四有好老师"的教育追求……

一次爱国主题讲话。每周的升旗仪式，学校要请一位党团员老师在国旗下讲述爱国故事，民族英雄"精忠报国"的岳飞、"虎门销烟"的林则徐、"核潜艇之父"黄旭华、"水稻之父"袁隆平、基础教育改革的优秀教师于漪等杰出人物的爱国故事，都深深让师生受到爱国主义教育精神的感染，也让师生深刻理解"先天下之忧而忧，后天下之乐而乐"的"快乐教育"追求，引导学生扣好人生的第一粒扣子。

一个法制宣传日。12月4日是我国法制宣传日和国家宪法日。我校会通过多种多样的学习方式，引导师生知法守法。在日常的工作中，强调教师要关心关注每一位学生，及时掌握他们的思想情绪，发现问题苗头后认真了解情况、准确研判，把问题消灭在萌芽状态。同时，经常警示教师树立一种思想，即教师要保护学生的安全，更要给予学生安全感。学生只有在倍感安全的环境中才能健康成长。

一个海防主题课程。"以史为镜，可以知兴替。"中国近代史是海防安全问题凸显的历史。海防关乎着民族兴衰、国家安全和强国未来。小学生是未来海防建设的主力军，在小学教育中，多角度、多途径让学生关心海洋、认识海洋，懂得经略海洋，增强海防意识，至关重要。十几年来，我校以"海防教育"主题课程为载体，激发学生投身海防事业的意识和激情。

通过课堂教学渗透海洋地理知识，融入海洋环境问题、海洋环境保护、海洋权益与海洋资源开发等内容，目的是提高学生海洋、海权、海防的意识，进而激发学生的爱国情怀；学校开设了"海模制作"校本课程，积极编制了"海模制作"校本教材，力求使海防教育扎实推进；开展了一系列海防主题课程，例如，《航母》主题课程，就通过《认识航母》《航母论坛》《航母制作》《畅想未来航母》等学习内容，既引导学生注重综合应用知识解决问题的能力，更让学生了解了国家海防的重要性，极大地促进了学生树立海洋强国、科技强国的意识。学校还创建海防特色班级，开辟"我行我秀"海防教育自主展示区，在刘公岛建立"爱国主义"教育基地等，扎扎实实开展爱国主义教育。实践证明，对学生进行海防教育，教师必须先要认识到位，只有教师的认识到位，才有教育的创新实践。

教师自觉爱国守法，践行立德树人是师德建设永恒的话题。在此，提出三点建议：

自觉爱国，为党育人、为国育才。教师应将自身的爱国之情，表现在深深地爱教育事业、满腔热情地教书育人，竭尽全力为祖国培养优秀人才中。在新时代，更要通过深入细致的思想教育工作，引导教育学生听党话、跟党走，把爱家和爱国统一起来，把个人的理想融入伟大的中国梦之中，让爱国主义精神在学生心中牢牢扎根。

自觉守法，让法律法规强力托底。教师在履行职责过程中必须按照教师职业道德或者有关法律规定去做，敬畏组织、敬畏法纪，知法懂法，严于律己，以身作则。工作中要处处注意自己的言行举止，绝对不侮辱和体罚学生，无论何时何地都不能突破底线，确保自己的言行与党和国家的方针政策保持一致。要作风正派，廉洁奉公，用模范的言行去熏陶、感染学生，时时处处做学生的表率，为学生的良好思想品德的形成作出榜样。

立德树人，当好学生健康成长的引路人。在学校工作中要全面加强师德师风建设，把师德师风作为评价教师队伍素质的第一标准；要加强教师理想信念教育，提高教师思想政治素质，打造政治过硬的教师队伍。言为心声，行为心语，教师的言行举止在每一天的教育生活中会潜移默化地影响到学生。因此，每一位教师要做新时代"四有好老师"，热爱教育，淡泊名利，执着于教书育人，对每一个孩子负责，自觉成为塑造学生品格、品行、品味的"大先生"，当好学生健康成长的引路人。

三、以行促知，让爱国守法
成为教师的自觉

新疆生产建设兵团第二师华山中学校长　邱成国

《新时代中小学教师职业行为十项准则》第二条明确要求教师要"自觉爱国守法"，这凸显了自觉爱国守法在中小学教师职业行为中的基础性作用。但是，如果对当前推进教师自觉爱国守法的工作进行全面考察，我们一定会发现，还存在着比较普遍的表面化和空洞化现象，往往宣传多于实践，说教多于行动。这就必然会导致一些教师既不能真正在思想上重视爱国守法，也不能在行动上切实践行爱国守法，并进而使得针对广大学生的爱国守法教育也同样出现表面化和空洞化的问题，无法有效发挥出教师立德树人的垂范作用。

在笔者看来，产生这些问题的主要原因还在于，我们并没有真正理解"自觉爱国守法"中"自觉"二字的内涵和意义，不能借助切实可行的方法和途径，让广大教师将爱国守法的观念内化于心、外显于行，并最终做到知行合一。

党的十八大以来，习近平总书记多次强调知行合一的重要性，要求党员干部既要加强理论学习，走在前列，又要结合实践，干在实处。要从知行合一的角度审视自己，要求自己，检查自己。要在知行合一中主动担当作为，真抓实干，做起而行之的行动者。对于教师爱国守法的职业行为的养成，总书记的这些要求同样具有重大指导意义。要让教师把对爱国守法的知与行统一起来，不仅要在观念上懂得爱国守法，更要在行动中主动而为。只有这样，才能称之为"自觉"。

那么，作为学校，我们又该如何切实促进广大教师自觉地爱国守法呢？笔者认为，这项工作存在两个不同层次的内容。首先，在一般层次，也就是我们所有学校都在做的工作，即认真抓好爱国守法的宣传和教育，让教师牢固确立爱国守法的观念。但是，仅仅如此是不够的，还必须在行动上加以推动。否则，就会出现前面所说的流于形式的问题。其次，在更高层次，学校必须认真思考、统筹设计并不断推出能够让广大教师将爱国守法的"知"落实到"行"中去的各种实践活动，要为他们的爱国守法提供知行合一的有效途径，要为他们打造知行合一的行动舞台，让他们通过"行"，巩固、内化和强化"知"，从而真正达成自觉。这些活动不仅仅是指与学校课程有关的各种校内活动，更主要的是与社会环境密切关联的校外行动和实践项目。只有当我们的教师将目光投向校园围墙以外的广阔天地，并具有了胸怀天下的志向、情怀、责任和担当，他们才能真正发自内心地为爱国和守法而自觉行动起来。

作为一所地处南疆的兵团学校，近些年来，我们一直按照知行合一的行动原则，努力促进教师自觉爱国守法。为了做好这项工作，我们充分利用了相对独特的社会环境和文化资源。一方面，面对新时代"屯垦戍边"重任，我们大力强调对"兵团精神"的传承与弘扬，进一步认识并解读兵团教育、兵团学校和兵团教师的价值定位与责任担当，强化教师的使命感。另一方面，我们紧紧围绕党中央制定的"社会稳定和长治久安"的新疆工作总目标，扎实推行"教育稳疆"理念，坚持敞开大门办教育，将发挥好自身优质学校的引领辐射作用作为行动指南，以精准帮扶南疆地区薄弱学校，尤其是南疆少数民族学校为具体实践途径，以向薄弱学校大批派驻干部挂职、教师援教作为具体行动方式，让更多教师从我们自己的"象牙塔"里走出去，全面深入地了解社会现状，认识国情区情，触摸时代脉搏，感知世界走向，并在这个过程当中，发现自身的存在价值，自觉承担责任。到目前为止，我们已经与南疆地区 70 余所薄弱学校建立了共建关系，外派干部挂职各地薄弱学校校长或副校长超过 40 人次，全校教师的 80%参加过或正在参加援建帮扶薄弱学校的工作。通过这种以行促知的行动方式，我们为广大教师创造了一条更为实际也更为有效的爱国守法的达成途径，让他们在实践中转变观念、巩固认知、坚定信念，实现知与行的自觉与统一。

这样做的效果又具体呈现在三个方面。其一，走出校园以后，当我们的教师背负起原本不属于他们的责任和义务，面对众多以前不曾遇到过的困难和问题，尤其是了解了南疆基层教育的种种困境后，他们普遍会对自身的价值重新展开思索，并对自己的教育思想和言行做出相应调整。在这之后，每当他们的行动取得一些积极成效，哪怕是微小的一点成绩，都会带给他们莫大的成就感。就是在这种付出与获得的经历当中，教师们更真实地体察到了国家、社会、人生、事业等的真实样态，从而建立起了更加牢固的爱国守法观念。比如，一位去和田皮山农场挂职的教师这样感慨："我真的不知道基层的教育会如此落后。但是，巨大的反差却更加坚定了我的爱国心和教育情。因为，我体会到了前所未有的被需要的感觉，我知道了自己应该干什么！"其二，在进入陌生而艰苦的环境后，教师必然会由于明显的落差而重新认识自己原来所在的学校，并自觉反思自己原有的工作态度和行为方式。这反过来会促使他们更加热爱自己的学校，更加珍惜自己的岗位，并更加理解和遵守学校的各项规章制度。我们的一位教师这样讲："两年的基层援教生涯让我深深懂得了自己的学校原来是那么好，自己一直是那样的幸福，我再也不会有牢骚和不满，唯有扬鞭自奋，只争朝夕！"在我们看来，当一个教师开始发自内心地热爱自己的学校，珍惜自己的职业，遵守学校的制度，那他就已经走在自觉爱国守法的道路上了。其三，我们的教师在自觉爱国守法方面的观念转变和行为调整带来的最为可喜的结果就是，当他们返回学校以后，普遍会通过现身说法，引导和教育学生，关注社会，正视现实，迎接挑战，并积极投身到力所能及的社会实践当中去，为国家和社会排忧解难。这在很大程度上解决了学校德育一直以来都存在的空洞化的难题，让学生能够紧跟教师的观察、体验和反思，对爱国守法观念展开具体化的理解和认知，从而显著提升了德育效果。也正因如此，近几年来，我们有越来越多的学生，包括很多已经毕业的学生，都积极加入到了援建帮扶南疆基层薄弱学校的行动中来，做一些力所能及的工作。我们将这些活动统一命名为"蒲公英行动"。我们认为，当教师和学生开始自发地对弱者施以援手的时候，他们的爱国守法就已经成为一种自觉。

如果我们将"自觉爱国守法"的行为准则作为国家要求教师必须懂得并认真遵行的"知"的话，那么，"知易行难"的问题就必须得到重视和解决。正如明代大儒王阳明所言："良知自知，原是容易的，只是不能致那良知，便是'知之匪艰，行之惟艰'。"也就是说，对于爱国守法这一良知，字面上的理解很简单。但是，如果我们不能在行动上加以体现，那要真正做到遵守，却极其困难。由此可见，以行促知，是让广大教师达成自觉爱国守法的最好的抓手。对此，我们深有体会，并深信不疑。

四、以优秀文化开启教育多维共赢之门

北京市朝阳区呼家楼中心小学校长　马骏

2018 年，习近平总书记在全国教育大会中指出："教师是人类灵魂的工程师，是人类文明的传承者，承载着传播知识、传播思想、传播真理，塑造灵魂、塑造生命、塑造新人的时代重任。"学校教育是传播优秀文化的重要载体，而作为学校教育的重要参与者，教师要担当起时代发展赋予教师的重任，真正做到"立德树人"这一教育目标。《新时代中小学教师职业行为十项准则》中的第三条准则指出：新时代中小学教师应该积极"传播优秀文化"。所谓"传播优秀文化"，就是要带头践行社会主义核心价值观，弘扬真善美，传递正能量。

1. 优秀文化塑造并发展"人"

人类创造了优秀文化，优秀文化也在历史的长河中塑造着人。对社会而言，优秀文化可以促进社会生产力的发展，促进社会的文明和谐，团结与安定，对社会的政治、经济和文化的发展具有很大的意义和价值。对国家而言，中华优秀传统文化是中华民族的精神命脉，是涵养社会主义核心价值观的重要源泉。

小学是一个非常重要的基础学段，也是人一生中重要的一个阶段。孩子较成人而言，世界观和价值体系尚未成形，人一生发展所需要的良好道德品质和精神世界都要在小学养成。新时代小学阶段的教育教学提出五个关键词：兴趣、习惯、思维、健康和美德。新时代的小学教育需要培养学生的六种能力：向善的能力、健康的能力、学习的能力、生活的能力、创造的能力和幸福的能力。而这五个关键词和六种能力都贯穿在优秀文化的传播和教育当中。

2.传播优秀文化过程中的不足与缺失

当代教育虽然取得了很多丰硕的成效，但仍然存在一定的不足。一方面，一些学校，尤其是经济欠发达地区的学校教育过于强调学习专业知识，在传播优秀文化方面力度不够，忽略生活需要的软知识；教授知识的同时需要思考学生的道德、同情心、社会规范等品质是否成熟，学校进行的教育是否能够培养学生的社会责任感、创新精神和实践能力。另一方面，家长在教育当中不够重视优秀文化的传播，很多家长本身对优秀文化内容了解不够，对如何在家庭教育中融入优秀文化的教育缺乏意识和相应的有效方法。

传播优秀文化并非某一学科具体的教学内容，而是关乎学生终身成长的一项巨大的工程。传播优秀文化之于教师，不能只停留在了解层面，需要深入学习新时代对于师德建设的要求，深入了解和认识新时代师德建设的重要意义及其内涵，努力成为"四有好老师"。

3.在读懂、赋能、正期待中加强师德建设

正如习近平总书记所言："教师重要，就在于教师的工作是塑造灵魂、塑造生命、塑造人的工作。一个人遇到好老师是人生的幸运，一个学校拥

有好老师是学校的光荣，一个民族源源不断涌现出一批又一批好老师则是民族的希望。"作为新时代的教师应该读懂新时代对于教师的新要求，也要不断地给自己赋能，在积极正向的期待和评价中完成自我师德水平的提升，尽其所能地影响和成就更多的孩子，肩负起新时代教师的责任与使命。

（1）读懂——新时代师德建设的前提与基础

读懂时代的需求——使命与情怀。

文化是一个国家、一个民族的灵魂。华为创始人任正非曾指出："一个国家的强盛，是在小学教师的讲台上完成的。"如今，人们越来越清晰地意识到教育发展决定文明程度，国家对教育的投入也在不断加大，教师的社会地位和社会责任也空前凸显。因此，关于教师的"肩膀"也有了这样的描述："教师一个肩膀挑着学生的未来，一个肩膀挑着民族的未来。"

关注教师，关注教育，关注师德建设，既是当今时代的要求，更是关乎民族未来的"百年大计"。当代教师要明确使命，心怀天下，情系家国，为建设社会主义教育强国贡献自己的力量。

读懂自己的内心——责任与担当。

如今的教师不再是传统意义上的"教书匠"，传授知识早已不是新时代教师的唯一的工作内容了。国家和社会期待每一位教师在立德树人的路上，成为"严而不缚，爱而不纵，学为人师，行为世范"的"四有好教师"。作为教师，读懂自己的内心很重要。"教育"的本质是什么？自己想成为什么样的"老师"？自己准备如何实现自己的"教育理想"？这些都是每个教育人需要"吾日三省吾身"的地方。

不断地坚定理想信念、涵养自己的情操、丰富自己的学识、丰盈自己的内心，以高昂的精神面貌和不断超越自己的勇气，承担起时代赋予我们的责任与使命。

读懂学生的需求——面向当下也赢在未来。

教育是服务于人的发展，服务于未来的。儿童最终是要走向社会的，教育要让每个孩子具备走向社会的生存与适应能力，能够运用真正的知识，探索真实的世界，解决真实的问题，能够创造美好幸福的生活。"不忘初心，方得始终"，就是希望我们的教育真正回归到教育的本质上来，让教育引领我们未来的方向。

正如习近平总书记所言，今天的学生就是未来实现中华民族伟大复兴中国梦的主力军，广大教师就是打造这支中华民族"梦之队"的筑梦人。

我们究竟要给孩子怎样的未来？我们又究竟该怎样成就每一个孩子？在理论学习和不断实践的过程中我们发现：适合的才是最好的。培养适合当下孩子适应未来生活的能力和素养，培育适合中国国情又能走向世界的教育"土壤"，这是每个教育人在读懂学生需求的基础上正在努力的，也是每个教育人为了培养"可持续发展的人"所孜孜不倦探索的。

（2）赋能——新时期师德建设的主要策略

赋能就是调动每个人的积极主动性，共同完成一个目标。团队的力量是强大的，管理者要有双善于发现美的眼睛，用人用其善。突破深井，共享信息，把每个人的能力都最大化体现。

心灵赋能——锻造职业幸福感。

为自己的心灵赋能，就是要让优秀文化滋润自己的内心。教师队伍的建设离不开终身学习，只有终身学习的老师才能配得上是一位好教师。终身学习意味着教师对优秀文化的不断汲取，用优秀传统文化提升自己，塑造自己。与此同时，以广博的胸怀吸收其他国家的优秀文化，博采众长，扩展自己的视野，牢固树立"教育无国界"和"文化共同体"意识。

为自己的心灵赋能，就是要锻造自己，为自己的职业幸福感赋能。教师的职业幸福感除了来自于教师的自我成长，还来源于学生的成长。"亲其师，信其道"。良好的师生关系一旦建立，学生对老师所教就会格外感兴趣，学生对老师所愿也会格外愿意践行。良好的师生关系不仅铸就了教师的职业幸福感，而且为教师"言传身教"、传播优秀文化奠定了良好的基础。

人格赋能——价值观培养。

当今中国，社会主义核心价值体系是社会主义制度的内在精神和生命之魂，反映了全国各族人民的根本利益和共同愿望。就基础教育的小学而言，学校作为社会主义核心价值观培育的主阵地，发挥着举足轻重的作用。

我们的价值观教育是"全员全学科"，引领孩子都潜移默化地接受着价值观的教育和正能量的洗礼。我校于2016年提出PDC（项目—驱动—生成）理念，我们坚持"全员育德""全学科育德"，我们的PDC项目来源于生活中的真问题，在参与项目研究过程中真正地让社会主义价值观在校园的每个角落、在课堂的每个瞬间，落地生根，而项目研究的过程更是教师发现、点燃、激活和唤醒学生内驱力的过程，一如学校提出的每位教师都是"师才"，成就三尺讲台的别样精彩，我们的教师也一如伯乐——发掘、成就每名学生。

团队赋能——激发团队活力。

为了应对世界的不确定性，学校需要打造一个具有韧性的教师团队，为团队赋能，有明确的团队目标，教师与教师之间互信互助也很重要。国家繁荣、民族振兴、教育发展，需要我们大力培养造就一支师德高尚、业务精湛、结构合理、充满活力的高素质专业化教师队伍。在教师培养上我校很重视教师阅读素养的培养，21世纪是一个学习热情空前高涨的世纪，读书本应是做教师最最基础的"工作"。我校鼓励教师读经典，搭设平台把碎片化的时间利用起来听书、读书、分享好书，努力打造"学习型校园"，努力培养"学习型教师"，积极吸收并传播优秀文化。

与此同时，我校在教研组文化建设上始终坚持"上善若水"的中华优秀传统文化理念。"水"文化，代表着我们对生命的认识，也代表着我们对教师团队充满生机、兼容并蓄、不断创新的理解。在"上善若水"的团队文化建设上，在学校积极、民主的管理文化下，我校教师积极肯干，教育教研团队不仅充满活力而且齐心协力，多次攻坚克难，开拓创新。

（3）正期待——自下而上的师德评价

2018 年 1 月，中共中央、国务院印发《关于全面深化新时代教师队伍建设改革的意见》，提出强化师德考评，体现奖优罚劣，推行师德考核负面清单制度，建立教师个人信用记录，完善诚信承诺和失信惩戒机制，着力解决师德失范、学术不端等问题。师德考核评价不仅能最大限度促进教育事业的发展，而且有利于培养和塑造"四有"新人，促使教育行为符合社会发展和社会主义现代化建设的需要。

我们认为良好的师德评价应该源于教师内心萌发的对教育行为的期待。传统意义自上而下的师德评价，对于教师来说更多的是"他人要求"，为了达到这一要求而改变自己的教育行为，从短时间来看非常有效，但从长远来看容易出现"反复"，对于教师的引领来说生命周期较短。

我校主张自下而上的师德评价机制。以学校出台的呼家楼中心小学《新时期师德六十条》为例，经过了自下而上广泛征集、实践论证，形成基本框架和细目后，先由民管会讨论决议，再组织集体学习，二次实践论证后，对该方案进行可行性评价和修订。整个过程，每位教师对新时期师德要求都进行了深入思考，结合实际达成相对一致的意见，多次实践多次修订，逐渐形成了比较完善，也相对人文的引领教师的自我成长、自主发展的师德评价机制。

文化只有发展才具有生命力，只有传播才具有影响力。中华优秀传统文化是民族之魂，国家兴盛、民族复兴离不开中华优秀传统文化这一片沃土，每一位中华儿女都要肩负起优秀文化的传承重任，作为教育人，我们更应该发挥教师的职责，在校园内外播撒优秀文化的种子，培养人、教育人、塑造人，时刻不忘传播和弘扬优秀文化的职责。

五、以优秀传统文化教育
浸润师德师风建设

广东省珠海市容闳书院校长　兰祖军

中华优秀传统文化是中华民族的精神命脉，是中华民族的突出优势，是我们的文化自信的重要来源。中华优秀传统文化蕴含的价值理念、道德人格、理想追求、民族文化性格和家国情怀等，是中国软文化实力的灵魂，更是中华民族的精神基因。教育部《完善中华优秀传统文化教育指导纲要》指出，"加强中华优秀传统文化教育，是培育和践行社会主义核心价值观，落实立德树人根本任务的重要基础"。

作为学校建设管理者，笔者在探索落实传统文化进校园中，以此为契机将师德师风建设与校园传统文化课程体系建设有机融合，形成了"教""学"相长、师生同育的功效。具体实践路径如下。

1. 研修相结，立德修身

中华优秀传统文化所追求的是一种真、善、美的人生境界，蕴含安身立命的思想，其根本精神是人的自我约束、自我管理、自我提升、自我觉悟。学习传统文化可以更好地修身养性、开启智慧，增强教师的职业认同感、责任感和幸福感。好教师善于用自身的人文精神去滋润、提升学生的人文素养和品位。

中小学教师要自觉承担起传承中华优秀传统文化的伟大使命。当前部分教师对中华优秀传统文化教育重要性的认识和教学能力都有待进一步提高。为全面提升中小学教师中华优秀传统文化素养，将传统文化与教育环境融合、与教师教学研以及生活融合，营造古韵悠扬、厚德载物、书香浓郁的校园文化氛围。我们从三个方面着手。

（1）学文：研读经典　深化底蕴　润化师德

"以文化人、以文育人。"一个国家一个民族的强盛，是以文化兴盛为支撑的。肩负着民族文化兴盛重任的教师，必须在中华优秀传统文化的熏陶中，不断加强师德师风建设。学校可以通过外聘专家开展培训、网络平台强化内修，引领教师追寻文化源头，学习文化史纲，解读核心经典。经典是活的，读经典要与当下生活结合，指导生活。了解经典的主要思想，背诵经典中的名句，能读、诵、解、讲《弟子规》《大学》《论语》《道德经》的部分内容。

（2）育人：传承精髓　学以致用　深化内功

教育是一朵云推动一朵云，一棵树摇动一棵树的过程。继承和弘扬中华民族传统美德与教育思想，需要教师本身对传统文化蕴含的品德风骨与人格精神的继承。领导者"以身作则、身先士卒"的奉献精神带领团队，教职工以"甘于奉献、尚美求真"的敬业精神形成组织文化，以"淡泊名利、高雅品行"的精神追求教育人的清高风骨，以"厚德载物、大爱无私"的精神对待教育、对待学生的价值追求。

同时，通过集体教研、最美思想力的教研分享会，学习和践行传统文化中的教育思想与智慧，如有教无类、温故知新、因材施教、尊师爱生、由博返约、身体力行、启发诱导、循序渐进、教学相长、学思结合、学而不厌、诲人不倦。在正己化人的双重践行中，既营造了和谐修身的文化场域，也在传统文化中寻求到化解教育难题的途径，达到事半功倍的效果。

（3）力行：回归质朴　淡泊明志　高雅情趣

"百姓日用而不知"，传统文化就在生活中。如：书法、吟诵、茶道、花道、古琴、民乐、国画、武术、射箭、太极、静坐等。在学校师资队伍建设中，通过礼仪培训，教师游学，体验传统节日、学习民间艺术、熏陶传统技艺等提升教师审美情趣。将中华民族淡泊明志、达则兼济天下、穷则独善其身、追求家国情怀、崇礼尚德等优良传统以行动传承下去，更融入育人实践，绘就下一代的民族底色与血脉深情。

2. 融入理念，传承发展

中华优秀传统文化是我们的文化之根，要把优秀传统文化中的思想融入办学理念。"自强不息、厚德载物，道法自然、天人合一，经世致用、知行合一，仁者爱人、以德立人，革故鼎新、与时俱进，天下为公、世界大同，以诚待人、讲信修睦，求同存异、和而不同，迁善改过、三省吾身，乐天知命、知足常乐，上善若水、谦卑内敛，穷变通久、居安思危，中庸之道、实事求是，格物致知、修齐治平"等思想滋养着一代代中国人。有效选择合适的传统文化思想融入学校办学理念，形成学校的文化与精神内核，是对优秀传统文化的传承，更是系统孕育师德、学风的主线。

如：国家教育行政学院附属实验学校校训：日新、仁爱、至善。珠海容闳书院校训：有容乃大。珠海斗门容闳学校校训：智者乐水，并提炼"水之十德"（善、仁、勇、毅、信、义、净、正、灵、容）为育人目标，形成了师生共同践行的校园文化与学校特色内涵。

3. 营造环境，育人无声

校园环境是学校文化的视觉呈现，是师生、家长学习生活的痕迹体现，是灵动的校本教材，是学校课程的延伸。学校可以将传统文化渗透到校园大环境、班级小环境，使"无声的环境"能"春风化雨"。

如有的学校把大楼命名为"格物楼、致知楼"，校内道路命名为"志道路、据德路"，建设孔子广场、道德经广场、圣贤长廊、国学馆等，小到一块石头的刻字和摆放都能给人以美感。

珠海容闳书院是徽派建筑加苏州园林的风格，集了中国古代书院的30多副楹联，如校内博雅阁用的是东林书院的名联：风声雨声读书声声声入耳，家事国事天下事事事关心。学校整体呈现的传统建筑美学、文化情趣、人文精神以及文化标识等系统，达到了以视觉浸润、以美育美的效果。

4.开发教材，系统建构

中华优秀传统文化博大精深、包罗万象，琴棋书画、诗词歌赋、书法功夫、曲艺陶瓷、舞乐习俗、节日习俗等等，都是优秀传统文化的形式与载体。中小学可根据地域特点、办学实际、师资水平选择相关内容作为学校的特色课程或选修课程。中小学主要从经典诵读、传统技艺、生活实践、地方文化等四个方面落实。

中华优秀传统文化课教材应以中华经典诵读为依托，以中华美德为灵魂，以全面培养学生的健全人格为目标，引入中国历史上的经典故事、事件，结合传统人文知识、天文地理、文学艺术、书法绘画、园林建筑、风俗习惯等知识架构起教材体系。独立性、人文性、开放性、实践性等是其重要特点。

（1）系统整合，开发课程

珠海容闳学校在师生传承、践行中华优秀传统文化过程中，秉持着培养师生伟大的民族精神、人伦道德才是教育之根、社会之本，并以"发展教育，传承文化，教化社会"为己任。在管理上首先从学校文化核心价值理念定位开始，从优秀的传统文化中寻求文脉的接续，从经典的感悟中寻求人格、品德、人伦精神的滋养，并建构国学教育文化体系、创建国学教育课程坐标、成立国学教育中心等。自主开发教材、开设吟诵课程、开展"寻先师足迹·探儒学之源"的山东曲阜研学课程，全面了解孔子生平事迹，学习儒家仁爱思想，感知孔子伟大人格。跨学科整合国学与艺术、音乐、美术、语文学科的融合，使各学科教师融入到文化传承与建设中，在教学研一体中深化民族认同与情怀。

（2）纵横建构，形成体系

蓄先贤思想之精华，养生命之浩然正气。在学习传统文化、传承传统美德中，学校以教师的研习修身、学文力行为出发点，系统建构起纵横交织、融入学生生活一日三餐的国学课程体系，使师生在"一书、二礼、三餐、四课、五节"中享受传统文化的滋养，做到知行合一：

①"一书"课程：遵循学生的认知规律及经典学习的次第，一个年段讲读一本经典书籍和一个学年诵读一本经典书籍的"一书"课程体系。

②"二礼"课程：即新生入校"入学礼"和毕业季"出学礼"。礼仪的作用在于让学生认识天地、上下、尊卑、亲疏，涵养行仪，培植诚敬的精神。学校开设系列礼仪课程：升旗礼、师生礼、同学礼、开笔礼、入学礼、出学礼、射礼、社会礼仪、祭礼（祭奠先烈、先贤、先祖）等。

在每个新学年开学之初，为所有新入学的学生（一年级、七年级新生及其他年级插班生）举行隆重的以"拜师"为主题的敬师活动，包括入学礼及开笔礼等。在毕业前夕，为六年级、九年级毕业生举行以"感谢恩师、感恩母校"为主题的感恩活动。制定符合规范的礼仪规程，要求整个活动庄严、隆重、有仪式感，能在学生心底里留下难以磨灭的温暖和感动。

③"三餐"课程：即晨诵时光——读经典悟道；午书时刻——写汉字做人；暮省时分——思善念成长。让传统文化教育犹如一日三餐一样，融入到学生每一天的生活与学习之中，让他们晨有所诵、午有所书、暮有所省，让传统文化的雨露充分滋润全体学生的心灵，在这样一日三"餐"的文化大餐中蓬勃生长、快乐成长。

④"四课"课程:"四课"课程是传统文化教学课程体系的核心部分,通过学科课、主题课、体验课、生活课等系列课程实现传统文化教育学科课程全覆盖、教学环节全覆盖、教育人群全覆盖,促传统文化学教育进校园、进课堂、进大脑的"三进"活动。与生活融合,与自然融合,与教育融合,与学生的身心发展阶段、生理特点相结合。

⑤"五节"课程:从中华传统节日中挑选具有代表性的五个节日——元宵节、清明节、端午节、中秋节、春节作为课程内容,以"我们的节日"为主题,精心设计符合各个节日特点的活动,通过课程整合的方式组织学生在不同年级举行不同的节日活动,在校期间把重要节日的活动经历一遍,让学生从这些节日文化中认识人类之源、文化之源和教育之源,帮助体验传统文化的博大精深,从而增进学生对中华文化的认同感。如:元宵节做花灯、猜灯谜、舞龙舞狮、做元宵、举行元宵街会;端午节粘贴龙舟(手工活动)、包粽子、品粽子、做香包、赛诗会、讲端午节故事、举行端午街会、旱地龙舟赛。

学为人师,行为世范。作为教育人,既有义务"为往圣继绝学",更有责任"立德树人"。学生是实现中华民族伟大复兴中国梦的主力军、是未来社会的建设者,而广大教师就是打造他们的筑梦人。中小学校长和教师在弘扬、传承和实施传统文化教育的道路上,强学力行、立德修身、为人师表,站在"立德树人"的高度,承载起复兴中华优秀传统文化的历史重任,必将担负起民族大任,履行教育大计,成为一名师德高尚、德才兼备的教育人。

六、以文化使者之担当传播优秀文化

湖南省长沙市天心区仰天湖桂花坪小学校长　刘菲菲

教师是人类灵魂的工程师，是人类文明的传承者。韩愈在《师说》中有云："师者，所以传道受业解惑也。"意思是说：老师，是传授知识、教授学业、解答疑惑的人。教育是一种文化的传承，教师的作用就是传播人类优秀文化。文化的传承既包括知识的传承，还包括能力的培养。文化的传承包括世界观、人生观、价值观的确立，内含关于世界观、人生观、价值观的实践思想力、实践判断力、实践辨析力，这一切靠的是教师实践中的引领。作为新时代的教师要落实立德树人的根本任务，传播优秀文化，带头践行社会主义核心价值观，弘扬真善美，传递正能量。"教师是成人世界派往儿童世界去的文化使者。"作为文化使者，我们教师在学生成长过程中理应发挥精神引领的作用。

1.坚定传播优秀文化信心

中华优秀传统文化源远流长、博大精深，是人类精神文化中的一朵奇葩和宝贵的财富。党的十八大以来，习近平总书记多次谈到增强国家文化软实力、文化自信建设等。习近平总书记倡导提升文化自觉、加大文化交流、注重文化创新，从而增强文化自信，才能够为中国梦的实现提供不竭的动力。文化自信的前提是认同、信任，是一种自觉基础上的自信，提升学生的文化自信需要增强自觉鉴赏的能力，要引导学生分析、鉴别传统思想文化中哪些是与当代社会相适应、与现代文明相协调的东西，哪些是封建性的糟粕、是落后的要被历史淘汰的东西；外来文化中哪些是中国社会所缺乏又能弥补中华文化发展之不足的东西，哪些是西方霸权主义、腐朽思想。教师要引导学生以虔诚、敬畏的态度来对待文化，理清科学与愚昧、传统与现实、中国与世界文化的关系，形成中国特色的社会主义先进文化。

我国传统文化博大精深，源远流长，经过数千年的积淀和发展，深入中华民族血脉之中，成为中华民族的精神记忆和中华民族文明特有的文化基因，是中华民族生生不息、团结奋进的不竭动力。教师传播优秀文化，首先是继承和发扬中华民族优秀传统文化。这些年，各种所谓的节日越来越多，尤其在网上受到大肆吹捧。"情人节""圣诞节""女生节""光棍节""鬼节"颇受商家热捧，比如流行平安夜送苹果，商家把外国节日当噱头吸引学生，而传统节日备受冷落。笔者认为，要让传统节日与时俱进、传承光大，就要还每个节日的本来面目，让每个节日过得更独特些、传统元素更丰富些，需要向传统文化回归，需要更多的庆祝方式。古时候，中秋节的庆祝方式不少，现代中秋节城市里应该多些游园、赏月和灯会活动，学校也可以设计"DIY 月饼""亲子月光诗会"等主题活动，让更多的人参与其中。当务之急是重新认识这些传统节日，并通过多种形式还原它们的文化内涵，增强中华民族的凝聚力和向心力。

2.丰富传播优秀文化内涵

教师肩负的使命不仅仅是传承，传承传统的优秀文化，更需要严肃而认真的思考，思考并解决当下的问题；教师肩负的使命不仅仅是传播，传播外来的优秀文化，更需要扎根本土、面向未来、面向世界作严谨的思考，思考现实的教育生态，分辨发展的方向、路径和策略，带领学生走向美好的明天。只有学识渊博，言语精辟，有着深刻思想和灵动智慧的教师，才能赢得学生的爱戴，赢得同行的敬佩，赢得家长的尊重，赢得社会的认可。现代教师不再是传统意义上凭着单纯的学科知识驾驭课堂的教书匠，而是一个具有深层次文化底蕴、高品位人文修养，可以满足充满好奇的学生的各种提问的育人者。因此，现代教师应不断完善自己的知识结构，不仅要具有学科专业知识，而且要掌握公共通识知识，放眼世界，立足国情，提高专业水平。

作为一名新时代的教师，要带头践行社会主义核心价值观，弘扬真善美，传递正能量。围绕立德树人的根本任务，遵循学生认知规律和教育教学规律，分学段有序推进的原则，把优秀文化全方位融入思想道德教育、文化知识教育、艺术体育教育、社会实践教育各环节，贯穿始终，特别是美育和劳动教育，都是陶冶学生情操和品性的最好契机。扎实推进中华优秀传统文化的实施，开设选修课，在语文、历史、政治学科专业和课程中增加中华优秀传统文化内容，加强学校社团建设，推进戏曲、书法、茶艺、经典诵读、传统体育等进校园，经由主题教育、学科课程渗透等让中华优秀传统文化落地生根、开花结果。

中小学在甄别文化传播内容上，要传播积极的、优秀的文化，摈弃传统文化中的糟粕成分，同时也要正确处理外来文化和传统文化的关系，积极吸收外来文化中的有益成果，但不"以洋为尊""唯洋是从"，不在文化传播中搞"去中国化""去历史化""去价值化""去主流化"等。了解中华民族一脉相承的精神追求和特质，既不封闭僵化，也要守住底线，立足中国现实，讲好中国故事，履行好自身使命，传播好中华优秀传统文化。

3. 拓展传播优秀文化路径

师资是推进优秀文化教育的关键。解决优秀文化教育的师资问题非一日之功，不可一蹴而就，既要有长期规划、长线解决办法，更要想办法解决当下迫切问题。师范院校开设优秀文化教育专业，招收本、硕学生，给师范院校的在校学生加开优秀传统文化课程，这一举措将对传播文化产生深远影响。

文化之于一个民族或国家是至关重要的，而学生正是民族和国家未来的建设者，也就是说学生从我们手中接过优秀文化的接力棒，一代一代往下传。传播优秀文化教育要始终落实到人的教育上，始终坚持以人为本的人文精神。要做到知行合一，行胜于言；要真抓实干，不搞形式主义；要克服攀比跟风的功利思想，遵循传统文化的教育规律，循序渐进，润物细无声，紧扣时代脉搏，融入现实生活。将优秀文化融入中小学课堂是推进传播优秀文化教育的有效路径，明确各学段教学内容、任务、目标，做到有章可循，有规可依，从而大幅度提升优秀文化的教育教学效果。

还可以建立中小学优秀文化教育基地。盘活各地红色教育基地、书院资源、三馆一厅等，将其建成中小学优秀文化教育实践体验基地。此举既是对当地优秀文化资源的发掘传承，又为中小学优秀文化教育提供了最好的有亲近感的学习体验场景，是对学校教育的有益延伸和补充。中小学可将基地的实践体验课纳入研学课程的总体安排，同时又对有提升需求的学生课余时间开放，解决普及与提高的问题。我们要突破常规，善于创造性转化，创新文化的传播方法、手段，自觉努力地提高中华优秀传统文化的吸引力、传播力。比如重视网络的力量，把传统媒体和新兴媒体结合起来，充分运用互联网新技术、新应用创新媒体传播方式，发挥其积极作用，网络文化课程、APP读书软件、诗词大会等文化传播方式都得到了青少年的青睐，成为传播优秀文化的新范式。

教师是人类优秀文化的传播者、创造者，是人类永远追求的真善美精神家园的守护者，以文化使者之担当，我们终将改变潮流的方向。

七、深植传统文化，创新"六艺"教育

广东省佛山市南海外国语学校校长　黄新古

1.文化梳理：系统建构发展丰富"新六艺"内涵

传统"六艺"教育"礼、乐、射、御、书、数"，承载了传统文化的精髓，教育内容指向人的德智体美劳诸方面，有利于培养全面发展之才。

"六艺"教育彰显了传统教育的智慧，为新时代教育创新提供了借鉴。具体来说，就是从"六艺"之说和"六艺"之教中寻找对当今学校素质教育具有借鉴价值的元素，对其进行继承、创新、转化，形成具有可操作性的教育样本。

在梳理传统"六艺"教育的基础上，南海外国语学校提出了"新六艺"教育，具体包括"仁孝、书文、健体、器乐、科学、外语"六大教育领域，核心是"人人新六一"，即：人人都有一颗仁孝之心、人人能写一手好字好文章、人人都有一项健体专长、人人都会一门乐器、人人参与一项科学探究活动、人人能讲一口流利的外语。"新六艺"教育涵盖德智体美劳，实现了五育并举，着力把学生培养成德智体美劳全面发展的社会主义建设者和接班人。

2.文化践行：创新路径整体推进"新六艺"实践

（1）开辟实践天地

中华传统文化强调要尊重教育规律，让儿童自然、活泼成长。孔子在和弟子谈论志向的话题时，曾点心中"冠者五六人，童子六七人，浴乎沂，风乎舞雩，咏而归"的理想生活，让孔子"喟然叹服"。明代哲学家王阳明也追求乐嬉游的"童子之情"。让青少年自然、自由地生长，感受到成长的乐趣和幸福，是教育的理想追求。

开展教育减负成为我们文化践行的第一步，我们的"减负"包括三大行动：一是实行"周末零作业"，让学生从繁重的作业堆里解放出来，把周末的时间、空间还给学生，给他们留下了解社会的时间、独立思考的时间、动手实践的时间；二是早上推迟30分钟起床，让孩子们因为每天多睡了30分钟而精力更加充沛；三是统整语数英等必修课时，构建"新六艺"课程体系。通过教育减负三部曲，腾出素质教育的时间和空间，尊重儿童成长规律，让学生在接受"新六艺"教育洗礼的过程中真正体验到幸福。

（2）创新实践路径

整合校本课程。在不断的摸索与实践中，学校在传承传统文化精髓的基础上对原来的教育教学活动进行了整合，建构了"新六艺"课程，包括仁孝、书文、健体、器乐、科学、外语六大领域，开设了先锋工匠、活力课间、中华戏曲、武术操、合唱、古筝、书法、信息学、第二外语（德语、法语、西班牙语、日语、韩语）等50多门校本课程。开发了《孝行天下》《南海名人》《中华戏曲》《乐韵悠扬》《科学探秘》等27种校本教材。所有学生通过网上选课平台自主选择课程，学校每周一下午是学生社团活动时间，每周二下午是全校走班制选修课时间，每周三下午是全校器乐课时间，每周四下午是全校第二外语选修课时间，每周保证有一节阅读课、一节书法课，小学每天一节体育课。

打造智慧课堂。学校打造以"自主、多元、灵动、探究、对话、创新"为特征，融知识、美德与能力为一体的智慧课堂。智慧课堂灵动如水，教师在课堂上充满智慧地教，学生在课堂上充满智慧地学，师生在合作互动、共建共享的过程中，碰撞出智慧的火花，达到"以智启智，以慧养慧"的目的。

举办六大节日。为了真正实现"人人新六一"，学校每年举办仁孝节、读书节、体艺节、器乐节、科技节、外语节等六大节日。节日活动贯穿每个学期，持续推进；节日内容丰富，千人大合奏、大型武术操、爱心义卖、异国风情街等，成为学生的最爱；节日参与面广，学生全员参与，全过程参与。六大节日既是传承和发展传统文化的需要，也是对传统文化的进一步创新与实践，学生每天都沉浸在节日活动氛围中，感受传统文化的魅力，他们的才华也在节日的舞台上展现得淋漓尽致。

开展多元评价。评价内容多维化。"新六艺"教育涵盖了学生发展的各个方面，评价内容包括学生在"仁孝、书文、健体、器乐、科学、外语"等方面的特长表现，指向学生德智体美劳全面发展。评价方式多样化。对学生的课堂表现、活动表现，采取真实性评价、过程性评价、发展性评价，评价学生的成长过程和发展变化。评价主体多元化。教师评价、家长评价和学生自评相结合，全面评价学生的发展。

（3）凸显实践成效

"新六艺"教育凸显了新时代教育创新的传统文化底蕴，促进了南海外国语学校实现跨越式发展。办学6年时间，学生人数由700多人跃升到6000多人。学生先后应邀参加中以建交25周年庆祝活动、央视少儿春晚展演活动、人民大会堂非物质文化遗产节目展演，学校"新六艺"合唱团荣获第六届新加坡国际合唱节金奖第一名。教师发表核心期刊12篇，主持国家、省级课题10项，出版专著4本。学校先后获得中科院"信息学创新教育实践示范基地""全国规范化家长学校实践基地""国家实践课程特色学校""广东省书香校园"等称号。

3. 文化传播：突破边界携手谱写"新六艺"新篇章

（1）突破学校边界，广泛播种文化因子

《孟子·尽心上》中说："穷则独善其身，达则兼济天下。""新六艺"教育体系在日臻完善的情况下，在新的文化视阈下，重新审视在区域教育改革发展中的自我担当与时代使命。

我们突破学校边界，创新教育帮扶，广泛撒播"新六艺"教育。我们先后给其他学校输送了 10 位校长，"新六艺"教育随之散叶开花。我的工作室吸收了 17 位校长加入，利用专题调研、集中研修、校长论坛、经验分享等多种形式，为这些学校特色发展把脉。学校每年接待全国各地近 2000 名教育同仁，承办"2018 年全国中小学名校长专业发展高级研修班""2019 年新时代全国中小学实践课程实施与管理研讨会"等大型研讨活动，使"新六艺"教育的影响和辐射走出广东、走向全国，集中体现了教育创新的担当和使命。

（2）突破贫富边界，深入培育文化幼苗

《论语·卫灵公》："子曰：'有教无类。'""有教无类"正是实现教育公平的理想境界。"新六艺"教育坚持"让每一个孩子幸福成长"，把"每一个孩子"的概念从南海外国语学校扩展到周边薄弱学校，用教育帮扶突破教育的贫富边界，引领每个有趣的灵魂奋发向上。

2017 年盛夏，我带领南外教育帮扶团队，前往距学校 500 里之外的云浮市郁南县建城镇东二小学。学校位于大山深处，教学设施简陋，学生除了上文化课外几乎接触不到任何艺术教育。在精准把脉的基础上，我决定把南外"人人都会一门乐器"带到东二小学，用器乐唤醒学生高贵的灵魂。我们带去了 70 台口风琴，组建了口风琴乐队，南外老师和学生手把手教东二小学学生，很快让东二小学学生实现了"人人都会一门乐器"的

梦想，通过器乐激发出孩子们奋发向上的昂扬斗志。一时间，东二小学成了音乐的海洋，东二小学被评为郁南县唯一一所乡村音乐特色学校。

（3）突破地域边界，远程嫁接文化枝干

2019 年 7 月，我收到了教育部教师工作司关于开展四川省凉山彝族自治州教育帮扶行动的通知，便立即选拔最优秀的骨干教师去凉山支教。

"要发挥自己的特长，尽最大努力改变大凉山孩子的精神面貌。"这是朱喆老师临行前我嘱托他的话。他不负所托，结合当地学校实情，远程无痕融入"新六艺"教育。

朱喆老师把"人人都有一项健体专长"带到了大凉山，教全校学生练习佛山传统武术，使佛山的传统武术成为民族中学学生的最爱，受到老师和学生的广泛好评。他多次走进贫困学生家里，与家长、学生座谈，全方位了解学生家庭的现状，明确帮扶的方向，劝返因经济原因辍学在家的学生，把"让每一个孩子幸福成长"的教育理念深深扎根于大凉山。

文化兴则教育兴，深植传统文化精髓，创新"六艺"教育，把中国传统优秀文化的精髓植根于学校的教育实践中，体现了"新六艺"教育深厚的文化底色。"新六艺"教育把传统文化扎根在每个孩子的内心深处，不断增强文化自信，助力实现中华民族伟大复兴的中国梦。

八、传播优秀文化，做新时代楷模教师

四川省成都市实验小学西区分校校长　向尧

1.对教师传播优秀文化的理解

习近平总书记指出："文化是一个国家、一个民族的灵魂。"我国有着 5000 多年的优秀文化积淀，"中华优秀传统文化、革命文化、社会主义先进文化，构成中国特色社会主义文化三原色，它们彼此融通、交相辉映，凝铸成改革创新的中国精神、引领时代的中国价值、气势磅礴的中国力量"[①]。同时，我国对外文化交流持开放包容态度，不断地学习借鉴国外一些优秀文化成果来丰富和发展自己的文化，逐渐形成中国特色社会主义核心价值体系。

教师是人类灵魂的工程师，是人类文明的传播者。2018 年，教育部颁布了《新时代中小学教师职业行为十项准则》，文件中专门提出"传播优秀文化"这项职业准则，要求教师"带头践行社会主义核心价值观，弘扬真善美，传递正能量……"首先，这要求教师所传播的文化是政治立场

---

① 汪亭友：《构筑中国精神中国价值中国力量　从"孝悌忠信、礼义廉耻"到践行社会主义核心价值观》，《中国纪检监察报》2020 年 2 月 24 日。

正确的文化，是符合社会发展规律、传播正能量的文化；然后，要求教师从党和国家事业全局的角度，在文化浸润中引导学生处理好个人和国家、社会的关系，处理好个人理想和民族梦想的关系，争做新时代的开拓者、建设者；再有，还要求教师除了要"扬善"，弘扬优秀的、经典的文化，更有责任"除恶"，自觉抵御不利于国家、民族进步的糟粕文化，不散播恶意中伤的谣言等。

在我国，教师传播优秀文化具体是指：第一，教师要带头践行社会主义先进文化，特别是以社会主义核心价值观为主的当代代表性文化；第二，教师要主动弘扬中华优秀传统文化；第三，教师还要适当为学生普及中国共产党、中华人民共和国的革命文化；第四，教师在全球化的文化碰撞与交流中，能够帮助学生甄别、选择性地借鉴其他国家的优秀文化。

2.对教师传播优秀文化的实践经验

（1）以课题研究为抓手，带头践行社会主义核心价值观

多年来，学校一直致力于社会主义核心价值观教育，并把"爱国"和"诚信"教育作为小学生思想教育的重中之重。为了科学、高效地提高学校教师和学生对社会主义核心价值观的理解力和践行力，学校以相关课题研究为抓手，为学校教师的职业道德发展提供了一个非常自然、良性的文化氛围。学校教师在实施爱国主义教育和诚信教育课题研究的过程中，一方面传播弘扬了中国特色社会主义文化，另一方面也提高了教师自身的社会道德素质。

①学校辅导员组织少先队员定期开展"诚信""爱国"主题活动

在 2014 年至 2017 年三年时间里，学校教师通过培养学生的诚信、信任、信念文化品质，旨在促进学生对社会主义核心价值观的初步理解。低段（1—2 年级）的辅导员以"诚信"为主题，以学生个体生命的生长为着眼点，以落实社会主义核心价值观为逻辑主线，重点强调学生的行动

力，促进少先队员个性品质的形成。在中段（3—4 年级），基于心理性的物质生命（精神生命）建设，培养其亲社会人格，因此以信任教育为重点，从人际信任到对组织、社会、国家的信任，铺垫学生对中国特色社会主义文化的基础理解。在高段（5—6 年级），辅导员将"信念"主题式队会课与家校互动、社区联动相结合，让少先队员在社会实践中感悟并认同社会主义核心价值观的心理、行为、情感与认知逻辑。

2018 年至今，学校以落实和强化学生的爱国主义教育为重点，旨在通过"爱国"认知、情感、行为的培育来践行社会主义核心价值观，弘扬社会真善美。辅导员以中队队会课和大队主题活动为核心载体，加强学生的爱国主义教育；学科教师结合学科特色进行爱国主义浸润教育；依靠文化营造，包括校园爱国文化的环境布置、社区文化的环境布置等潜移默化地进行爱国主义教育。一年级学生是对自身身份、所在组织的认同和热爱，即爱少先队；二年级是对自己所在校园、社区环境、城市自然风光的喜爱和守护，即爱家园；三年级是对中华民族优秀文化的认识和继承，即爱国粹；四年级是对中华民族悠久历史、中国共产党的光辉历史的了解，即爱国史；五年级是对祖国英雄人物，特别是时代榜样的学习和敬仰，即爱国人；六年级是对国家政体、基本政策和国力的了解与认同，即爱国体。

②组织教师参与学校相关课题培训，从理论上提高教师对中国特色社会主义文化的理解力

教师对优秀文化的主动传播要以教师自身对文化的认同和理解为基础，因此学校把对教师文化素养的培养当作一项必不可少的工作。以课题为牵引，通过研读相关文献、解读国家政策文件，加强学校教师对社会主义特色文化的理解。学校党员教师在此环节中更是发挥了先进模范的带头作用，集党支部"三会一课"和学校"诚信""爱国"课题为一体，集中研习中国特色社会主义的制度、文化，并在其他教师群体中定期宣讲党课，传播弘扬社会主义核心价值文化。

（2）以精品社团为依托，弘扬中华民族优秀传统文化

中华民族传统文化博大精深，如浩瀚星空。学校根据在校教师的专长技能，选择重点建设"瓷艺""陶艺""水墨"等学生社团俱乐部，以此抛砖引玉，来弘扬中华优秀传统文化。社团俱乐部每周一次，利用学生午管时间开展。社团招收学员以自愿为主，且一经录取要经过 3 年以上的培训。负责老师会通过学生在社团活动的表现筛选出一支精英团队，用于学校对内对外的接待交流活动，一来宣传学校的特色社团，一来弘扬中华优秀传统文化。

（3）以国际理解课程为中介，兼容人类共同经典文化

学校设置有校本国际理解课程，由学校学科教师自愿报名担任讲师，并组成国际理解专项小组。该课程的实施以民族化为前提，"民族的才是世界的"，因此，教师不仅传承和发扬中华优秀传统文化，还在日常教育中有机渗透国际文化意识，提升学生跨文化理解与沟通能力，做到润物无声。

目前，学校有中华美食、中华经典诗歌、川剧与歌剧、水墨熊猫、中外建筑、茶与咖啡等国际理解课程，内容既涉及中国经典文化的传承，也涉及国内国外经典文化的对比。授课教师通过定期课堂教学、校园国际文化元素打造、学校交流展示等多样化的途径，向学生传达"文化无国界；文明没有优劣之分，只有特色之别"的文化理念。

3. 对教师传播优秀文化的建议

教师传播优秀文化有其共性的内容，但是教师在具体实施的过程中，更需要考虑所处学校的实情、所面对学生群体的具体特征；要结合真实的状况采取多样化的方法。对于中小学教师来说，由于学生处于特殊的身心发展阶段，对抽象、远离生活的文化理解起来有实际的困难，因此还要求把四个方面的文化内容具体化，以学生的生活实际为载体加以理解。

第一，社会主义先进文化的核心是社会主义核心价值观，这是维系中华民族、中国特色社会主义国家的精神纽带。中小学教师要引领青少年在学习生活中去了解 24 字社会主义核心价值观的含义，通过生活中的小事来以身示范，潜移默化。第二，中华优秀传统文化早已深深根植在中国人的生活中，以"孝悌忠信、礼义廉耻"为核心的人文精神是中华儿女做人行事的重要准则，具有民族特色的古诗词、历史典故、节日、节气等是中小学生喜闻乐见的传统文化具体体现，深入浅出的文化形式贴近小学生的生活实际从而更易于文化的传播。第三，革命文化对于当今学生来说比较陌生，但革命时期所传承下来的艰苦奋斗、勤俭节约、自力更生、爱国主义精神等对于学生来说是非常重要，教师要以当代国家发生的大事、时事为契机，来培养学生的各种革命品质。第四，中小学生判断是非能力不足，面对易于获取的海量网络信息，要么盲目排外，要么盲目崇洋。教师需要有意地加以引导和指正，在文化对比中既要肯定人类共同的文化瑰宝，又要提高对本民族文化的认同、增强文化自信。

九、笃志·静心·自育

——青年教师潜心育人三部曲

内蒙古包头市钢铁大街第三小学校长　闫华英

2018年11月8日，教育部印发了《新时代中小学教师职业行为十项准则》（以下简称《中小学准则》），明确了我国发展新的历史方位下教师职业规范，这为基层学校加强新时代师德建设提供了基本遵循。如何依据《中小学准则》，结合学校实际把教师职业道德建设做实做好，做出实效，这是作为校长办人民满意学校、实现学校长足发展的基础和保障。

深刻理解、准确把握《中小学准则》的本质与内涵，其中"潜心教书育人"应该是十项准则的核心要求，也是师德建设最根本的出发点与落脚点。如果教师不能够"潜心"，就成为不了有理想信念、有道德情操、有扎实学识、有仁爱之心的好老师，没有"教书育人"，也就完成不了立德树人的根本任务，也就失去了教师职业本身的价值和意义。

2014年5月4日，习近平总书记在北京大学考察时对莘莘学子充满深情地说道："青年的价值取向决定了未来整个社会的价值取向，而青年又处在价值观形成和确立的时期，抓好这一时期的价值观养成十分重要。这就像穿衣服扣扣子一样，如果第一粒扣子扣错了，剩余的扣子都会扣错。人生的扣子从一开始就要扣好。"①

青年教师是教育的新生力量，也是教育的未来和希望，但是由于受社会大环境的影响，青年教师更容易受到各种诱惑而难以安心教书，那么，我们如何帮助他们从职业生涯的初始就把第一粒扣子扣好，让他们能够潜下心来育人，对于青年教师自身的成长，甚至教育的未来发展都至关重要。

1. 笃志方可潜心

翻开学校出台的《教师考核管理办法》，各项考核指标、细则都很明确，但这对于学校的年轻人来讲，特别是"90后"教师，仅仅通过制度中的指标细则来增强他们对教书育人的责任感和使命感，其作用似乎并不大。多元的价值取向、敢于向权威挑战的自我意识、成长中的价值困惑等，都使得青年教师对学校的管理制度"不动声色"，职业的价值追求与自我成长的内在主动性基本没有驱动。于是，借着学校青年夜校的课程安排，我为他们做了一场《无奋斗不青春》的主题报告，和他们分享了自己的成长故事、职业理想以及对身为人师价值的思考。

会后我收到了很多老师写的感言：

青春，是生活赋予我们独一无二的、无限高贵的礼品，而梦想则让每个人的青春五彩斑斓、绚丽多彩。在听过闫校长给我们讲述她的心路历程后，我在思考我的梦想是什么？

在上学阶段，我的梦想一直是成为一名受人尊敬的、桃李满天下的教师，而现在的我也已经初步实现了我的梦想，做着自己喜欢的工作。但是有的时候还是会感到迷茫，好像在实现了这个目标后自己就有一些不知所措了，对下一步的目标计划很模糊，因此在前行的时候就东一榔头西一棒

---

① 《习近平关于青少年和共青团工作论述摘编》，中央文献出版社 2017 年版，第 25 页。

槌，总是觉得缺点什么。闫校长的话再次点醒了我，我需要再次认真思考一下我前进的方向和我到底该怎样成为一名合格、优秀的教师。（边静）

听了闫校长《无奋斗不青春》专题课后，我在思考理想是什么？于我而言，应该是每个阶段的人生目标。小时候，家人总在潜移默化地引导我，长大后要考好大学。高考报志愿时，第一次有了自己的意愿，期望成为一名教师，大学毕业后，通过自己的努力，很荣幸成为钢三小的一员，现在又有了自己的新目标，希望自己成为一名合格、优秀的老师。就像那句话说的，你教室的每一个孩子，都是一个家庭的全部希望，我想做一名好老师，无愧于我教的每一个孩子，无愧于每个家庭的那份期待。（胡悦）

深刻反思自己的管理行为，人生命成长的独特性就在于人的生命成长是一个主动的过程，管理的实质也应该是激发人的主体性的发挥。那么，如果没有个体主动参与、投入的变化，就应该不是我们所追求的成长。但是在实际学校管理中，我们对待教师往往会"你应该怎样"，"你做得如何"，虽说制度建设是保障，但这给予教师发展更多的也只是硬邦邦的外力。另外，对于刚刚入职的教师来讲，一方面角色从学生转换成教师，有一种终于不用像当学生那样苦学的思想在作祟，但另一方面他们对未来却也充满了美好的期待和向往。这就需要学校帮助他们涵养自己的价值认知，不断地清晰自我，"我是谁""我从哪里来""要到哪里去"，不仅仅帮助他们确定正确的、符合社会发展和时代要求的世界观、人生观、价值观，符合现代教育理念的人才观、教育观，同时还要引导他们明确自己未来发展的方向，树立正确的职业理想，坚信没有目标就没有动力，从而激发起他们内在的成长动力，保持住学习的劲头，从而潜下心来成长。

2.潜心方可自育

有一句话说得好："静能生慧"。这里的"生慧"，可解释为自我反思、自我改进、自我成长的过程。而在这样一个自育的过程中，运用"目标导引"的自我评价策略对于青年教师的成长可以更好地做到有的放矢。

目标导引的自主评价就是基于教师未来发展目标而进行的一种自我评价方式。青年教师一入职，学校就要帮助他们量身定制《自主发展规划》，帮助他们确立切实可行的发展目标以及《自我评价标准》，教育引导他们人格上自尊，行为上自律，学习上自觉，工作上自主，精神上自强，从而做"最好的自己"。教师在对照《自我评价标准》，努力实现自定目标的过程中，就会不断反思自己在教育实践中的表现，"吾日三省吾身"，不仅会主动对自己的表现做出评价而且还会要求自己达标，这个过程不仅是教师满足自我成长需求、正确认识自我、不断实现自我成长的过程，也是教师通过自省、自励逐步把应该承担的职责和使命内化为行动自觉的过程。这种成长不仅仅是专业成长，更多的也指向心灵的成长，也是我们追求的真正意义上的成长。同时，我们还为每位教师建立个人成长记录袋，让他们享受成长过程中的点点滴滴。学校年轻教师贾慧东通过3年的努力，从学校校聘教师考入正式教师，并成为学校的骨干教师、优秀班主任，她在成长日记里这样写道："成长对于我来说，最重要的一点就是要正确认识自己，只有你能够客观的为自己准确定位，并找准目标不断地为之而努力，过程好结果是一定不会差的。"

没有潜心就不会有"四有好老师"、"四个引路人"，没有好老师和引路人，教书育人就无从谈起。

3. 自育方可育人

育人是教育的终极目标。对于初入职教师来讲，在日常的教育教学过程中，思考最多的往往是对学生学科知识的教授，关注的重点也只是学生的考试分数、比赛成绩，对自我关注更多的也只是每节课怎么教，怎么完成教学任务，而忽略了灵魂工程师的价值所在。为此，让初入职教师能够深刻理解教师职业真正的价值追求，并落实在日常的教育教学过程中就显得尤为重要。

有一次学校组织青年教师亮相课，我怀着期待的心情听了一位教师讲科学课。初听，暗自欣喜，无论教师的教学态度还是流畅的教学语言，特别是与学生之间的互动很是融洽，抛开教学设计不讲，仅是这几点对于一位刚刚毕业的年轻教师来讲已实属不易。但听着听着，却发现师生之间所谓的流畅竟然是提前设计好的，老师基本在演。一气之下，我离开了教室。

当然，事后我还是推心置腹地和这位教师进行了一次长谈。一周后，我收到了这位教师给我的信：

敬爱的闫校长：

您好！

很开心能以这种特殊的方式与您交流我的想法，一次别开生面的交流，让我觉得羞愧与懊悔，身处物质条件优越的环境中，反而丢掉了作为青年人本该具有的勤奋与冲劲儿。我们所受的教育、所站的起点相比于以前要高很多，但自身的不努力，却不断地在掏空自己、浪费青春；一次的取巧，不是成功的捷径，而是失败的开始，这对我不仅是启示，更是警示。

您提出的每一个问题，都让我陷入了沉思，我的梦想是什么？最开始想成为老师的初心是什么？未来的目标和方向在哪里？迷茫是必然的，可往往努力走出迷茫的人，正是那些努力敢拼的人，青年人应该是充满了热情与激情的。

……

今天您的一番分享，终于让我明白了，"新"教师不能成为我不努力、不勤奋的理由。"越努力越幸运"，这句话更是给了我很大的启示，学习永不止步，站上讲台并不意味着我有资格能成为一名合格的教师，而在走向合格的这个过程中，勤奋和学习是必不可少的，更要将学习到的积极地去改变、去应用。

……

闫校长，很感谢在最佳发展的时期遇到您，愿自己能不负青春、不亏梦想，在未来的工作之旅中，能够成为那个拼尽全力的青年教师，不为自己留有任何的遗憾。最好的年纪遇见您，感谢您的不放弃，感谢您的指导和帮助，感谢您让我体会到了榜样的力量！

"为梦想而努力执着！"

读着青年教师的来信，感慨万分。在对学生施教的过程中，我们常常讲"育人先育德、成才先成人"，这对于教师发展又何尝不是呢？孔子曰："其身正，不令而行；其身不正，虽令不从"。西汉著名学者扬雄认为："师者，人之模范也"。习近平总书记也讲过："在学生眼里，老师是'吐辞为经、举足为法'，一言一行都给学生以极大影响。"因此，对于新教师的培养，我们不仅要重视他们的专业能力、学术修为，更要重视他们德行的修炼与养成，以德立身、以德立学、以德施教、以德育德，这样才能真正成为学生的引路人，也只有坚持教育者先受教育，我们的教师才能够更好地担当起学生健康成长指导者和引路人的责任。

十、对"潜心教书育人"的
几点思考与实践

陕西省西安市航天中学校长　徐世锋

教育部在 2018 年 11 月出台的《新时代中小学教师职业行为十项准则》中，将"潜心教书育人"明确为教师职业行为的一项基本准则。要求中小学教师"落实立德树人根本任务，遵循教育规律和学生成长规律，因材施教，教学相长"，同时还特别强调教师"不得违反教学纪律，敷衍教学，或擅自从事影响教育教学本职工作的兼职兼薪行为"。这是从"教书育人"层面对教师职业行为的负面禁止和底线要求，是《新时代中小学教师职业行为十项准则》的一大亮点。

1. 如何理解"潜心教书育人"

有了不敷衍教学的态度和不兼职兼薪行为，教师才能一门心思做好教育教学工作，才能做到静心教书、潜心育人，才能把时间和精力都投入到本职工作上，才能真正把教书育人落到实处。因此，从这个意义上来说，《新时代中小学教师职业行为十项准则》中的"潜心教书育人"有三个层面的用意。第一个层面就是要求教师要热爱和忠诚党和人民的教育事业，愿意潜下心来在教书育人上下功夫，愿意潜下心去钻研教育规律和学生成长规律；第二个层面就是要求教师要对教育事业有着高度的责任感，胸怀使命、勇于担当，认真教书、用心育人；第三个层面就是要求教师要有为教育事业乐于奉献的精神和情怀，能淡泊名利、甘于清贫，能守得住心门、耐得住寂寞，传道授业、立德树人。

2. 多措并举引导教师"潜心教书育人"

要做到"潜心教书育人"，除了教师自身的努力外，还需要学校为教师创造能潜下心来的条件。在我所任职的西安市航天中学，老师们师德高尚、业务精湛，兢兢业业、能打硬仗，得到了学生家长和社会各界的高度认可。我们在管理上坚持把师德建设放在教师队伍建设工作的首位，常抓不懈、做细做实，通过各种途径或方式努力为教师营造"潜心教书育人"的内在动力和外部环境。

（1）树立制度标杆，建立考核机制

我校坚持实行师德承诺和考核制度，每学期初学校要求全体教职工认真填写和提交《师德承诺书》，每学期期末考核时对教职工的师德表现进行专项考核，从制度层面为实现教师"潜心教书育人"树立制度标杆，建立考核机制。

（2）开展体验活动，让师德入脑入心

我校每学年组织实施师德建设"三个一"体验活动，即举办一次师德报告会；组织一次"身边的师德榜样"先进事迹宣讲活动；开展一次师德征文评比活动。以全国道德模范呼秀珍老师为代表的"潜心教书育人"楷模在师德报告会上为老师们用心讲述，震撼心灵；老师们身边师德榜样的先进事迹以小见大、感人至深；师德征文作品源自教育教学工作实践，真实生动、引人深思。这些师德体验活动让老师们从不同视角审视自身和他人的师德实践，引发共鸣和思考，内化于心、外化于形，使"潜心教书育人"这一优秀的师德品质汇聚成为共同的职业追求。

（3）榜样示范引领，正面激励鼓励

为了充分发挥榜样的示范引领作用，我校坚持开展师德领域的各类评优树模活动，如评选"最美教师""师德模范""航中榜样"等，涌现出了多名市区校级师德先进个人。我校每年在教师节前夕举行的"航中榜样"评选活动，专门设立了"辛勤育人榜样"奖项，对当年教职工中的优秀代表进行隆重表彰和广泛宣传，立榜样、树正气，营造风清气正的师德新风尚。此外，我校在职称评聘、干部选聘、收入分配等重大事项上与教师师德表现挂钩。在评优树模和职称评聘上，实行师德一票否决制；在领导干部的选聘上，优先考虑心无旁骛、专心教书育人且成效显著的优秀教职工；在收入分配上，重点向奋战在教书育人一线的班主任和科任老师倾斜，正面激励鼓励，突出导向作用。

（4）特色活动养成，诚信文化熏陶

我校坚持开展师德宣誓活动，让教职工通过宣誓活动把"潜心教书育人"这一行为准则，内化为高度认同、外化为自觉行动。师德宣誓活动分为两种：一是新教师入职时面向全体教职工进行的自觉遵守师德规范、严守教师行为准则的宣誓；二是每年教师节由学校组织全体教职工进行重温入职誓词的宣誓活动。充满仪式感的师德宣誓活动，深化了教职工对师德规范的理解感悟，强化了教职工践行教师行为准则的意识，很好促进了我校教职工的师德养成。如今，我校的教师师德宣誓活动和每天早晨学生的集体励志晨誓活动，已共同构成了师生德行培育的一道亮丽风景线。

良好的校园文化对教职工的师德修养起着重要的潜移默化作用。多年来，我校坚持在期中、期末和毕业年级的模拟考试中设立学生全员参与的无人监考诚信试场，实现了诚信教育上由"说教式"向"实践型"的转变，取得了良好的育人效果。在学生诚信教育成效显著的同时，我校积极倡导教职工在教书育人等各方面践行对学生和家长"一诺千金"的诚信文化，赢得了学生和家长的信赖与好评。

（5）给予人文关怀，做好服务保障

为了使老师们能把心思和精力都用到教育教学工作上，学校想方设法做好各项服务和保障工作，解除教职工的后顾之忧。学校为教职工子女入学入托提供必要的帮助；定期组织举办教职工家属来校参观和恳谈活动；对教职工父母生病住院存在客观困难的，主动提供陪护帮助，获得了教职工及家属对学校工作的理解与支持。学校做到了想教职工所想、急教职工所急，把暖暖的人文关爱传递给了每一位教职工。老师们也把学校当作是自己学习、工作和生活的大家庭，能够以主人翁的态度真正把教书育人当成事业，自觉自愿地静心教书、潜心育人。

十一、在"尊重"的基础上潜心育人

中国教育科学研究院北京大兴实验学校校长　崔建梅

"遵循教育规律和学生成长规律，因材施教，教学相长"是一名教师必备的理念与能力，新时代，教师更要从党和国家发展的视角，从教育规律的视角，从人的成长规律视角，深入思考"培养什么人、怎样培养人"的问题，葆有初心，坚守本心，时刻将责任与使命谨记，专心研究实践。

至今，我的教育教学之路已走过三十载光阴。一直以来，"热爱"是我工作的原动力，热爱我们的国家我们的党，热爱教师这称谓及背后的责任、使命，热爱各个不同但生机向上的孩子们，因为热爱，教师在我的心里已经不是简单的职业，更是一份光荣神圣的事业；因为热爱，无论做教师还是做校长，都潜心学习、研究、实践。我坚持认为，每个生命都是一粒种子，都有自己的特质，生活环境不同、成长经历不同、学习基础不同、天资禀赋不同，唯有尊重（尊重教育规律、尊重生命成长规律，尊重本土特色、尊重自身特质）基础上的因材施教才能有实效，教学才得以真正相长。"尊重"理念也由此贯穿了我数学教育与学校管理的始终。

1. 潜心学习实践——享受追求"教好书、育好人、上好课"的过程

"教好书、育好人、上好课"是一种追求，也是一种享受。近三十年来我从未间断对教学法、数学知识体系、数学思想等教师必备素质的学习。从承担马芯兰教学思想改革到参加吴正宪工作站大兴分站；从代表学校参加区级大赛到代表区参加市级数学大赛；从校级小课题研究到独立主持区、市、国家部级课题等历程都是我的一种享受。

"培养什么人、怎样培养人"一直以来，小到每天的课堂教学，大到市、区公开课我都努力回应这两个问题。让学生"爱学、会学、学会"是我的教育教学理念。即，帮助学生走进数学的大门——让他们爱学、有兴趣，这就要求"说儿童能懂的话、听懂儿童的话，读懂儿童，选取儿童熟悉的事、设计儿童喜欢的活动；尊重教学内容、尊重学生人格与发展规律、尊重自己的特点"；帮助学生畅游数学的天空——会学、有方法，这就必须重视师生共同经历的学习生命过程，助学生感受、熟悉方法，积累经验；让学生独立领略数学的魅力——学会举一反三，就是要学生在爱学和领悟方法的基础上，触类旁通、灵活处理甚至创造性地处理问题。

基于"爱学、会学、学会"目标达成，我把数学史实、祖国发展大数据等转化成孩子们的学材，孩子们在过程中感受祖国的伟大，更感受祖国的发展离不开数学；我更努力设计适合每一位学生特质的实践作业，"数学微讲堂"成为展示学生们数学实践的一个小窗口，"讲数学故事""讲数据调查过程""数形结合讲算理""讲单元知识结构""讲数学史和人物""数说祖国"等，孩子们依据自己的擅长，针对一个主题，或画，或写，或办手抄报，或制作思维导图，或制作实物作品，或出刊单元"书籍"，一切，都会在微讲堂中和大家见面，很多出乎我的想象，这个过程中，作为教师，在感受孩子们数学素养提高的同时，更深入思考，新时代，作为培养未来人的教师，和学生又该是怎样一种关系，曾经定位在"教"的思维方

式如何更快地转向帮助孩子们"学"、向孩子们"学",在教学相长、有学无类基础上达到每一位孩子的出类拔萃。

2. 潜心思考实践——享受"带好队伍、立德树人办好学"的过程

全国教育大会召开后,学校责任与担当更加明晰,做教师兼做校长的6年,我不断思考,主要做了三件事。

一是针对教师知识系统掌握普遍弱、教学设计实效不强的问题,进行整体观念基础上和而不同的"单元整体教学框架设计"的实践,引领教师认识自己特质,把握每位学生特质,因材施教。

二是针对"如何将地域资源有效转变成学材,助力五育并举"问题,申报"依托南海子地域资源开展实践活动的研究"课题,将学校"学劳结合"育人方式进行深化,其中的"回望家乡"实践项目,更培植孩子们"知家乡、爱家乡、建设家乡"进而"知祖国、爱祖国、建设祖国"的情怀与能力。

三是结合新时代要求,根植历史、基于本土、立足未来,梳理确立"期待·唤醒——人人不同、个个精彩、和谐共生"的办学理念、"让每位学生都成为有用之才"的育人目标、"学劳结合"的育人方式,"遵循教育规律和生命成长节律开展系列育德活动"助力育人实效。

首先,赋予老校训新内涵,构建"久(九)好"育德体系。学校前身是全国第一家集体农庄的配套子弟学校,"艰苦奋斗、创新争先"是学校的精神,"好好学习、天天向上"是校训,"传承、创新"是学校的责任和使命。结合新时代要求,我们赋予老校训新内涵。"好好",意为按规矩,成习惯;有多样都好、一直好的"久好"之意。"学",主要是指学习国家发展社会发展必需的知识。"习"是指实习,温习,练习,学习,即为"学知识、习能力"。据此,"好好学习"细化为:"德行好、身体好、读书好、写字好、表达好(书面表达和音乐绘画等表达)、合作好、创新好、实践

好、劳动好"等九好，意蕴"久好"，并把地域国家级珍稀保护动物麋鹿与学生们喜爱的《九色鹿》动画片结合，设立吉祥物（符号标识）：兴星鹿。"久（九）好"育德在"天天向上（每天进步一点点，每次进步一点点)"的实践中，不断丰富与完善。"习惯修身，细节立人"，全体学生从"好"（hǎo，标准、规范）逐步在走向"好"（hào，习惯自然）。学校也相继成为北京市文化示范校、北京市中小学文明校园、全国生态教育示范校、全国足球特色学校。

其次，主题化活动化行动，助力育德扎实落地。主题，让育德方向更明晰，活动更是育德最直接、最广泛、最深刻的载体。围绕于此，开展系列实践。如："我爱传统文化"主题，学校挖掘地域特色文化与优秀传统文化融合，分别从"以艺激趣、以曲怡情、以赋悟意、以家传承、以创发扬"层面开展了系列活动，效果显著；如："我为这个日子做点儿事"主题实践活动，学生们在各种节日（传统文化节日、国际上各种节日、学校节日等）依据自己的特长做点儿事已经成为常态。10 月 13 日少年先锋队建队日之际，喜爱舞蹈的孩子们在老师的指导下，深入调研中国少年先锋队历史，编排了感人肺腑激荡人心的舞蹈剧《时刻准备着》，在市区巡演多次；在纪念长征胜利 80 周年之际，喜爱面塑的孩子在奉献上大型面塑作品《长征》的过程中，深刻理解了长征，并带着作品走进社区、走进北京各城区宣讲；在小学阶段毕业季时，全体教师也为孩子们做点儿事——陪孩子们踢几场毕业季的足球……总之，每个节日前后，校园里都很"热闹"，有思想深刻的面塑，有寓意隽永的剪纸，有温馨美丽的小海报，有小记者的犀利采访，有校园电视台的及时报道，有志愿小队的文明引导，有朗诵社团、戏剧社团、舞蹈社团的展演……这些，不仅拓展了孩子们的视野、锻炼了孩子们学以致用的实践能力，更厚植着孩子们的家国情怀，增强了责任感。

总之，立德树人是教育之根本，而立德树人的"人"是这根本之关键。作为一名教师，或是一名校长（首先就是教师），必须将责任、使命时刻谨记，致力于责任与使命，努力学习、研究，摒弃浮躁和惯性思维。新时代的教育，更需要尊重本质的扎实融入，尊重未来社会需求，尊重每个生命特质，尊重每个生命身边的资源，遵循教育规律和学生成长规律，因材施教，教学相长。

十二、爱注九年　呵护成长

陕西省西安高新第一学校和高新第二学校校长　高杨杰

百年大计，教育为本；教育大计，教师为本。习近平总书记曾多次强调师德师风建设，提出"四有好老师""四个引路人"的要求，并在党的十九大报告中提出"加强师德师风建设，培养高素质教师队伍"的思想。为此，中共中央、国务院提出，教师要"弘扬高尚师德……以德立身、以德立学、以德施教、以德育德"[①]；教育部等七部门联合发文，"把师德师风作为评价教师队伍素质的第一标准"[②]。加强师德建设已经成为新时代建设教育强国、办好人民满意的教育的关键因素之一，成为学校落实立德树人根本任务的必然要求。

1. 爱的理解

师德是打造高素质教师队伍的重要保证，师爱是师德的生命和灵魂。

[①] 《中共中央　国务院关于全面深化新时代教师队伍建设改革的意见》，《人民日报》2018年2月1日。

[②] 教育部、中央组织部、中央宣传部等：《关于加强和改进新时代师德师风建设的意见》，2019年11月15日，见 http://www.moe.gov.cn/srcsite/A10/s7002/201912/t20191213_411946.html。

苏霍姆林斯基曾说："没有爱，就没有教育。"2018年，教育部制定的《新时代中小学教师职业行为十项准则》中，把"关心爱护学生"作为教师职业行为的准则之一。那么，作为一名基础教育的教师，应该怎样理解"关心爱护学生"这一准则呢？

西安高新第一学校和西安高新第二学校把秉承"爱注九年"的思想，作为"关心爱护学生"理解。习近平总书记指出，青少年阶段是人生的"拔节孕穗期"，最需要精心引导和栽培。每个学生从童年到少年的成长过程，是人从生理、心理和行动不断趋于完善和成熟的过程。作为九年一贯制学校，两所学校都涵盖了学生发展从童年到少年完整的九年历程，更应当抓住人生成长的关键期，发挥九年一贯办学优势，搭建成人、成才的阶梯。

"爱注九年"要以爱育爱，兼顾情感之爱和理性之爱。爱的教育是一个学生成人的基本教育。"爱注九年"要求老师对学生要有情感之爱、理性之爱，并逐渐从情感之爱走向理性之爱。情感之爱，是如父母般的慈爱和悉心，老师应呵护童心、陪伴成长、宽容错误、饱含欣赏，既细致入微又小心翼翼；理性之爱，是超越父母之爱的智慧引导，是培育学生形成健全人格，锤炼坚强意志，树立积极乐观的精神风貌、正确的人生观和价值观，成为具有大爱大德大情怀的人；从情感之爱走向理性之爱，是情感与理智的协调，在学生成长初期或特殊时期免不了给予更多的情感之爱，随着学生从童年走向少年的过程，应该逐渐走向理性之爱为主、情感之爱为辅，以理性之爱成就健全人格、以情感之爱浸润仁者情怀。

"爱注九年"要以身示范，让孩子向身边的老师学习。叶圣陶先生说："教育工作者的全部工作就是为人师表。"对孩子最好的教育就是言传身教，将自身的思想、情感和知识转化为行动，从而影响学生的成长。教师做到爱岗敬业、勤勤恳恳，便是对学生最好的态度教育，学生不仅会在学习上受益，而且能从老师身上学习到职业精神；教师做到刻苦钻研、不断学习，便是对学生施以终身教育，激发学生的学习乐趣和激情，养成终身学习的意识。

"爱注九年"要以德养德，用教师的成长浸润引领学生成长。习近平总书记认为："做好老师，要有道德情操。老师对学生的影响，离不开老师的学识和能力，更离不开老师为人处世、于国于民、于公于私所持的价值观。"教师要不断地提升自己的职业道德，加强自我鞭策，呕心沥血，默默奉献，潜心教书育人。教师自身道德境界的成长，不仅是自身工作和生活方式的提升，而且对引导和帮助青少年学生扣好人生的第一粒扣子具有重要意义。

2. 爱的实践

西安高新第一学校和西安高新第二学校积极践行"爱注九年"的思想，坚持一年级到九年级的全程育人视野，通过爱的情感与理性、爱的课程表达、爱的自我鞭策来落实对学生的关心和爱护。

（1）爱的情感与理性

两所学校坚持情感之爱与理性之爱并举，在场域环境、校园文化和细微处，彰显着对学生的关心和爱护。

环境营造氛围。两所学校注重打造适宜的场域文化来关心影响学生：学校的建筑物之间都建设了连廊，便于学生活动，雨天减少在雨中穿梭；学生的课桌椅高度充分考虑到身高差异，高高低低的课桌椅中体现人文关怀；每个班级的学生都有属于自己的文化墙，让墙壁"诉说"孩子们成长的"声音"；为学生选购洗手液、公用卫生纸、塑料清扫工具、防磕碰安全条等，让学生生活更文明，让活动时更加安全；西安高新第二学校的学生可以参与每栋建筑物名称的征集，每个班级都有属于自己的书吧，学校大厅、展柜里经常都有学生作品专场展出；西安高新第一学校的学生可以在心愿墙上表达自己的向往，班级的抽奖箱和奖品仓库让学生充满期待等。

文化浸润心灵。两所学校注重涵养美好的精神文化，浸润学生的心灵。西安高新第二学校秉承"知行合一、全面发展"的办学思想，提出使每个学生"快乐学习、健康成长、自信生活，成为综合素质高，具有家国情怀和国际视野的创新人才"的育人目标；弘扬中华优秀传统文化，让优秀文化在晨读、午写、暮诵、晚读中走进小学生心灵；打造以"善"为核心的初中部楼宇文化，以"品""学""思""行"为内容的"善"文化在初中学生心中积淀；校歌《我们的校园洒满阳光》是老师们专门为孩子们而作，并由孩子们演唱。西安高新第一学校秉承"尊重个性，求实创新"的办学宗旨，提出"求是创新，成就卓越"的校训，坚持"给予每个生命创新机会和成功体验"的办学理念，致力于培养"善于求知，勇于实践，敢于担当，贵于创新，适合未来社会需要的创新人才"。

细微处饱含情怀。教书育人在细微处，两所学校注重在一些细节上体现对学生的关爱。长期坚持的陪餐制度和午间陪护制度，班主任和副班主任为小学生耐心配餐，陪同学生在教室午休，包括校长在内的所有领导轮流到各班与孩子共同进餐；橱窗里的学生榜样事迹、校长在全体师生面前颁发的（学生）每周之星奖章、老师亲切地给小学生编辫子、每学期开展的大家访、每个成长阶段的心理辅导、所有学生都有的儿童节礼物、端午节的粽子和冬至的饺子都是"有意"安排、每节课间老师在巡查中守护学生玩耍等。

（2）爱的课程表达

"爱注九年"要充分发挥课程在人才培养中的核心作用，用多彩的课程呵护学生成长。两所学校关注学生的成长需求，通过富有特色的校本课程供给，促进个性化成长。

西安高新第二学校经过 9 年多实践，构建了以知行德育课程、知行学科课程、知行活动课程为内容的校本"知行课程"体系。知行德育课程——通过知行学堂课程，让知行合一引领生命成长方式；通过研学旅行课程，让学生在行走中认识世界；通过德育综合课程，让教育回归育人本真。知行学科课程——通过学科基础型课程，让课堂教学变革改进学习方式；通过学科拓展型课程，让学科拓展促进兴趣、视野和思维提升；通过学科扬长型课程，让特长发展成为学生人生长板。知行活动课程——通过艺术活动课程，让地方艺术和传统艺术提升学生艺术情怀；通过体育活动课程，让健全的人格寓于健康的身体；通过艺体综合课程，让力与美的融合提升艺体素养。此外，学校还不断致力于构建"大美陕西"课程来培育学生家国情怀，多角度培养学生浓厚的乡情和爱国之情，多路径为学生提供聚焦家国情怀的实践机会。

西安高新第一学校经过多年实践，构建了基于核心素养的校本课程体系，坚持人文素养与科学精神并举，跨学科综合融通课注重培养学生的综合性思维，实现系统的知识学习；校本社团课将课程选择权还给学生，注重发展兴趣和培养特长；综合实践课在游学、研学中搭建"行走"的课堂；"科技微美课程"依托学校科技创新中心，提升学生的科学素养和创新能力。此外，"钱学森求是实验班"的成立，无疑让学生在人文素养浸润中更加热爱祖国，更加热爱科学，为未来培养创新人才奠基。

(3) 爱的自我鞭策

教师以德养德，关心爱护学生成长，需要不断提高职业境界。为此，两所学校通过多条路径加强教师自我鞭策，在追求自身成长中助力学生发展。

西安高新第二学校不断激发教师对职业的热爱和价值追求，确立了学校的教育箴言——"教育唯爱与榜样""热爱无倦怠"；学校的师训——为理想而教，为创新而教，为未来而教，为幸福而教；组织老师们自主设计办公室教育格言；学校注重树立师德典型，形成以陕西省先进工作者、西安市劳动模范曹凤超老师为代表的师德模范队伍。学校重视提升教师的专业境界，大力开展教师培训深造活动，组织教师参与了研究生班学习，举行寒暑假集中培训学习，暑假前举办教育论坛，寒假前举办教学论坛，2020年1月12日，学校举办了"名校+"教育联合体"像教育家那样教书"第七届教学论坛活动，邀请孙孔懿老师、马莹院长、赵明老师，分别讲述了苏霍姆林斯基、刘古愚、于漪的教育思想和故事，为教师自我成长增添新动能。

西安高新第一学校每学年定期召开学校"智慧＋"德育大讲堂活动，邀请全国中小学德育工作标兵呼秀珍老师、全国优秀教师刘英兰老师等人做专题讲座，对教师进行师德教育培训，加强教师的职业道德修养。其次，构建多元的教师师德评价体系，用制度引导教师提升立德树人的思想自觉和行动自觉。再次，关爱教师身心健康，将外在的师德规范转化为内部的师德需求，配备两名专职心理教师，关注教师心理健康，定期开展教师心理舒缓减压活动，并接待教师心理问题咨询。最后，开展"青蓝工程"及班主任经验交流沙龙，促进教师在相互学习中不断成长与进步，提倡终身学习，提升学校整体教书育人的质量。

3. 爱的建议

"关心爱护学生"，这一教师行为准则朴素而又无止境，这是每一位教师孜孜以求的命题，笔者从关心和爱护在细微处和活动中、施加均衡的关心和爱护、关注学生终身发展三方面提出建议。

（1）关心和爱护在细微处、在活动中

顾明远先生指出："教书育人在细微处，学生成长在活动中。"其一，教师关心爱护学生的细微处在哪里？在于能读懂学生的想法，这要求教师要走进学生、了解学生，并且呵护学生，很多人的成功离不开老师的真关爱、真知行；在于教师的一言一行，这要求教师谨言慎行，为人师表，尽职尽责，终身学习；在于学生的细微变化，这要求学生善于察言观色，及时交流沟通，给予适切的处理、引导或帮助，做学生心灵的守护者；在于学生所处学习环境，这要求学校的文化活动最重要的是"符合学生需求、重视学生感受"，因为只有这样"才能让学生获得真正有价值的

文化体验"①。关心爱护学生的细微处最根本在于教师心中装有学生、尊重学生、呵护学生，行动中真心关爱学生，严格要求学生，做学生的良师益友。其二，教师为什么要让学生在活动中成长？活动可以激发学生的需要与兴趣，尊重学生的主体性，有利于学生学习的主动性、积极性的发挥；促进环境和知识的交互作用，获得人格的不断发展；重视学生亲身体验来获得直接经验，有利于培养学生解决实际问题的能力，获得对世界的完整认识；活动让教育更加鲜活，避免走向以书本和教师为中心。让在活动中成长更符合学生的心理发展规律。

（2）施加均衡的关心和爱护

新时代教育需要培养德智体美劳全面发展的社会主义建设者和接班人，但当前教育中唯分数、唯升学等顽瘴痼疾还没有完全克服，教育评价指挥棒的问题还没有真正解决。作为教师，关爱学生学业发展是其中的重要内容，但不是全部内容，"没有爱，就没有教育"，关爱学生学业发展既不是这份爱的全部，更不是教育的全部。因此，真心关爱学生应当向学生给予均衡的关心和爱护，尤其是除学业发展以外的爱，因而还应关注差异需求，譬如对理想价值的引领、品德修养的锤炼、兴趣特长的选择、身心健康的护航、人际关系的指导等，因为未来学生发展的必备品格和关键能力是多方面的，培养全面发展的人才是核心素养的核心。

（3）关注学生终身发展

教师关注学生当前发展是职责使然，也是当今教师矢志不渝的坚守所在。然而，"一日为师，终生为师"，这不仅仅因为教育是迟效的，也是一名教师为学生终身发展的担当。西安高新第一学校和西安高新第二学校坚持"为理想而教，为创新而教，为未来而教，为幸福而教"的师训，这四者中难度更大的是为未来和幸福而教，因为这二者不仅仅指的是当下，

---

① 郭华：《为学生终身发展奠基——顾明远基础教育课程教学思想研究》，《中国教育学刊》2018 年第 10 期。

更要求教师关注学生的终身发展。顾明远先生认为"基础教育的根本任务在于为学生的终身发展打好'三个基础'——打好身心健康的基础、终身学习能力的基础、能够走入社会的基础"①。其中打好身心健康的基础毋庸置疑；打好终身学习能力的基础，源于"人的全面发展是人类对自身发展的最高追求"，而"人的全面发展以终身学习为主要途径"；打好能够走入社会的基础，是人的社会属性所决定的。以上"三个基础"是个体适应终身发展和社会发展需要所应该具有的必备品格和关键能力。

---

① 顾明远：《终身学习与人的全面发展》，《北京师范大学学报（社会科学版）》2008 年第 6 期。

十三、用爱与责任，创造师生共享的精神家园

河南省许昌实验小学校长　杜伟强

百年大计，教育为本；教育大计，教师为本。爱与责任是高尚师德的核心，也是学校文化血脉、精神基因的重要构成因子。建校 61 年来，一代代实验人牢记立德树人的根本任务，努力争做"四有好老师"，当好学生"四个引路人"，教育教学做好"四个相统一"，用爱与责任为孩子生命成长保驾护航。

1. 师德有色彩，如党徽一样红得热烈

一场疫情，一次考验，一堂"人生成长的大课"。抗击新冠肺炎疫情是全民参与的阻击战，党员教师冲锋在前，积极主动缴纳定向党费、筹备各项防疫物资、制定防控指南和各项预案、网上教学扎实推进，每一项任务中都有党员教师忙碌的身影，忙起来有时连饭都顾不上吃，常常工作到深夜，有紧急任务时甚至是通宵奋战……"风雨"来得虽猛烈，但胸前的党徽越发闪亮。

在党员教师的引领下，许昌实验小学每位教师在各自的岗位上努力工

作，充分彰显了实验人的忠诚、爱与担当！全体教职工通过网络签订疫情防控工作承诺书。庄严承诺：坚守教育阵地，牢记初心使命，坚决完成疫情防控攻坚任务，让党放心！让学生和家长安心！疫情期间，广大党员勇挑重担，吸引着 22 位教师向党组织递交入党申请书，表达自己紧跟党走、接受考验和磨砺的决心。在祖国危难之际，师德的颜色如党徽一样红得灿烂，红得热烈！

作为许昌市党组织领导下的校长负责制改革试点学校，我们加强党对学校各项工作的全面领导，积极探索新时代学校党建工作的路径与方法，把党建工作融入到学校教育教学之中，以党建的高质量促进教育教学的高质量，落实"把骨干教师培养成党员，把党员教师培养成骨干"的双培养机制，持续深入提升党建工作的政治引领、思想引领和价值引领。

2. 师德有力量，榜样的旗帜高高飘扬

积极选树榜样教师，让榜样的旗帜在校园里高高飘扬。学校每月评选"最美教师""身边好人"，大力弘扬师德高尚教师的榜样事迹，努力营造热爱学生的良好氛围。

教师节那天，王小红老师收到学生远远的一幅画，画面上两个大人手拉着一个孩子，远远指着画说："这是妈妈，这是我，这是老师——您！"看着远远幸福的笑脸，王老师的眼睛湿润了。原来，远远出生在一个不幸的家庭，爷爷奶奶的溺爱让他的性格暴躁、易怒、不合群，一有人招惹到他，他不是把桌椅推倒，就是坐在地上哇哇大哭，没完没了。这样的情景在教室里经常上演，但王老师从没抱怨过，更没想过放弃他。她说：我无法改变他的家庭环境，只能用自己满满的爱不断地去关心他、爱护他，让他在学校得到温暖、得到关怀。终于有一次，在帮着远远妥善安置了流浪猫之后，小红老师彻底走进了远远的内心世界。渐渐地，同学们发现远远变了，脸上有笑容了，变得懂事了，与大家相处也越来越融洽了。虽然在

这个孩子身上花费的时间和精力，是其他孩子的 5 倍甚至 10 倍，但王小红老师感觉自己付出的一切都值了！

"一把开心果""老师，您笑起来真好看""一朵娇艳的打碗碗花"……每周三分钟会前讲述中，一个个优秀的育人案例、经典的教育故事在不断涌现，不仅对全体教师进行了潜移默化的师德浸润，又促进了教师不断进行总结反思，进一步促进教师师德素养提升。我们有这样的共识：每个孩子都不同，每个孩子都重要，每个孩子都能带来变化。所以，要平等对待每一个孩子，尊重孩子的个性，理解孩子的情感，包容孩子的缺点和不足，我们不但要爱孩子，更要教孩子学会爱，传递爱，努力成长为祖国的有用之才。

同时，我们借助教育部小学教育培训中心、北京师范大学、北京市教科院、北京中关村三小、北京史家小学等资源建立国家、省、市级"名班主任工作室""名师工作室""名校长工作室""项目研究组"，通过搭台子、铺路子，走出去、请进来，线上交流、课题研究等方式，提升教师综合素养。目前，我们已成立全国教育名家吴正宪工作室、全国名班主任万平工作室、全国教学名家耿春龙工作室等 9 个国家和省市级工作室，12 个项目组，坚持定期研讨，充分发挥了引领、示范、带动作用，助推师生成长，进一步解放教师，使教师的积极性、创造性得到极大释放，让大家体会到创造、成长、研究、"学校是家、我是主人"的快乐。

3. 师德有温度，爱和温暖在师生心间流淌

百合花开香满园。"温馨百合"是学校长期坚持开展的一项主题活动。每学期开始，全校师（生）以学校（班级）为单位，通过抽签的方式为自己确定一名守护对象。每个人以不同方式悄悄地向守护对象表达关爱，同时留心神秘朋友对自己的关爱。期末开展寻找"守护天使"活动，揭秘神秘朋友，送上自己的感谢和祝福。新学期重新抽签确定新的守护对象，活

动持续进行。温暖的故事每天都在校园里发生，师生们每天又多了一份幸福的期待，每到假期，近四万张百合卡都会带着师生们的感谢和祝福，被传递到社会各界的劳动者手中！

我们努力建设现代学校制度，体现以人为本，突出教师主体地位，落实教师知情权、参与权、表达权、监督权。每年召开的教职工代表大会，保障教师参与学校决策的民主权利；为从教 30 年的教师颁发荣誉证书和刻有名字的纪念奖杯，让他们感受到为教育事业奉献一生的光荣与伟大，不断提升教师们对学校、教育事业的认同感、成就感、归属感、幸福感！

学校工会把师生的冷暖装在心里，为教师办实事，送温暖，关心教师工作、生活上的困难。每年组织全体教职工健康体检、天气炎热为教师发放降温用品；成立"绿叶艺术团"、教职工排球队，利用周末进行游学活动，春、秋两季教职工运动会上的趣味比赛项目活跃气氛，凝聚团队的力量；教师结婚、生孩子、孩子考上大学，学校送去祝福；家属生病住院，学校前去慰问、探望……大家动情地说："我们想到的学校办到了，我们没想到的学校也办到了。"学校把教师当家人一样关心、爱护，教师把校园当作自己家，不断追求卓越，师生一起在幸福成长的大道上踏歌而行！

4. 师德有底线，清风正气守初心

"不要人夸好颜色，只留清气满乾坤"，学校张晓娜老师说：清清白白做人，堂堂正正做教师。作为许昌实验小学的教师更当如此。做老师要有尊严，做实验小学教师更要有尊严，要求别人做到的自己先做到。不管走到哪里，都要传承实验精神，做好孩子们的楷模。根据《中华人民共和国教师法》《中小学教师职业道德规范》《新时代中小学教师职业行为十项准则》等有关师德师风建设的系列文件精神，学校印发《许昌实验小学教师承诺书》，号召广大教师模范遵守职业道德规范。发扬敬业精神，努力提高育人水平，塑造良好的师德风范；坚决不参与有偿补课、不推荐购买教辅等；每学期开学初，每位教师都要签订一式两份的《师德师风建设目标责任书》，一份学校保存，一份自己保留，时刻提醒大家坚守师德师风底线；学校制定了《许昌实验小学教师职业道德考核办法》，建立、完善教师个人师德档案；每学期工会向家长发放调查问卷，把家长满意、同事认可、学生喜欢作为对教师评价的重要标准。

总之，我们努力创建师生共享的精神家园，着力培养一支"有理想信念、有道德情操、有扎实学识、有仁爱之心"的高素质教师队伍，让教育拥有生命的温度，让老师们的教育生命在不断地学习、研究、实践中丰盈！教育是花与果的事业，这花是多么美！这果是多么甜！

十四、爱是情感，更是智慧

辽宁省沈阳市启工二校建北教育集团校长　李欣欣

"白鸽奉献给蓝天，星光奉献给长夜，我拿什么奉献给你，我的小孩……"每每听到这首歌，我脑海浮现的小孩就不仅仅是自己的孩子，更多的是一张张学生的笑脸、一双双期待的眼睛。岁月如梭，一届又一届的学生入学、毕业，我也在"不停地问、不停地想"，这期间有欣慰、有满足，也有遗憾、有愧疚。刚入行的时候，我认为"教学相长"基本是指向文化知识；而现在，我更多的体会是：陪孩子长大的过程让我学会理解生命、理解人性。我总在想，如果时光能倒流，我能做得更好。

1.俯下身去，和学生"青梅竹马"

我觉得，教师的职业生涯走向成熟的过程，并不是所谓师道尊严增长和积累的过程，而是悦纳学生、修炼童心的过程。如果一名教师随着年龄的增长而与童心渐行渐远，那么即便他（她）越来越善于教书，也未必精通育人。我们常常提醒自己要俯下身去、平视孩子的眼睛进行交流，这是一种形式，重要的是我们要不断自问：孩子们想什么，我们懂吗？

我们学校曾经用摄像头"值周"，这在当时是非常先进的：抓拍违规学生，证据确凿，扣分！说起来颇像交警监控执法。直到有一天，一个被抓了"现行"的小男孩跑到我面前哭诉："摄像头，你咋不提醒我呢？"这看似无厘头的诘问深深触动了我，不能让孩子们感觉自己时刻被监控，有效并不是判断正误的唯一标准。后来，严肃的值周总结没有了，孩子们发现走廊的电视屏幕上在播放"违规"的画面：被打了马赛克的同学有的和灯的开关过不去，闭上、打开、闭上、打开地折腾；有的和草坪过不去，即便绕远也要试试草软不软；有的和自己过不去，各种危险动作不停。录像还配上了轻松的音乐，反复播放。孩子笑过以后知道了，那些行为和这个美丽的校园太不和谐了。谁说这"两小无猜"的童心对话不是有效的教育？

我们秉承处处是课程的理念，但反对时时考考你的做法。组织学生去春游、去采摘、去参观，我们只体验不布置写作文一类的作业，孩子们越是没有预设的任务，就越是体验得广泛、深入，这些体验进入他们的锦囊，在多个学科中随时穿插调用，何乐而不为？

2. 关注细节，不拘小节无大节

记得刚入职的时候，我们也常常参加工作体会分享之类的活动，与新教师同事们将自己的教育故事分享。那时，我们会像写作文一样写教育故事，基本套路大概是：锁定问题学生——分析问题原因——设计一次活动或一次生动谈话——学生深受教育——问题成功化解。现在想想这样的套路就觉得脸红，那时我们未必说的是假话，但要么是夸大了问题要么是夸大了效果，因为教育根本不存在这种简单的因果关系。做教师久了才明白，我们所说的教育效果，应当在一个一个细节串成的长链上，每个细节看似微不足道，却描绘出人的成长轨迹。

我们的和朗体育也被称为行走的体育，是课改操作幅度比较大的一块。好多年来，我总感觉体育教学有什么地方不对劲：每每在操场上，我不是看到孩子们课堂上十分拘谨，就是看到孩子们难以管理，在操场上放羊。通过问卷，我们"吃惊地"发现绝大多数孩子很不愿意上体育课，但都愿意上体活课。有一个细节解开了谜底，在课间操中，启工二校有两个主要内容：一个是太极扇，另一个是跳绳。我们发现，一到需要跳绳时，就有许多孩子不拿跳绳，一到需要打太极扇时，孩子们个个都会从家里带过来。其实，比起太极扇来，跳绳很短，很好携带，但是孩子们偏偏总是忘记带。究其原因，就是喜欢和不喜欢的问题。接下来的细节，让我心中对体育隐约有了解决方案。一次走在公园里，我就发现那些锻炼身体的人，锻炼的项目可是太多了，有走步的，有打羽毛球的，有打太极的，还有跳民族舞的，各式各样不一而足，这么多体育项目，目的不就是一个吗？就是锻炼身体嘛！于是，我提出了体育走班的构想。走班，说起来容易，真正要走起来则会遇到一个个细节问题：人员、场地、项目设置、选择调配等要素，经过反复推演论证，终于解开了一个个难解之结。篮球、足球、排球、羽毛球、健美操、花式跳绳、轮滑 7 个项目，项目安排与学校班级数量、场地及资源配置、学生兴趣、教师专业、风险管控等要素和谐对位，"不公"不断出现，又不断解决。一个个小细节，做成课改的大文章，成就了课程关爱学生的大节。

3. 传递关爱，启动心灵的马达

我们关爱学生的目的不只是"让学生得到关爱"，而是要营造学生健康成长的良好氛围，让学生在受关爱、懂关爱、会关爱的正增长中形成健康人格，所谓关爱就是最积极有效的教育。从这个意义上说，关爱学生就是把学校建成一个关爱的能量加注站，让学生得到心灵的舒适、心灵的启迪、心灵的成长、心灵的力量。

有一次，学校承办一个现场会，第一个项目就是展示升旗仪式，每所学校都会把这个环节当成展示精神面貌的点睛之笔。但开会那天正赶上剧烈的降温，而学校原来布置是要求学生统一着夏季校服。早上大多数孩子都是穿了厚的外套，在校门外脱给家长，很多家长抱着花花绿绿的衣服又心疼又好奇地在院墙外观看孩子们的升旗仪式。我看着孩子们冻红的笑脸，突然觉得有点内疚，于是我拿起麦克风做了一个仪式前的讲话：今天降温，我们虽然事先知道，但没想到早晨这么冷，做事不周到，对不起家长和孩子们，现在给大家穿外套时间，然后我们开始升旗仪式。于是，我们呈现了一个"不整齐"的升旗仪式……事后，现场会主办方的领导特意找我说：多亏了校长的灵机一动，否则我们来开会的大人穿得暖暖和和的，观摩冻得瑟瑟发抖的孩子们，多不和谐啊；更谢谢校长为我们这个现场会提供了一个生动案例——教育关爱之美。

在这样的氛围中成长，我们的孩子能受到尊重人、关爱人、以人为中心的启蒙，脱离唯我独尊的藩篱，在一点一滴中体谅老师、悦纳同学、心疼家长、关心集体。

4. 专业思考，比家长更懂关爱

我不能说做教师的会比家长更爱自己的孩子，但我们应当比家长更懂得如何爱孩子，因为这是我们的职业要求。长期以来，有一个现象在困扰着教师：家长之爱与教师之爱有时不统一，甚至发出相反的声音。其实这就是生活，就好比父母的教育和爷爷奶奶的教育也会有冲突一样自然，我们的教育就发生在这样的现实中。所以教师关爱孩子要有更大的视角，有与家庭、社会因素进行有效对话的专业能力。

曾经，很多老师把"找家长"当作教育的杀手锏，觉得很有效。其实因为一个具体问题而"找家长"会让教师、家长、学生都陷入尴尬，非万不得已，这个杀手锏还是不要急于祭出。高明的教师不能简单地转移责任，而是要在释放压力、鼓励自觉、增强互信中实现教育效果的最大化。比如我们的一位班主任发现班上一个同学的听课、作业状态都出现问题，通过有意识的交流和观察得出结论，是家长给学生安排的校外辅导班太多，让学生应接不暇。这时班主任也找到家长，不是告学生的状，而是通过学情大数据让家长自己体会不适合的校外辅导的负面影响，让家长在判断中学会更科学的教育方法。

还有一次我们在问题学生梳理过程中发现一个自私的孩子，又咬尖儿又不负责任。走访中老师得知孩子父母不在身边，跟奶奶生活，奶奶怕孩子受欺负，一味地引导孩子要"硬气"，导致孩子出现行为问题，老师和奶奶的交流也不顺畅。我们决定从孩子的行为疏导入手，定位并帮助他把自己的强项展示给大家，让他自己体会受欢迎和"招人烦"滋味的不同。渐渐地，这名同学习惯的"战斗脸"不见了，大家融洽相处，何来受欺负呢？孩子的变化也消除了奶奶的心病，主动找老师又是道歉又是交流教育方法。

总之，关爱学生，不仅仅是教育之情，更是教育之智。

十五、用爱点亮每一颗灵魂

贵州省北京师范大学贵阳附属小学校长　王羽

"你爱孩子吗？"

"你会爱孩子吗？"

"孩子收到了你的爱了吗？"

这三句话是我经常问老师们的。未必每次的追问都要求大家给出答案，但是我们期待着通过三叩问，从爱的目的、爱的内容、爱的方式等角度，能不断引导老师，给孩子正确的关爱，让爱真实发挥能量，让孩子们的生命成长有教师之爱的底色。如何让教师满怀真爱去育人，用正确的爱去育人，能够让爱在生命中传递、生长，让每一个生命都因为我们的关爱、呵护，闪烁着独特的光芒。

1.真爱——如何唤醒教师发自内心地教书育人

有人说，爱自己的孩子是人，爱他人的孩子是神。教师的职业特点，要求我们每个教师必须是"神"，我们要不分种族，不分贫富，不分美丑地去真心关爱每一个孩子，因为这不仅是美好的人性呼唤，更是必须的职业操守。《中华人民共和国教师法》第二章第八条中明确规定：关心、爱护全体学生，尊重学生人格，促进学生在品德、智力、体质等方面全面发展。从这个意义上讲，爱孩子是一种职责，更是一种教师必修的职业能力。

"发自内心的教书育人，而不是为了涨薪水。"美国著名教育家马文·柯林斯在她的《教育之道》中这样写道。这是她认为的要成为更好老师的十项原则之一。事实上，对一个没有任何血缘关系的人，从"不爱"到"发自内心的真爱"，让不同类型的教师从"人"到"神"，很有挑战，需要学校对教师群体不断地唤醒和激发。毕竟教师群体也是吃五谷杂粮的"凡人"，毕竟学校里还有很多未曾有孩子的年轻教师，没有为人父母的切身体验，即便是知道爱的职责，也会不走心。如何唤醒教师，让原本没有血缘关系的师生关系，通过有目的的设计，真实发生情感的链接，让老师在接受爱的过程中不断地真心去爱？并通过长期的引导，能够把爱孩子当作一种自然的职业习惯？我们探索了这样几个方面，凸显了效果。

学习教师职业法规政策，罗列《中华人民共和国教育法》《中华人民共和国教师法》《中华人民共和国未成年人保护法》等相关条款，把教师关爱学生成长作为学校教师师德培训的必修板块。

开展神圣的入学仪式。每年新生入学，学校都会组织隆重的入学仪式，父母牵着孩子，上台给老师行鞠躬礼，并且郑重地将孩子的手和鲜花交给老师。这种仪式感，让老师被崇高感和使命感包围，握着孩子稚嫩小手的温润感觉，也能唤醒内心的"亲情"之感。

每一年，可以进行"孩子，因你而幸福"的分享会，从教师的视角去发现儿童世界的魅力，去发现教育的美好；每年的三八妇女节，发起"我给老师妈妈（爸爸）一封信"等活动，这种不断的价值引领和正向唤醒，会让教师深度认识教师职业的独特性，少一些功利心，当教书育人的崇高感和使命感内化于心，自然外化于行。

2. 会爱——如何提升教师爱的能力

我曾经看过一个这样的案例：一位女教师上公开课之后，无意间把课堂上用来奖励孩子的星星卡片弄掉了，当孩子们兴奋地把象征荣誉的"奖品"捡起给她时，她却面无表情地说："丢到垃圾桶里去吧。"一颗曾经被孩子看作荣誉象征的星星，在那一刻，在老师的眼里，只不过是垃圾，不过是公开课的道具，哪怕那上面还签着她的名字。闪光的星星连同这位老师，又会在孩子眼里是什么，会给孩子留下怎样的印象，我不敢想象。

"教书育人在细微处"，年轻老师也许上了一节看似热闹成功的课，但是却因为不走心、不会爱的教育细节，让人给这位教师的育人品质大打折扣。教师知道要关爱孩子，却不会爱。作为父母可以理解，作为教师职业，这就是一种能力缺失。学校要不断通过有效途径，来培养教师爱的能力。

会爱孩子的前提就是要了解孩子，懂得孩子。心理学家皮亚杰说：了解和认识孩子的成长规律是对生命的真正尊重。在班级设计"悄悄话信箱"；开设"阳光姐姐"暖心热线；每年开学进行"如果我是校长，我要做的第一件事是？"每年开展全员大家访，了解家庭，了解家风，分析孩子的生存状态及背后的原因等。从细微处去观测孩子们真正的生存状况，精准分析，为孩子的成长实施针对性的关爱奠定了基础。

会爱孩子的关键是要目中有人、敢于创新。教师职业本质是教书育人。教好书、育好人，是最大的师德。我们所有的教育行为都是为了孩子的终身发展、全面发展。所有涉及学生发展的指标和要求，都是我们科学地爱孩子的方向和标尺。每一年开展"每一颗星星都闪亮"的"师生发展家校研讨会"，引导教师和家长全面参与式研讨，聚焦"教师之爱与父母之爱""如何科学地爱孩子""特殊孩子关爱行动"等主题，组织教师、孩子，甚至是家长、部分专家参与式研讨，引导教师区分教师之爱有别于父母之爱的独特性，引导教师着眼孩子的发展，给孩子系统的更加高级的爱。同时，通过引导，影响家长的爱也走向科学。

同时，我们还为刚入职的老师开列了一份贴心的"爱之细节清单"：

如果你不爱孩子，不是真爱教育，请尽快选择其他职业，因为耽搁的不仅是你，还有一代人；

如果你真爱教育，爱孩子，请用心设计每节课，用情对待和孩子成长的每一个细节；

当你和孩子对话的时候，请尽量做到眼睛和他（她）平视，平等即是爱；

当学生有问题的时候，请尽量停下手中的活儿，听他（她）说；

当孩子在你的视线中出现问题，请不分班级，过去帮助他（她）；

当你有困惑的时候，不妨问问孩子，欣赏是最有力的爱……

3.认爱——如何评价教师爱的质量

最高级的师德就是教师给孩子正确的爱。教师之爱，作为一种职业能力，就应该得到一定的评估和反馈。这样有助于教师及时反思和改观自己的教学行为，让自己爱的付出，有品质提升，有获得感。

认同亮标准。真正的力量一定不是外部的督导，一定来自人内心的自我认同。人生的高度也是自己定的。学校以信任为黏合剂，开学让教师自我设计"中国好老师"个人精进清单，自己为自己定制恰切的成长标准，尤其是自我的师德规范，由心而出，远比我们想象的要求更加高，远比密集的学校监管数据的力量更加强大。

旗帜鲜明亮状态。最成功的师德就是爱在传递。所谓"种瓜得瓜、种豆得豆"。教师爱孩子的最好结果就是被孩子爱。每一年学校都会进行"我最喜欢的老师评选"和全员参与的"学生喜欢度、家长满意度、同事欣赏度、领导信任度"的"多维"教师测评，评价结果不作为教师考评的定性指标，而是会通过柔和方式，把"别人眼中你的状态"，私下反馈给老师们，对获得状态较好评价的老师进行宣传表彰，树立榜样，并开展分享会，进行辐射引领。

模糊评价亮榜样。每周一次的"党员好声音"分享、每年两次的"爱的智慧"教师论坛。让每一个教师都有机会分享自己如何发现孩子、研究孩子，成长孩子的故事，让卓越的教师成为师德标兵、党员先锋。分享同时开展大众点评；通过"行政人员多维度听课"的方式，每周一次随意走入一个教室，从不同角度的点点滴滴，去发现教师的闪光之处，也同时聆听孩子们真实的需求，让教师在模糊化的评价主题文化的浸润下，真爱、会爱。

"没有爱就没有教育。"顾明远先生这样说。

爱的觉悟需要唤醒，爱的能力需要培养，爱的方式需要创新。这些正是我们学校管理者永远值得探索的重要课题。

十六、抓住关爱的起点，学会关爱的方法

北京市大兴区长子营镇第二中心小学校长　赵一芒

"凡大医治病，必当安神定志，无欲无求，先发大慈恻隐之心，誓愿普救含灵之苦。"对于"如何成为一名好医生"，孙思邈早在 1000 多年前就给出了"医德"的标准答案——"大医精诚"。所谓行大医者以解决众生疾苦为大，然而只有具备精诚者，才可承大医之名。"精"于高超的医术，"诚"于高尚的品德。

同理，只有具备精诚者，才可承大师之名。"精"可以理解成高超的教育艺术，"诚"便是高尚的师德。朱永新曾说："教育最重要的任务是塑造美好的人性，培养美好的人格，从而创造美好的人生，最终形成美好的社会，判断教育的好坏，推进教育改革都应从这个原点出发。"这个原点就是"关心爱护学生"。

关爱学生，应关注健康。这里的健康是指人在生理上、心理上，以及社会适应能力上的完美状态。教育活动必须从关心学生健康出发，从呵护学生成长思考，对学生的成长健康负责。随着社会竞争愈加激烈，各种压力的不断增加，健康的生理和稳定的心理就显得愈发重要。作为人民教师必须关注学生的健康。

首先，生理健康是一个正常学习、工作和生活的必备条件。如果没有

健康的身体，就不能长时间保持充沛的精力和蓬勃的朝气，甚至还被疾病困扰，无法从事正常的社会活动。2019 年全国学生体质健康调研最新数据表明，我国小学生近视眼发病率为 22.8%，中学生为 55.2%，高中生为 70.3%。而且"小眼镜"数量呈逐年上升趋势。2019 年北京市监测数据显示，北京市中小学生消瘦检出率 6.9%，超重检出率近 16%，肥胖检出率近 17%，这些数据表明全市中小学生存在"小胖墩"和"小豆芽"的现象依然严重。不合格率高达 39.9%。

其次，一个人如果没有健康的心理就会经常处于焦虑、孤僻、自卑、怨恨等不良心理状态，甚至出现不同程度的心理疾病，同样不利于在学习、工作和生活中发挥个人潜能，取得成就和发展，不及时介入干预和引导往往会导致"心理扭曲"，更甚者会形成"反社会人格"。苏霍姆林斯基曾说：关心儿童的健康，是教者最重要的工作。是否为学生的健康着想，是否真心关爱学生是检验教师道德的重要标准。我国教育功能主要定位在培养社会主义建设者，如果我们培养的建设者身心健康不合格，那么我们的教育就不能算合格。所以师德建设必须要在学生的健康上下功夫！

关爱学生，当平等尊重。在立脚点谋平等；于出头处求自由。对社会和教育的深刻认知。教师承担教书育人的教的使命。学生则承担成德达贤的学的任务。在教与学的双边活动中，教师是教的主体，学生是学的主体。这种关系是建立在平等基础上的尊重。尤其教师要在教育实施过程中尊重每一个学生，因为每个人都是活生生的人，只有尊重其人格教育才能将教育的"以人为本"落到实处。同时相互尊重也是和谐师生关系维系的前提。因为教师的点滴言行都会投射在学生的心里，学生能真切感受老师的关注和尊重。让学生的"尊重需要"得到满足，进而实现"亲其师而信其道"。体现以人为本的人文关怀的同时，也使教学相长的良性互动成为可能。教育关注的重心从知识传授到人的发展可以理解成教育反思的一次真正意义上的深刻。

关爱学生，需严慈相济。记得有一句话，大概意思是：教师是一个雌雄同体的"怪兽"。当时觉得这是对教师人格的一种侮辱和职业的贬损，现在想来也不无道理。西方有句谚语说：伟大的灵魂都是雌雄同体的。教师的职业特点，面对的是一群好奇心强、自尊心强、模仿力强，但自制力弱、理解力弱、辨别力弱的未成年群体，这时期的他们有着较强的可塑性。教师在教育实施过程中既要有严格要求，又要有恻隐之心，严在明处，爱在深处，要让学生在教育活动中通过严以励志、慈以感恩。当孩子遇到坎坷、挫折，教师要像母亲那样循循善诱，保护好孩子"黎明的感觉"。比如：好奇、自信、观察、思考以及发现世界的冲动和渴望。当孩子"得意忘形"时，又要像父亲那样教会孩子做人的严慎，做事的严谨，恰当地在孩子品质基因中植入"规则"和"敬畏"。当然，严的前提是尊重，慈的基础是负责。

关爱学生，需引领护航。青少年时期正是价值观、人生观、世界观逐渐形成的关键时期。因为这一时期的学生正处于人格定型的关键窗口期，这一时期的影响将作用于学生的一生。今天的学生受到怎样的教育，明天将会成为怎样的人。他们的身上将带着新时代的教育烙印，民族进步的文化符号，甚至思想都会被润染着色。因为不著一字的关心、关注、关爱，关乎着一个国家的命运和民族的未来。韩愈早对教师职能高度凝练：传道、授业、解惑。可见教师第一使命便是"传道"。传什么道？我们教育的根本任务就是"立德树人"，培养社会主义事业合格建设者和可靠接班人。对中华民族有自信、对中华文化有自信、对中国制度有自信、对中国道路有自信。怎样传道？教师要化身良师益友，常伴左右，同喜怒，共哀乐；一同探究，争优劣，论短长。引导学生在学习知识中锤炼品格，在自由创造中奉献祖国，潜移默化中润物无声，美其德而慎其行。

关爱学生，要理解沟通。新时代教育的全新使命——构建由政府、社会、学校、家庭、教师、学生等构成的"教育命运共同体"，其中教师和学生是各种关系建立的纽带，是协调各方的关键所在。师生关系往往主导着家校关系，甚至影响整个"机体"健康状况。近观近期出现的家校冲突，是社会对教育的更高的标准和更确切的需求与教育供给的矛盾转化，激化矛盾的诱因往往是师生关系、家校关系出现了问题，从而引发了"失德体罚""只教书不育人""道德滑坡"等。企业文化中有一个著名的论断：98%的矛盾来自沟通不够，大多数对立源于理解不足。需要老师对待学生细心观察、耐心沟通、小心呵护，要像对待花瓣上颤动欲坠的露珠般小心谨慎。或许有人认为夸张了，其实现实中太多事例可以证明往往这些学生内心因为伤痕未愈而异常敏感，只是自卑让他们把"秘密"深深地隐藏。所以我们对待这样的特殊学生切不可疏忽大意。这使得他们更需要朋友，内心深处更需要灯火去暖亮。《礼记·学记》："安其学而亲其师，乐其友而信其道，是以虽离师辅而不反也。"教师有责任保护好他们，助之健康快乐地成长。正如清袁枚所言："苔花如米小，也学牡丹开。"

关爱学生，求立根放远。中国读书人一直信奉正己，修身，齐家，治国，平天下。根就是正己、修身、齐家，远便是治国、平天下。北宋教育家张载的横渠四句："为天地立心，为生民立命，为往圣继绝学，为万世开太平。"可以看出中国先儒的站位高远与历史担当，从"立人之性""求为贤人""学为圣人"的要求志存高远！当下的教育的扎根就是要扎根中国大地办教育，扎民族自信之根，扎爱党爱国之根。培养学生对真善美的向往，对未知的探索勇气，对现实的大胆质疑，对理想的不懈追求以及对世界的理性关怀。培养敢探未发明之新理，敢入未开化之边疆。总而言之根是基础，远是追求。

德国教育家第斯多惠曾言："教育的艺术本不在于传授的本身，而在于激励、唤醒和鼓舞。"

教育原来可以如此美丽……

十七、组合拳强化安全管理
多举措筑牢平安校园

云南省昆明市官渡区第一中学校长　熊亚林

新时代，国家对广大教师落实立德树人根本任务提出新的更高要求，为进一步增强教师的责任感、使命感、荣誉感，规范职业行为，明确师德底线，引导广大教师努力成为有理想信念、有道德情操、有扎实学识、有仁爱之心的好老师，着力培养德智体美劳全面发展的社会主义建设者和接班人，教育部印发了《新时代中小学教师职业行为十项准则》。笔者就其中明确提出的"加强安全防范"一条，结合我校多年在校园安全管理的经验分享一些浅见，恳切希望能借此抛砖引玉。

中学校园的安全问题如今已成为每一所学校的重点工作，只有将安全问题抓好、抓牢，才能保障学生的学业不受影响，保证教师的工作顺利进行，确保学校的各项工作平稳有序开展。中学校园安全管理具有其一定的特殊性，首先处于此年龄阶段的孩子们生理发育尚未成熟，心理认知能力有限，缺乏对事物的辨别能力，容易被外界所影响，性格、人格都未定型。在这样的大背景下，我们只有拨开云雾，方能见青天，从一件件看似偶然的校园安全事件里，找寻其背后存在的原因，采取必要的预防措施，防患于未然。

1. 建立预防型的校园安全文化体系

学校安全文化是在拥有共同价值观基础上的文化形态，建设安全文化对保障安全有着重要的意义，从安全文化的角度要求，包括人的安全知识、技能和意识，还包括人的安全观念、态度、伦理、情感等人文素质层面。预防性的安全文化是人类安全行为最重要、最理性的方式。它要求树立"安全第一"的价值观和基本准则，形成"预防为主"的安全、工作、生活理念，具备"关注安全"的安全意识，具有安全知识丰富，防范和自救能力强的安全素养与能力。

官渡区第一中学始终坚持"以生为本，全员参与"的教育理念，建立预防型的安全文化体系。贯彻学校领导及管理人员、教师、学生全体树立安全意识，掌握安全知识和技能，时时注重安全，具有安全观念、态度。要求全体在情感层面也具有安全素养，全员参与和建设安全文化，提高自身的素质才能具备安全素养，养成"安全第一""校园安全以生为本"的行为习惯。

2. 健全校园安全工作体系

"没有规矩不成方圆"，对中学校园安全管理工作也是如此。安全工作管理的成败关键在人，而管理的落实和取得实效要靠制度来约束和检验。官渡区第一中学在校园安全管理中细化安全工作目标责任，健全校园安全工作网络，做到"一把手"负总责，分管领导具体负责，中层干部、班主任和任课教师共同参与，按照工作分工和服务对象，分口把关，层层落实安全目标责任，并逐级签订安全目标责任书，建立安全目标奖惩制度，建立覆盖所有工作环节的安全责任体系。构建了学校一把手统一领导、相关部门具体负责、全体师生广泛参与和支持的安全工作格局。

学校依据校园安全管理工作具体情况制定了一整套健全完善的安全管理工作制度，包括安全保卫制度、教学安全制度、消防安全制度、卫生安全制度、交通安全制度、应急制度等，让安全管理工作有理可循、有据可依，保证校园安全管理工作有效性。学校建设了"一键式治安报警"系统；消防火警自动报警系统；人脸识别安全系统；全校及周边"无死角、全覆盖"监控系统；组建了学校突发或重大事件"四级"处置网络；安装了校园各道门的车辆防撞系统。实施了校级领导带班、中层干部值班制度；保卫科保安人员和宿舍管理人员24小时值班制度、24小时巡查制度；以班主任为核心的晨检（安全）制度；以年级组长为核心的课间巡查值班制度。开展了每学期一次的"校纪安全月"活动；坚持每学期开展全校师生的疏散演练；坚持每学期的"禁毒防艾"安全教育；坚持班主任的每学期的安全主题班会。同时，积极开展各类安全教育活动，提高全校师生的安全意识，落实各项防卫措施，使创建"平安校园"工作得到全面、深入、有效的开展。

3. 重视校园安全宣传和教育工作，强化教师和学生自身安全意识

对中学校园安全管理工作来讲，不仅需要校园管理者更需要全校教职工的全员参与才能确保校园管理工作的切实有效性。我校牢固树立"安全至上"的思想不动摇，切实落实"以人为本"的工作原则，严格落实全员"一岗双责"工作制度，采用多种形式和策略引导和鼓励全校师生积极主动地参与到校园安全管理工作当中来。在我校校园安全管理工作中，坚持把安全教育宣传和教育工作当作工作重点来抓，从而不断强化全校师生安全意识，打造一个以教育宣传为先、预防为主的校园安全管理大环境，继而有效降低校园安全事故发生率，切实提升校园管理工作质量和有效性。

由于中学生心理不成熟可能导致安全意识不强，生命教育理论强调培养学生重视自己的生命，保护和珍爱生命，主动学习自我保护的技能，我

校坚持把这一精神融入到对学生的安全教育当中，教导学生时刻注意安全，保护自己，远离危险，养成良好的生活习惯。我校校园安全教育不仅是要让学生学习安全知识，具备安全技能，传授其保护自己的能力，更重要的是引导学生树立自觉保护自己的意识，有着时时注意安全、保护自己的想法。让学生转变意识，从学校"要你安全"的服从型安全行为转变为"我要安全"的主动型安全自觉行动。我校在校园安全宣传中，不是单纯地灌输安全知识，让学生呆板地模仿安全行为，让学生盲目地没有思考地服从既定规范，而是锻炼学生做出独立思考，对学校现有的安全防护体系做出评价和判断。我校每学期定期举办安全疏散演练，让学生自主上报在安全演练中存在的隐患；在每班设立学生安全委员，定期排查上报学校校园安全隐患等。切实把学校对学生的安全要求转化为学生自身内在的自觉意识和观念。

在校园安全宣传和教育工作中，我校坚持做到：第一，不厌其烦，做到逢会必讲安全，教师例会、学生集会、班级周会，强调安全始终要作为一项重要的工作。第二，宣传教育有重点、有步骤。针对不同时期，同一时期不同阶段学校安全工作的重点，对交通安全、食品卫生安全、校舍和设施安全、大型活动安全、校园楼梯等拥挤踩踏事故的预防教育要放到突出位置着重宣讲。第三，宣传形式做到多样化。会议、广播、黑板报、印发资料、家长会、主题班会、专题讲座、手抄报等多种宣传形式相结合。我校将学期开学首月定为校级安全月，举办"安全"黑板报、手抄报比赛，激发学生主动学习安全知识的热情。邀请专业团队如消防警察对我校师生做专业安全知识培训等，多样的形式让学生在娱乐与教学中把安全意识融入血液。

在校园安全教育中，只有不断地学习宣传，才能让全体师生真正从主观上认识到学校安全工作对集体、对自己、对家庭、对社会的重要性，实实在在地把安全防范意识内化为师生的内在意识。

4.注重日常常规检查，发现问题及时整改构建和谐平安

在我校日常的校园安全管理工作中切实将预防作为校园安全管理工作的基本原则。我校校园安全检查工作具体包含了对各年级教室、各科室的检查及自查，比如我校教务处对教学实验展开安全检查、后勤部对学校各项硬件设备装置展开定期维护检查、各年级班主任对学生寝室展开日常安全检查工作等。同时我校定期开展全校范围内的安全检查工作，以每周为周期并制定安全检查工作重点，注重安全隐患的排查以及安全教育，同时将日常安全检查详情记录到"校园安全管理档案"当中。除了设置定期日常安全检查以外，我校还在平时通过随机抽查、暗查等方式，有效避免校园安全日常检查工作形式化，确保安全检查工作无死角、无盲区，提高安全检查工作质量，实现有效及时发现安全隐患及时解决，为构建和谐安全校园大环境打下坚实基础。

我校切实将"以人文本"的教育理念落实到校园的安全管理工作中，加强管理力度，针对我校的实际情况制定出完善的管理制度，通过加强教师与学生的安全意识、落实安全检查工作等措施，保障校园安全管理工作的顺利进行，积极地为学生营造安全的校园环境，以此来促进学生的发展。同时也希望笔者依托官渡区第一中学关于校园安全管理的一点浅谈能够对中学校园安全管理探索起到一定的积极作用。

十八、学校安全贵在重视和坚持

贵州省都匀市第三完全小学校长　金崇俊

习近平总书记指出："一个人遇到好老师是人生的幸运，一个学校拥有好老师是学校的光荣，一个民族源源不断涌现出一批又一批好老师则是民族的希望。"老师是学校发展最宝贵的人才资源，好老师成就了好学生，好老师造就了好学校，打造一支好老师队伍是学校管理的第一要务。

2018年11月，教育部出台了《新时代中小学教师职业行为十项准则》，规范教师的职业行为，明确了师德底线，引导广大教师努力成为有理想信念、有道德情操、有扎实学识、有仁爱之心的好老师。

抽丝剥茧，条分缕析。我下面就《新时代中小学教师职业行为十项准则》中第六条结合在实际学校管理中打造好老师队伍谈几点看法。

1.高度认识基本要求

《新时代中小学教师职业行为十项准则》中第六条准则对教师职业行为的基本要求可以概括为两个方面的内容：一是培养学生的自护能力。要求教师通过各种手段，采取各种措施，对学生进行安全教育。采取学生通俗易懂的方式，让学生领悟生命的宝贵，明白没有生命就没有一切的意义。牢固树立安全意识，时刻绷紧安全的弦，在任何有可能发生危险的现象面前，有意识、有警惕，提高防范事故风险能力，将危险发生率降到最低。二是明确教师的保护职责。将保护学生安全的责任作为教师职业行为，作为师德底线。教师要树立保护学生生命安全的意识，"不得"就是不允许、不能，在教育教学活动中突发安全事件，面临危险时，必须将学生的生命安全放在第一位，决不允许不顾学生安危，教师私自逃离，杜绝类似于2008年的汶川地震中"范跑跑"事件再次发生。当然，教师在保护学生人身安全的前提下，也要有效保护自己。

2. 深度理解三个要点

（1）教育——提高认识

教师对学生不仅要传授科学文化知识，还必须对学生进行思想品德教育和安全教育，提高学生安全意识和自我保护意识。思想教育是对学生人生观的形成加以正面引导，使学生的人生观符合社会的公共道德标准，让学生的是非观念、价值观念与整个社会一致，从小培养学生良好的道德品质和行为习惯。安全教育，学校通过各种方式和途径，结合学生不同的年龄特征和认识能力，加强安全教育。班主任利用班队会对学生进行"六灾一渗透"安全教育，"六灾一渗透"：火灾、水灾、路灾、人为灾、山体滑坡、食物中毒和反邪教。从小培养学生安全意识和自我保护意识。要让学生能正确地认识什么是安全，什么是危险，并自觉地遵守各种安全规则，不到危险场所玩耍，不实施有害自己和他人的行为，不参加不安全的活动。了解相关的自救自保常识，如果发生危险或遭遇危险，能沉着应对，不惊慌失措，要有主见，冷静思考，寻找一切有效的自救自保方法，利用各种条件采用各种方式向他人求救，使自己能及时脱离险境。

（2）要求——压实责任

教师不仅有教育教学的工作职责，还要有安全管理的工作职责，即教师的"一岗双责"。学校首先是建立全员安全管理责任制，层层建立安全管理责任。一要实行学校主要领导负责制，统一协调各部门行动，统一决定学校安全管理重大事务。二要实行安全岗位负责制，根据不同的岗位分工，各司其职，各负其责。其次是建立全程安全管理责任制，将安全管理贯穿到学校建设与管理的始终。再次是建立全方位安全管理责任制，将安全管理覆盖到学校教育教学的各个领域、各个部门、各个环节，从课内到课外，从校内到校外，学生学习活动的所有场所、学生往返路途都要进行管理。通过建立全员、全程、全方位的安全管理制度，将安全工作层层分解，实现全员参与，分工负责，齐抓共管。

（3）防范——明确底线

安全防范，旨在常态化、制度化、规范化，贵在持之以恒，务必抓实抓细。四川省绵阳市安县桑枣中学，在汶川大地震面前，2200多名学生和100多名老师，安然无恙，无一伤亡，这体现出这所中学的安全防范工作做得扎实有效。学校几次加固教学楼，将安全教育列入课程，安全演练常态化，在大灾难面前，才得以确保师生的生命安全。

做好安全防范，要有以人为本的意识，以保证师生安全为底线。学校工作的出发点和落脚点是要为学生考虑，对学生学习、活动等的安排要周全而到位，组织要严密，发现有事故苗头或存在什么安全隐患要及时处理，把问题解决好。

做好安全防范，要有超前意识。科学地超前预见，并有目的地进行理论和实践探索，走在时间前面。校长根据学校所在地区的社会、自然环境、季节更换和师生特点，深入研究，善于思考，定期分析学校安全形势，找到可能发生的事故苗头，研究对策，建立健全学校各类安全应急预案，明确一旦发生学校安全事故时，学校安全工作领导小组应按各自的工作岗位和工作职责，迅速而有效地开展应对工作，将突发安全事件的损失降到最低限度。

3. 制度管理四项创新

(1) 内化学校两级责任

学校安全工作事关全校师生安全、健康，责任重于泰山，必须警钟长鸣、常抓不懈。学校成立以校长为组长、分管副校长为副组长、中层干部为成员的学校安全工作领导小组，实行校长负总责、分管领导具体抓、其他成员共同抓的办法。学校安全工作领导小组负责学校安全管理工作，分解、细化和落实学校安全工作责任人、职责及责任，研究安全工作中出现的新情况、新问题，以及贯彻、落实上级的新要求。教师主要负责对学校进行各种安全教育，提高学生的安全意识和自我保护意识，学会自保自救。内化学校、教师两级责任，形成分工负责、齐抓共管、全员参与的工作格局。

(2) 严密布置三级防控

我们倡导构建和谐社会，创建平安校园，这就要求社会、学校、家庭"三位一体"，人人关心学校安全，个个支持学校安全，形成三维管理的安全大格局。学校是联系社会与家庭的桥梁，学校重视校园周边环境与社会安全建设，主动与公安、交警、城管、村委会、社区、卫生院等建立密切联系，形成联防工作机制。学校与家长密切联系，做到学校、家庭共同教育防范。学校加强对学生家长的安全指导，利用家长会、告家长安全书、发放安全资料等形式，让家长掌握一些基本的"六灾一渗透"的安全知识，提高家长安全意识和安全管理能力。按照"群防群治、综合治理"的工作方针，充分调动社会、家庭等多方面的积极性，建立和完善安全防范体系，为未成年学生的健康成长创造一个良好的环境。

(3) 认真落实家校合作

对于未成年学生的安全教育，学校教育有着不可替代的作用。学校教育的优势在于，可以通过对学生安全教育和安全培训，在各类课程和活动中纳入安全教育，使学生建立安全危机意识，储备安全知识，学习安全技能，起到一个事前预防和引导的关键作用。家庭则是未成年人安全教育的主阵地。家长作为孩子的监护人，是安全教育的直接责任人，其既是参与者，也是受益者。通过家校合作，形成安全工作合力，共同监护学生安全，确保学生健康成长。

（4）全员动员防微杜渐

面对学校安全工作的形势，学校提出"人人都是安全员"的理念，实行安全管理全员参与制度。学校的每一个成员都是学校的主人，全体教师人人都要抓安全，人人都负安全责任。安全工作无小事，全体教职工都要加强对学校安全工作的细节管理，关注学生安全的点滴小事，做到防微杜渐，防患于未然。

以生为本，生命至上，关心关注学生健康成长，是老师仁爱之心的标准，也是教师的职业准则之一。安全工作常抓不懈，让幸福洒满校园。

十九、坚持言行雅正，潜心立德树人

海南省海口市第二十五小学校长　赵檀木

我国传统教育素有重视言传身教的传统。1998 年著名教育家、书法家启功教授在北京师范大学校门前提笔写下"学为人师、行为世范"八字校训，历久弥新，被万千师范学子引以为准绳。2018 年 11 月，教育部颁发的《新时代中小学教师职业行为十项准则》（以下简称《准则》）将"言行雅正"列入中小学教师职业行为准则，明确新时代教师应做到言行典雅纯正、合乎规范，不仅体现了新时代教育者对中国教育传统的继承，更彰显了为人师者潜心立德树人，对教育艺术之美的更高追求。

1. 何谓教师的"言行雅正"

南朝刘义庆在《世说新语·方正》中提到："峤性雅正，常疾郭诣谀。"一名为峤的人，经常训斥名为郭的人阿谀谄媚，此处雅正为清高正直之意。清人蔡世远《古文雅正·序》云："名之曰雅正者，其辞雅，其理正也"。此处雅正为言辞文雅道理严明之意；教育部《准则》中对言行雅正的阐述为：为人师表，以身作则，举止文明，作风正派，自重自爱；不得与学生发生任何不正当关系，严禁任何形式的猥亵、性骚扰行为。从古到今，对教师言行雅正的要求既涵盖了道德品质的高尚纯洁、言辞说理的文雅严正，也涵盖了日常行为举止的文明风范，是教师人格魅力的总和。

鲁迅先生曾这样回忆他的一位老师，"在我所认为我师的之中，他是最使我感激，给我鼓励的一个……他的性格，在我的眼里和心里都是伟大的……他的照片至今还挂在我北京寓居的东墙上，书桌对面。每当夜间疲倦，正想偷懒时，仰面在灯光中瞥见他黑瘦的面貌，似乎正要说出抑扬顿挫的话来，便使我忽又良心发现，而且增加了勇气"。即使面貌"黑瘦"也能"抑扬顿挫"予以人激励，可见，教师的言行雅正无关乎外貌美丑，而是教师道德、品格、言行等因素对受教育者施加的综合影响，其影响之深远并不限于教育活动发生的当下或知识的传授，更能潜移默化地塑造受教者的"灵魂"。

2. 在立德树人中践行"言行雅正"

（1）将"言行雅正"寓于自我准则，塑造崇高职业理想

《准则》对新时代教师职业行为提出了基本规范，"言行雅正"作为十项准则之一，看似最为平常，实则直切教育要害，"你的棍棒下有瓦特，你的冷眼里有牛顿，你的讥笑中有爱迪生"，20世纪陶行知先生指出的打击式教育仍常常发生在新时代的课堂里，扼杀了多少希望的种子，更有个别教师利用职务之便猥亵或侵害学生引发社会公愤。可见，教师言不雅、行不正，对学生影响之恶劣、对教师形象损害之严重。守住言行雅正的底线，就是守住教师职业理想与尊严。

为使言行雅正内化于心，进一步塑造从教者的职业理想，海口市第二十五小学组织全体教师认真学习《准则》具体内容，做好宣传解读，坚持全覆盖、无死角，采取多种形式帮助广大教师全面理解和准确把握，做到人人应知应做、必知必做，引导教师真正把教书育人和自我修养结合起

来，以德立身、以德立学、以德施教、以德育德，维护教师职业形象，提振师道尊严。

学校结合师德培训，播放纪录片《最美艄公》——海南儋州农村女教师王金花的一段视频，距王老师所在学校 500 米处是松涛水库库区，水位上涨时，为保证学生安全，她借用小船自己一天往返 4 趟接送孩子，被当地群众称为"女艄公"。当有人问起时，王老师觉得只是做了分内的事："有人说是金子总会发光，但我不是金子，我只是凭着一颗朴素和纯洁的心，在平凡的工作岗位上做了一些力所能及的事。发出了自己的一点正能量。"言语的平常不能掩盖师德的光芒，学校正是通过榜样言行雅正的示范作用，深化广大教师对言行雅正的认识，营造学习先进、践行高尚师德的良好氛围，将为人师表立德树人的使命感根植于广大教师心中，塑造教师崇高的职业理想。

(2) 将"言行雅正"寓于言传身教，为学生树立榜样

师者"传道授业解惑者也"，"传道"即传授做人道理，是为人师者的第一要务。学生会自觉把教师当作自己学习、模仿的对象，故教师的素质、形象直接关系学生良好素质培养，教师应规范言行、为人师表，提高思想境界，树立良好的师德形象。在学生感受到老师高尚人格魅力后，方能"亲其师，信其道"，立德树人事半功倍。

就如在 2015—2016 年这两年中，海口市举全市之力、集全民之智，打"双创"攻坚战，力争捧取全国文明城市和国家卫生城市两块"金字招牌"。教育系统是"双创"中的主力军，我校全体师生积极参与其中。海口市第二十五小学从校领导到普通的教职工，都积极身体力行，用自己的行为影响学生的行为：熟记社会主义核心价值观，不乱扔垃圾，不随地吐痰，文明有礼，尤其在平时的创卫活动中更是不落人后，每个老师都主动担当，投入到清理校园内外的环境卫生的劳动，扫地、擦拭宣传栏、铲除围墙小广告……在众多老师的带领下，学生们耳濡目染、共同参与，也养成讲文明讲卫生的好习惯。

学校还经常举行各种文艺表演和诵读活动，每一次精彩的演出背后是师生们辛苦的付出。接到活动任务时，大多会面临时间紧、压力大、任务重的困难局面，老师们必须从节目的脚本设计，到参与组织排练节目，再到为寻找表演服装四处奔波，都要亲力亲为，一一操心。利用放学后、平时中午、周末等休息时间争分夺秒地组织排练。为了保证学生的正常演出，有的老师带病坚持排练，却没有时间到医院看病治疗；有的老师家中幼儿无法顾及，托付给年老的父母或者邻居，带着学生一次又一次地在校彩排。桃李不言，下自成蹊，同学们总是以最美表演，回报老师们幕后无言的付出。

（3）将"言行雅正"寓于生活教育，彰显教育之美

陶行知先生指出："生活教育是生活所原有，生活所自营，生活所必需的教育。教育的根本意义是生活之变化。生活无时不变，即生活无时不含有教育的意义。"教育不仅是向学生传授科学文化知识，更应扎根于学生生活，在生活的各种场景中育人，向学生传授适应其未来生活的优良品质与能力，让学生为自己的美好生活做准备。言行雅正作为一项为人处世、立德立身的重要品质，只有将其寓于生活教育之中，才能真正让学生感同身受，并彰显出教育润物无声之美。

2019年10月正值新中国成立70周年大庆，海口市第二十五小学德育处、体卫艺处和全体班主任利用短短的两天时间策划了一场气势恢宏的庆祝活动，9月29日上午，在老师们的组织下，全校师生手持红旗，齐聚天井、操场，摆造型、齐歌唱，和国旗合影，向国庆献礼，每一位老师都沉浸其中，每一位同学都深受感染，教师们纷纷用最真实的行动引导同学们热爱国旗，热爱祖国。有一位六年级学生在接受采访时坦言："这样的活动太有意义了，平时在班队会上老师也经常教导我们要爱国，但是看到今天这么多老师手捧国旗，热泪盈眶地高唱《歌唱祖国》时，我充分感受、也相信老师们是多么爱国了。我们同学都很激动，我们要祝福祖国繁荣昌盛，越来越好。"

为培养学生勤俭节约、帮扶弱者的良好风尚，学校德育处和美术组的老师们在每年六一儿童节、春节前，都会组织大型爱心义卖跳蚤市场活动和春联义卖活动，所有募集的善款均作为我校爱心帮扶基金。在老师、家长的带领下，组织学生代表全数赠予特殊学校、福利院、贫困生等帮扶对象，这些富有特色的爱心实践活动，在同学们当中已经深入人心，成为一道道亮丽的风景线。

3. 践行"言行雅正"经验总结

（1）强化学习，坚守底线

教师言行雅正对学生的影响、发展作用极大，教师若想做到言行雅正就必须加强对各种文件精神的学习，不断提高自己的道德修养。《新时代中小学教师职业行为十项准则》就是结合新时代、新要求、新形势、新问题制定的教师职业行为规范，既有正面倡导、高线追求，也有负面禁止、底线要求，是对之前教师职业道德规范和"十条红线""红七条"等师德底线的继承和发展。为师者应加强最新文件学习，不放松对自我的要求，把教书育人和自我修养结合起来，时时刻刻用准则要求雅正自己的言行，遵规守矩，不越底线。

（2）见贤思齐，榜样引领

"言行雅正"正向我们表明了榜样就在身边且榜样的力量是无穷的这一道理。为师者应善于见贤思齐，不断地提高自我要求，达到"学为人师、行为世范"。在海口市第二十五小学，就有一批品德高尚、业务精湛的教师队伍，他们身上充分体现了优秀老师的标准：热爱教育，以深沉的爱心感染学生；严谨治学，以精彩的课堂吸引学生；修身养性，以高尚的人格影响学生。正是身边的榜样让广大教师有了对言行雅正的具体认识和坐标参考，在这样的正能量的熏陶下，言行雅正将成为新时代教师队伍最普遍的风尚。

（3）以爱施教，润物无声

教育是一项伟大的事业，需要沉下心去、扑下身来、用心血去成就，是关乎爱的艺术。而无论是教师以言行雅正教导学生，还是教导学生做到言行雅正，其本质都是以爱施教，坚守立德树人的初心，用一颗无私、忘我的心在教育岗位上贡献力量，用对学生的爱、对教育的爱陪伴学生成长，用最适合的方式帮助学生为未来的美好生活做准备。在成就学生健康成长的过程中成就作为人民教师的职业理想。

宋代王安石在《上邵学士书》中提到："虽庸耳必知雅正之可贵，温润之可宝也。"言行雅正自古就是一项可贵的品质，在《新时代中小学教师职业行为十项准则》中又被赋予了新的时代意涵。这其中既是时代对教育者的鞭策，更是国家与人民对广大教师寄予的深切希望，建设社会主义现代化国家，培育德智体美劳全面发展的社会合格建设者和接班人，实现教育强国，广大教师重任在肩，必定不辱使命。

二十、和于心，美于行，成于思，
言行雅正树楷模

山东省日照市新营小学教育集团校长　李洪江

中国特色社会主义进入新时代，教育成为实现中华民族伟大复兴中国梦的磅礴力量。党的十八大以来，习近平总书记，对广大教师提出了"四有好老师""四个引路人""四个相统一"等明确要求，并强调评价教师队伍素质的第一标准应该是师德师风；2018 年，教育部制定《新时代中小学教师职业行为十项准则》，为教师划定师德红线，提出教师要坚持言行雅正。

新时代新形势下，加强师德师风建设，引导广大教师以德立身、以德立学、以德施教、以德育德，打造中国"梦之队"筑梦人，成为学校教师队伍建设的重中之重。

日照市新营小学，是一所文化底蕴深厚的现代化学校，目前拥有三个校区、一个附属幼儿园，是日照市办学规模最大的义务教育龙头学校。多年来，学校秉承和美教育的办学理念，结合新时代教育形势，本着"尊重教师，依靠教师，服务教师，成就教师"的教师队伍建设原则，探索出独具新营特色的师德师风建设体系，从"和于心、美于行、成于思"三个维度，引领教师说和美之言，行和美之事，做和美之人，着力打造一支师德高尚、业务精湛、言行雅正、充满活力的和美教师团队。

1. 和于心——涵养人格、砥砺品格，深扎和美之根

为人师者，吐辞为经、举足为法，不仅是知识的传授者，更是塑造学生品格、品行、品味的"大先生"。古语亦云："桃李不言，下自成蹊。"一个由内而外散发和美气质的阳光教师，才能触动孩子心底向真、向善、向美的种子，让孩子真正亲其师、信其道，进而乐其道。

新营小学师德师风建设，从价值引领、制度规范、文化浸润三方面，涵养人格、砥砺品格，深扎和美之根。

价值引领，以德立身。育人者必先育己，身不修则德不立。新营小学以社会主义核心价值观为教师立德修身的基本遵循，要求广大教师自觉贯彻学习习近平新时代中国特色社会主义思想，牢固树立正确的世界观、价值观、教育观；将师德教育贯穿于教师职业生涯全过程，新入职教师宣誓仪式、老教师荣休仪式、师德专题培训等，活动中激发教师责任感与使命感，培养高尚师德、树立良好师风，营造风清气正的育人环境。

制度规范，内外兼修。新营小学秉承"内强素质，外树形象"的教师培养理念，制定《日照市新营小学规章制度》《日照市新营小学教学行为基本规范》《日照市新营小学教师手册》等相关文件，加强教师教学规范教育，约束和规范新营和美教师教育教学行为；建立师德考核评估机制，将师德师风建设作为教师绩效考核、职称评审和奖惩等的重要内容。

文化浸润，以文化人。通过理念渗透传承"仁而爱生"的和美内涵；通过和美文化浸润，增强教师职业认同感与归属感。

新营小学的和美文化既有深厚的历史渊源，又有鲜活的时代气息。"礼之用，和为贵。先王之道，斯为美"，有子对"和"与"美"的解读，给予了新营"和美"理念厚实的历史溯源；"君子和而不同"，促成了新营"和美文化"中多样性与协调性的理性探究；"各美其美，美人之美，美美

与共，天下大同"，费孝通先生对于"美"的诠释，丰富了新营"和美"理念的深刻内涵。

日照市新营小学的"和美教育"，源起儒家思想精华"仁义礼智信"之传统文化，融合新时代的"和合文化"，把"爱与责任"镌刻在教书育人的词典中，营造了一个和美共生的文化磁场，形成了独具特色的新营文化。

和美是一种教育思想——致和尚美。和谐而美、美而和谐，"和"与"美"融为一体，相生共长，推动新营实现人与自我、人与人、人与自然、人与社会的和谐共生，达到"和而不同""美美与共"的境界。

和美是一种教育愿景——让每一位师生在和美阳光下快乐成长！"和美教育"以仁爱之心召唤教育的力量，以仁爱之名点亮教育心灯，春风化雨般浸润着每一个新营人的心灵。宽容、理解、信任、关爱每一位师生，敬畏、尊重、珍惜和捕捉校园中每一个鲜活的闪光点。在和美新营这座教育乐园中，教师以其特有的新营气质与魅力——和是我流淌的血脉，美是我高雅的气质，已然成为新营最亮丽的校园名片！

和美是一种教育精神——爱与责任。"和美教育"以爱与责任为教育精神引领，让师者之爱与责任渗透校园每一个角落，充盈每一个生命，架起一座通往快乐成长的心灵桥梁。

和美是一种学校品格——和生合力，美怡人心。以"和"生"合"，以"美"怡人，新营在"和美"文化引领下，铸就了"和美"的学校品格。促使教师形成了"诚心、静心、虚心、潜心"的教风。

2. 美于行——专心治学、厚积薄发，筑牢和美之基

"才者，德之资也。"新时代教师要专注于积淀学识素养，在专业领域精耕细作，走特色发展的教师专业成长道路。新营小学依托相约"一三五"校本教研，构建科学完善的教师专业发展体系，形成三专业发

展共同体，让每一位教师共享和美教育智慧，专心治学、厚积薄发，筑牢和美之基。

"相约星期一"班主任工作沙龙——共享和美班级文化以及班级管理金点子，提升班主任德育水平。

"相约星期三"青蓝结对互惠共生——以老带青、以优携优，促进青年教师专业发展。

"相约星期五"骨干示范持续发展——名师讲堂、公开教学，形成和美共生的教研文化磁场，激发教师专业发展飞速攀升。

创设和乐雅美的高效课堂：骨干教师在展示交流中生成着和美教学智慧——和美课堂四环节、和美课堂六策略、和美课堂四特色等，让师生共享和美课堂的丰厚之和、高雅之美。和美课堂"导学四环节"，让学生享受学习之乐。巧妙激趣——产生愿学之乐；创设情境——享受好学之乐；自主合作——享受会学之乐；适度延伸——享受自学之乐。和美课堂"导学六策略"，让老师享受导学之美。细化三维，朴实之美；恰当取舍，简约之美；融洽氛围，和谐之美；以学定教，艺术之美；自主合作，灵动之美；适度延展，丰厚之美。和美课堂四特色：和、乐、雅、美，师生共享诗意人生。

新营教师一路前行，一路成长，在强化自身专业素养的同时，树立良好的和美教师形象，不断丰盈思想、丰厚心灵，形成积极向上、充满正能量的校园风气，享有良好的社会声誉。新营教师由内而外散发的独特气质与别样魅力，已然成为新营小学最亮丽的校园名片。

3.成于思——立足科研、攀升飞跃，疏浚和美之源

"行成于思毁于随。"教师作为立德树人的实践主体，肩负着为党育人、为国造才的重任，更应该扎根教育实践、专注教育科研，立足于自我反思、自我养成、自我修养，做中学、学中思，最终再将所学所思运用到

教育教学实践中，才能形成自身发展螺旋上升的总趋势。学校搭建教师专业阅读与写作平台，丰厚和美教育底蕴。教学日志中，那一个个详尽、精致的教案；教学随笔中，那一个个饱含深情的教育故事；教育典型案例中，那一份份呕心沥血、孜孜不倦的教诲；教育论文中，对教育教学的精到见解和不懈钻研。专业写作，促使教师在思辨中提升理论素养，转向学者型、专家型教师，促进了可持续发展。学校重视教师教育科研能力培养与提升。外出学习，及时更新教育理念，丰富教育思想；课题研究，扎根课堂，促进专业深度发展。新营小学立足科研，引领教师不断攀升飞跃，疏浚和美之源。全校 326 名教师中，有全国、省、市优秀教师、教学能手80 多人，其中省特级教师 1 人、省教学能手 2 人，学校被评为全国文明校园、全国教研先进单位……

　　教师是人类灵魂的工程师，是人类文明的传承者，是打造中华民族这支"梦之队"的筑梦人。大力倡导新时代师德，培养新时代师风，努力建设政治素质过硬、业务能力精湛、育人水平高超的高素质专业化创新型教师团队，办好人民满意的教育，将是新营小学永不停歇的教育追求！

二十一、秉持公平诚信，提升师德水平

西安市临潼区临潼小学校长　李谊

教师师德水平的巩固和提升，是充分发挥教师在决胜全面建成小康社会、建设社会主义现代化强国、落实立德树人根本任务、培养德智体美劳全面发展的社会主义建设者和接班人伟大征程中作用的关键。作为一校之长，对推动教师师德水平的提高，有着不可推卸的责任。笔者有较长时间的小学校长工作经历，对提升教师师德水平有较为深刻的管理体会。在这篇文章里，笔者结合《新时代中小学教师职业行为十项准则》中的"秉持公平诚信"，针对师德巩固与提升这一主题，作以下简要探讨。

1. 秉持公平诚信是唤起教师职业价值感的条件

近十年来，我国中小学教师管理研究大致经历了一个由表面深入肌理、由条块扩向全面、由单一角度走向多元审视的过程；教师管理实践也大致经历了一个由粗放到精细、由外在向内里、由重绩能向绩能德并重转变的过程。举例来说，各地中小学教师管理的具体方式，普遍采用了教师上下班签到打卡、教学绩效考评、学生德育成效评价等方式；再具体一些，就是将教师每学年或每学期的各种工作进行量化，最终将量化得分作为评价教师工作的重要依据。然而，量化评价管理方式的效果如何，最终还是取决于在量化管理的过程中，作为校长的管理者是否严格做到了公平诚信。这并不是说教师管理中出现的不公平不诚信是管理者有意为之，而是说管理过程中秉持的公平诚信因为种种客观原因，没有兼顾到全体教师，没有一竿子插到底，从而导致一些薄弱环节的管理标准模糊不清。笔者任职临潼小学期间，对这一点有清醒而深刻的认识。当时学校也对教师实行了量化管理，其中重要的一条评价标准是按照课时量的多少，对教师进行量化考评。这样问题就来了，音乐、美术等学科本来就课时少，而量化得分最终与绩效工资挂钩，美术和音乐教师的积极性受到了打击。为解决这一问题，笔者当时系统研究了国家、省、市，以及本地的教育政策法规，遵循深入推进素质教育的要求，果断增加了美术、音乐的课时量，同时，也把教师在美术、音乐学生社团的工作计入量化考评，既大幅度加强了素质教育，也有效调动起了美术、音乐教师的积极性。

2. 秉持公平诚信是唤起教师师德自发意识的动力

在上述教师管理实践中，教师之间的计较和怨言没有了，全校教师的职业价值感空前高涨，责任感明显增强，学校的教育教学步入了稳定的良性发展状态。因此，秉持公平诚信唤起了教师的职业价值感，这就为教师师德的巩固和提升打下了基础。此后，全校学科教师之间的协作高效开展，互相配合，互相支持，教师对学生的教育也更加用心。作为管理者，笔者抓住机遇，在全校开展了"国学经典同声诵"活动，鼓励家长带着孩子，来学校和老师一起诵读国学经典。孩子们和爷爷、奶奶、爸爸、妈妈捧着书，同声共读，不时相视而笑；有的孩子第一次身处这样的场面之中，面带稍许羞涩，但那闪着光的眼睛是天真的、清澈的……同时，借助美篇平台和班级微信群，将每次活动情况图文并茂地进行宣传，每期的点击量达到 1 万次左右，影响力逐步形成，外校、外地的学生和家长也加入进来。"国学经典同声诵"活动是利用周末时间义务举办的，刚开始只是少数教师参与进来，活动过程中以及活动后，家长对教师的赞誉及感谢的热情，是一种有温度的鼓励，在这种氛围中，和家长的熟悉，和孩子关系的拉近，都促使教师在教育孩子时，及时主动地和家长沟通，家长、孩子和教师三方共同解决问题，少了很多顾虑，班级管理的障碍也少了很多，看到这个效果，后来全校95%以上的教师都参与了。这些成效的取得，正是因为学校在教师管理中、教师在学生管理中、家长和教师沟通中，都秉持了公平诚信的原则，这个原则带动了家长的信任，使教师的工作更得心应手，激发了教师责任的自觉，从而促进了教师师德的自发提升。

3. 秉持公平诚信是巩固提升教师师德水平的基石

秉持公平诚信唤起教师职业价值感，唤起教师师德意识的自发，然而，秉持公平诚信不是短期工作，而是要长期坚持的原则，这是巩固和提升师德水平的基石。因此，在外在层面上，要将公平诚信贯穿到教师考勤、教学质量评价、德育评价、职称晋升评定等教师管理制度的方方面面，通过制度约束，通过制度引导教师坚守师德底线，在制度束缚促进下提升师德水平。而在内在层面上，规章制度的约束是有限的。著名伦理学家贝克指出："人类需要道德是为了使生活更美好，而不仅仅是增加不必要的限制或约束。"能够让教师的工作和生活更美好的道德，应该是通过师德的提升而完善自我的教育教学实践。通过这种长期实践获得提升的师德，能够唤起教师的内在尊严。内在的尊严树立起来了，秉持公平诚信便会自觉成为教师教育教学和生活中始终坚持的基本原则。《师说》中说："师者，所以传道受业解惑也。"《旧唐书·贾曾传》中说："上行下效，淫俗将成，败国乱人，实由兹起。"把这两句经典名言放在一起，教师传授知识职能和自身师德修养的关系便一目了然。也就是说，书教得再好，师德跟不上，一切都是空谈，甚至是本末倒置。所以说，从外在制度上约束，从职业尊严上内在激发，进而提升师德水平，是一项长期工程，只有不断夯实秉持公平诚信的基石，才是巩固和提升教师师德水平的可以始终坚持的有效途径。

总之，秉持公平诚信是唤起教师职业价值感的条件，是唤起教师师德自发意识的动力，是巩固提升教师师德水平的基石，三者之间的关系是相辅相成、层层递进的，提升教师师德水平，任何一个环节都离不开公平诚信原则，应当在教师管理工作中始终坚持如一。

二十二、廉洁自律

——教师职业道德的时代要求

北京小学翡翠城分校校长　张文凤

　　教师是教育得以发展的最重要的人力资本，师资力量最终决定着教育的水平。教育是最复杂的人的心灵与心灵之间的交流。教学需要通过教师这个媒介才能传递给学生，当教师把自身独特的优势整合于教学中，在与自我、学生、学科的密切联系中彰显生命本质时，才能够发挥出惊人的教育力量，孩子们最终才能获得真正意义上的成长。2018 年，教育部印发《新时代中小学教师职业行为十项准则》（以下简称《中小学准则》），直指教师师德师风问题，不仅明确了新时代教师职业规范，还为此划定了基本底线。里面涉及的十项准则涵盖了教师工作的各个方面，其中第九条坚守廉洁自律，更加体现了时代特征，它是教师专业成长的重要内容。

1. 教师坚守廉洁自律的重要性

（1）时代发展的召唤

　　党的十八大以来，全面推进惩治和预防腐败体系建设成为全党的重大政治任务和全社会的共同责任。我们的社会需要净化，经济的飞速发展使得我们的精神成长有些跟不上了，因此要从一点一滴做起，要从娃娃抓起。培养什么人，是教育的首要问题。我国是中国共产党领导的社会主义国家，这就决定了我们的教育必须把培养社会主义（合格）建设者和（可靠）接班人作为根本任务，这是教育工作的根本任务，也是教育现代化的方向目标。宋朱熹曾说："世路无如贪欲险，几人到此误平生。"对于教师来说，其真实写照应该是一身傲骨，两袖清风，廉以养德，澹以明志，静以修身。教师的廉洁自律对于学生的影响是最直接、最深刻的，学生将来能否立己达人，心胸坦荡，能否肩负起民族振兴大业，教师的影响至关重要。

（2）职业操守的规范

职业本身要求教师师德高尚，为人师表。教师是完美、知性的道德楷模。这应该和长期积淀下来的教师职业特点有关。在中国几千年文明的历史长河中，总体上具有"尊师重教"和"师道尊严"的传统。进入现代社会，人们进一步用"园丁""蜡烛""人类灵魂工程师"等角色来对教师进行定位，这些延传下来的社会定位将教师推到了一个必须严格自律的高度。

教师是用自己的整个"人"在教育影响学生，在知识传授时，在日常话语中，教师都会不自觉地将自己的人生观、价值观传递给学生，对他们施加影响，而这种影响往往更加强大，更加无孔不入，它是在悄无声息中进行的，不为我们觉察，也无法控制、无法量化、无法评价。因此，对于教师的引领除了专业知识，更为重要的是职业道德与个人修养。教师做的是人的工作，十年树木，百年树人，育人具有后置性和反复性，具有细致性和复杂性，因此教师必须不断完善自身，自我约束，倾其全部精力，用教师自身这本教科书，以学识和人格魅力对孩子们的成长施以影响。作为教师，榜样的力量是无穷的，其身教必然重于言教。

2.学校如何落实教师廉洁自律

《中小学准则》明确指出了教师廉洁自律的内容：严于律己，清廉从教；不得索要、收受学生及家长财物或参加由学生及家长付费的宴请、旅游、娱乐休闲等活动，不得向学生推销图书报刊、教辅材料、社会保险或利用家长资源谋取私利。内容非常具体，指向也非常明确。长期以来，广大教师贯彻党的教育方针，教书育人，呕心沥血，默默奉献，为国家发展和民族振兴作出了重大贡献。新时代对广大教师落实立德树人根本任务提出新的更高、更明确的要求，学校应该不折不扣地予以落实。

（1）依法治教

法治化是教育治理现代化的重要体现，必须制度先行，建章立制，规范言行，让教师知道边界，从而确立相同的价值观，形成学校文化，对身在其中的人进行影响与约束。而不是出事了再去找制度，要从人治走向法治，由经验型管理走向现代学校治理。从宏观层面来看，必须通过多渠道宣传国家的相关政策法规，以及教师职业规范要求，将廉洁自律融入到一个大的政策背景之中，让每一位教师知晓；从微观层面来看，因校制宜，将规章制度变为教师的自身要求，变为教师的自我约束和内心渴求，变"要我怎样"为"我要怎样"，这是对教师最大的尊重与信任。《校章》就是学校里的"宪法"，里面所涉及的内容必须全员共同遵守，特别是廉洁从教，它是学校形象与教师形象的基本体现，没有特例可言。子曰："其身正，不令而行；其身不正，虽令不从。"对于学校里的规章制度，每人必须遵守，没有例外。

（2）接受监督

依法治校，必须推进民主建设，完善民主监督。在校内，进一步完善教职工代表大会制度，切实保障教师参与学校民主管理和民主监督的权利，保证教师对学校重大事项决策的知情权和民主参与权，全面实行校务公开制度，学校改革与发展的重大决策、涉及教职工权益的其他事项，及时向教师公布。促进学校的民主进程，使得学校在公开、透明、正确的轨道上办学。在校外，多方联动，从自治走向共治。学校敞开大门，畅通各种渠道让家长走进校门，更多地了解学校、了解教师，促使家长由服务者、教育者逐渐向管理者甚至决策者转变。广泛听取上级主管部门、街道社区的意见建议，接受社会监督，不断完善教师评价制度，在校内营造风清气正的良好生态氛围。

（3）评价导引

《基础教育课程改革纲要（试行）》指出："建立促进教师不断提高的评价体系。强调教师对自己教学行为的分析与反思，建立以教师自评为主，校长、教师、学生、家长共同参与的评价制度，使教师从多种渠道获得信息，不断提高教学水平。"评价是一种导向，它指引着教师向学校希望的方向发展。教师评价的主要目的是通过诊断问题，向教师提供优缺点信息，鼓励其改进，帮助教师不断提高业务素质和专业水平。特别要注意自评，教师是一个自觉度很高的群体，应该唤起他们的自我意识，不断反思自己的言行，追求精进。在评价过程中，善于树立榜样，鼓励先进；同时执法必严，对于违反《中小学准则》的教师，按照《中小学教师违反职业道德行为处理办法》予以处罚，这一点要慎重，一定要调查取证，以理服人、以情感人，防微杜渐，治病救人，不让教师寒心。通过多种举措，让制度密不透风，让教师时刻不忘廉洁自律这一底线要求。

3. 教师廉洁自律的前景展望

《中小学准则》的出台，是为了进一步增强教师的责任感、使命感、荣誉感，规范了教师职业行为，明确师德底线，引导广大教师努力成为有理想信念、有道德情操、有扎实学识、有仁爱之心的好老师，我们要善于在教师心中树立这样的理想信念。它是一种强大的精神力量，一个人如果拥有这样的信念，就会鼓起勇气自觉克服自身的弱点和外界的困扰，朝着既定的目标一步步迈进，无须外界的监控与督促，自主去发展，并让这种状态成为一种习惯。管是为了不管，激发内驱，形成自我约束才是最终目的。廉洁自律，本就是教师自身修养中最关键的体现。

二十三、坚守廉洁自律，彰显师德魅力

海南省陵水黎族自治县北斗小学校长　贾兴丽

众所周知，一个国家的振兴靠的是人才，人才的培养靠的是教育，而教育的发展进步靠的则是教师。如果把教育比作强国的地基，那么教师则是堆砌在一起的基石。一直以来，党和国家都大力倡导尊师重教，教师队伍建设始终是作为最重要、最基础的工作来抓。师德强则教师强，教师强则教育强，教育强则国强。

师德之美，一直是人们心中最动人的风景。古有提出"其身正，不令而行；其身不正，虽令不从"，被世人尊为师圣、桃李满天下的孔子；今有在最危险陡峭的悬崖边拉着孩子们攀登云梯，在最偏僻崎岖的山路上领回失学的学生，苦苦坚守彝寨18年，默默扎根在贫困山区的汉族教师李桂林、陆建芬夫妻；放弃返回田园、安享晚年，选择退休后继续站在教育第一线，为乡村教育奉献余热，19年未向学生收过一分钱补课费的92岁退休教师叶连平……他们用崇高的师德，让教师的形象高高地"矗立"。

对教师，人们有着太多的赞誉："教师是蜡烛""教师是春蚕""教师是铺路石"……社会赋予了教师无数耀眼的光环。站在道德制高点的教师，承载荣耀的同时，也被赋予更高的要求，受到更多的关注。随着社会环境的变化，有偿补课、收受礼金、推销教辅、接受家长宴请等师德师风问题也屡屡发生，不但给教师形象抹了黑，更给社会造成了极坏的影响。新形势新问题，为了使教师言行有操守，教育治理有依据，必须建立相应的制度进行规范。

随着社会的快速发展，师德也被重新定义。教育部2018年11月印发的《新时代中小学教师职业行为十项准则》（以下简称《十项准则》）中，对潜心教书育人、坚持言行雅正、坚守廉洁自律以及规范从教行为等十个方面提出了具有新时代特色的新要求。《十项准则》代表着十条底线，条条具体，句句精准，明确地指出师德和师风的问题，揭示了当代师德师风的现状。随着《十项准则》的颁布，预示着师德师风建设已经有理可循、有规可依。

师德，既要靠学习教育来培养，又要靠规则制度来保证。作为一所少数民族地区的县直属小学，我们用了3年时间实现了由薄弱校崛起到优质校的蜕变，学校也由之前的招不来学生、家长各种指责、社会各种不认可变成现在的生源连年爆满、家长交口称赞、社会好评不断。如此大的变化源于我们首先在师德师风建设方面做到了四个"好"：

一是写好上行下效的文章。有一个好校长，才会有一所好学校。有一个好班子，才会有一支好的教师队伍。在我们的办学过程中，班子看校长，教师看班子。班子成员的品行和能力无时无刻不在影响着每一个教师。要办好一所学校，先要抓好领导班子，领导班子的好坏直接决定着学校的优劣。因此，必须要重视学校领导班子的建设问题，必须加强班子成员的整体素质，为办好教育提供最坚实的基础和保证。因此，在工作中，学校领导班子努力发挥示范引领作用，要求别人做好的自己首先做好，要求别人不做的自己坚决不做，真正起到"上行下效"的正面带动作用。努力做到按章办事讲原则，同心同德有合力。尤其是我们在教师晋级评优、绩效考核以及招生考试等工作中，努力做到公开、透明、公正。在我们的生活中，保持洁身自好和积极健康的生活情趣，把廉洁自律作为自己生活和工作的常态。在师德师风建设中，领导班子严谨的工作态度、规范的从教行为、廉洁的工作作风是对全校教师最好的示范和引领。

二是打造好学校文化。学校文化是植根于师生心中，内化为师生行为的一种精神，它彰显着学校的核心教育价值观。通过学校文化来影响人、发展人、提升人，这是任何一所学校走向优质发展的必由之路。我们针对学校实际，提炼了"幸福"文化，确定了"让每一颗星星熠熠生辉"的办学理念和"仰望星空脚踏实地"的学校精神，同时提出：每一位教师都是学校的形象大使，每一位教师都是学校的一张亮丽名片。我们以师德师风建设为载体，以师生为主体，关注过程，体现人文，引领全体教师在学校文化的熏染下逐步增强职业的成就感、归属感以及幸福感。我们的目的是让教师们知道，"廉洁自律"不仅是对教师这个职业的严格要求，更是我们担负立德树人这个重任所应该具有的最基本的操守。

三是讲好"幸福北斗故事"。我校教师一段时间以来经历了不被尊重、不被认可的难堪阶段，一部分教师责任心、自信心、自尊心缺失，如果不把他们从破罐子破摔的状态中拉出来，师生的进步、学校的发展都将举步维艰。我们要让学校文化的种子在师生们的心中慢慢地生根、发芽、开花、结果，我们便用心营建了"幸福北斗"家园，寻找学校自己的故事，走近热爱教育、关爱学生的教师们，讲好"北斗故事"弘扬"北斗师德"。仅仅3年时间，同样的教师，同样的生源，收获了不一样的质量。讲故事的目的绝不是想要展示成就，而是通过对过去这段历程的记述，进行更深刻的思考，让教师们懂得，只有认认真真求学问、堂堂正正当老师、清清白白做教育，全身心地投入到自己所热爱的工作中，才能够让我们的教师重新去获得来自社会各界的认可、尊重，我们才能够有尊严地工作和生活。本似一潭死水的学校慢慢泛起了涟漪，课堂上老师们的自信、备课时的认真、课后对学生的耐心辅导、假期值班时的坚守岗位、家访时的亲切沟通、经验分享时的几度哽咽、被评为"最美北斗教师"时的激动落泪……他们甘于平凡，安于平淡，日复一日，年复一年，默默耕耘，爱岗敬业，无私奉献，我们用一个个镜头记录下了关于他们的许许多多的感人瞬间。于是，我们有了自己的"北斗故事"，每一个北斗人都在故事里，故事里充满了欢笑与泪水、温暖与感动、执着与努力……每一个北斗人都在续写着北斗故事。

四是评好"最美北斗教师"。学校发展的过程中，面临诸多挑战的同时，也取得了一些成绩，涌现出了很多令人感动的人和令人感动的事。我们认为时机成熟了，于是推出了"最美北斗教师"评选，组织这样的活动旨在从日常的教育教学中去发现真，从师生相处最平凡的细节中去寻找善，从发生在身边的点滴小事中去寻找美，凝心聚力、携手同行。用"最美"诠释着教师平凡中不平凡的那些人那些事。聚焦"师德"，用一个个朴实的小故事述说着教师的"最美"，记录下发生在自己或身边同事身上的优秀、感人的事迹，让高尚的师德师风悄无声息地渗透到每一个教师的心中，在全校形成厚德博学、爱生善教、淡泊名利、敬业奉献的良好职业风尚。同时，学校还通过校刊、微信公众号、为事迹优秀的教师拍摄宣传片等方式方法，大力弘扬教师中先进的人、感人的事，使教师们学有榜样、做有方向，人人争当"四有好老师"。

师德建设是一个永恒的课题。它需要有力度的规范治理，更需要有温度的引领教育，每一位教师都能积极响应，自觉遵守，就是对师德的最好保护；每一位教师都能恪守底线要求，自重自警自律，就是对师德的最好诠释；每一位教师都能用爱和实际行动坚守廉洁自律，就是对师德的最好传承！

二十四、立德立功立言，成就美好教师

河南省郑州师范学院附属小学校长　寇爽

李萍老师是郑州师范学院附属小学一名普普通通的教师，2019年学校师德报告会上，她以《做好自己，无问西东》为题进行的演讲，打动了在场所有人。她像拉家常一样，聊了聊自己的做事态度——勤能补拙、笨鸟先飞；讲了讲自己的人生信条——踏实做事，规矩做人。李萍老师平实的话语，让每个人发自内心地为之感动——从教28年，从没迟到过一次，更没早离开学校一回，不为别的，就因为自己是一名老师……

李老师是郑师附小教师的优秀代表，也是学校教师团队的缩影。在梳理学校教育价值观时，老师们不约而同地投了"立己达人"一票——这体现了附小教师的道德自觉。

1. 立德：确立正确的教育价值取向

苏霍姆林斯基在《论德育和全面发展》一书中指出，学校教育应该由德、智、体、美、劳五部分组成。其中，"德"是主导因素，起着决定性作用。德，更应该首先是师德。

（1）建立师德报告会制度，榜样引领

李老师在师德报告会上的演讲，让大家记忆犹新。附小建立的师德报告会制度，就是要引导老师发现身边的师德楷模，从而激励更多的教师，在平凡中成就伟大。参加完首届师德报告会，一位刚入职的青年老师激动地表示，身边的优秀教师给了她前进的方向与动力，不必从书中寻找榜样，今后她就要向身边榜样学习，学做人、做事、做学问，让自己无愧于作为优秀教师团队中的一员。

（2）开展向教育家学习活动，培植厚德

向教育家学习系列活动，是附小师德建设的又一举措。阅读教育专著，学习名师们的教育哲学和智慧，从而造就精业尚研、追求卓越的教师队伍。苏霍姆林斯基、赞可夫、陶行知等教育家的思想，通过学习活动入脑入心，悄然改变着老师们的理念与行为。专业阅读，营造了学术氛围，提升了教师理论和实践水平，所读所思所悟所得，有效改进了老师们的教学实践——读书的是老师，受益的是孩子。

（3）制定教师行为规范，制度保障

学校制定了《郑师附小教师形象标准》，对教师的言行、着装、校园行为进行规范，出台了《郑师附小教师行为规范》，明确了备课、上课、辅导等教学环节的基本要求。积极建立现代学校治理体系，职称评聘、薪级晋升、绩效考核等热点问题的工作方案都采用广泛征求意见、民主评议的方式，提交教代会审核通过。学校不是校长的学校，附小是每一位附小教师的附小，这极大地激励了教职员工的内生动力，而规范从教成了每一位教师的自觉行为。

2. 立功：建立教师梯级晋升机制

在附小教师看来，精湛的专业能力也是师德。附小教师专业成长机制助力更多教师实现专业发展。

（1）与绩效考核挂钩，健全机制

学校重新架构职能部门，设置教师发展中心，为促进教师的专业成长凝神聚力。2019 年 9 月初，学校开始采集每位教师《个人专业发展基本信息》的业务清单，建立教师个人专业成长档案，明晰教师业务现状，合理构建梯级教师团队。以专家型教师、骨干教师、提升教师、达标教师四层级划分，针对不同层级教师制定相应的教科研标准，提供培训进修机会，形成层级晋升机制，并对每一位教师的成长情况纳入绩效考核。

（2）构建"四课研讨"机制，助力成长

"四课"，即省市名师每期一节引领课，省市骨干教师每期一节示范课，提升教师每期一节研究课，任教 5 年内的青年教师每人一节达标课。以注重实效、与时俱进为原则，结合学科特点和教育发展状况，在不断完善"四课"活动的内容要求和实施程序的动态管理中，使"四课"活动在促进教师专业发展方面发挥更大作用。2019 年 3 月和 11 月，教育部领航工程寇爽名校长工作室、郑州市寇爽校长工作室举行名师引领研修活动。围绕"基于核心素养的习作教学"等主题开展研讨，呈现了附小"三好·生"课程下"学本课堂"的真实样态，引发教师们以专业的精神引领学生，让真实的学习发生。8 位骨干教师以示范课为切入点，关注课堂，分享智慧，在基于标准的教学设计下，以目标的达成为教研点，努力呈现以学定教的课堂理念，以示范带动作用促进各层级教师专业发展。

（3）成立教育研究共同体，专业引领

2019 年 11 月 25 日，郑师附小教育研究共同体正式成立，郑州师范学院的 4 名博士受聘成为附小的科研导师。学校所有课题按照研究领域和导师的研究专长，建立导师和研究团队的"一对一"对接。每月一次的科研日，在导师的指导下，老师们的研究有序开展，方法更专业，研究更有效。此外，还建立了附小教师科学研究发表机制，定期举行科研成果的校内发布，不断提升教师的科研意识和研究能力。

（4）定期进行问卷调查，多方督导

附小"家校协同育人委员会"，定期对学校的教学常规进行督导，以便及时发现问题，不断进行改善和提升。每年6月，学校都会举行由家长和学生参与的"师德千人评"活动。学校不走过场，对回收的评价表进行认真的统计分析，对后续的问题改进进行长期追踪和反馈。学校还定期进行问卷调查，对教师的规范从教行为进行多维度、全方位的了解和科学分析。

3. 立言：成就教师的专业发展

郑师附小教育研究共同体的成立，为教师素质提升提供了更为专业和有针对性的指导。科研导师制、梯级成长机制，有效激活了教师成长内驱力。2020年，学校晋升高级职称教师人数同比增加44%；90%教师参加各级各类培训，省市骨干教师人数同比增加26%；连续5年承接"国培计划"进名校活动，学校语文、数学学科近70%的老师进行课堂教学展示。2019年，学校被河南省教育厅命名为小学教师研究基地；2020年被河南省教育厅命名为第一批国培基地，也是郑州市唯一入选的小学。

教师这个职业，从诞生那天起，就通过生命对生命的成就，让一座彰显着职业神圣的丰碑矗立在世间。在郑师附小，正是这座无形的丰碑，引领着一代又一代教师，建立起正确的职业认知，用无愧于神圣的从教行为，在帮助孩子成长、成人、成才的过程中，立德、立功、立言，让职业生命在平凡中走向伟大。

二十五、常抓常新，持续推进师德建设

浙江省临海市哲商小学校长　程誉技

习近平总书记对教师队伍建设非常重视，曾指出"百年大计，教育为本；教育大计，教师为本"。教书育人，为人师表，是教师的神圣职责。教师工作的对象是成长中的少年儿童，工作的特殊性对教师的师德修养提出了更高的要求。师德建设一般要历经道德认识、道德情感、道德意志、道德行为，以致循环往复的过程，是一项长期的工程。我们不能奢望一蹴而就，也不能企图一劳永逸。切实加强师德建设，必须持续推进，常抓常新，抓出实效、长效。本文结合笔者所在学校创建省级劳模集体的实践，分以下四个方面展开阐述。

1.氛围营造，潜移默化

环境造就人。良好的环境氛围能起到潜移默化、潜心入行的育人作用。加强师德建设离不开积极向上氛围的营造。笔者所在的浙江省临海市哲商小学，历来重视环境育人。学校在门厅、过道及教师办公室、会议室等处，布置"教师职业道德规范"及学校"教师精神""师风要求""爱生公约""优秀教师事迹及近期教师荣誉播报"等栏目，近年又增加了"社会主义核心价值观"、总书记的"四有好老师"和"四个引路人"指示、"教师职业行为十项准则"，以及学校的"教师礼仪常规""全校教师风采专栏"等内容。

同时，积极发挥校长的宣传、引领作用。校长注意利用每周的教师周前会议等途径，及时传达相关文件精神，强调师德底线要求，倡导优良师德师风。还经常把校长日常校园视导中发现的那些体现良好师德的人和事，在会上加以肯定、宣传，同时对应引以为鉴的苗头性问题及时指出，防微杜渐。

每半月一次，学校定期开展"哲商论坛""哲商精神大讲台"活动，开设"名师有约""静待花开""夸夸身边的人和事"等专场，让名师、青年新秀教师或言传身教，或感悟分享，让老师们寻找、颂扬身边优良师德的"闪光点"。

2. 团队共建，携手前行

团队整体的力量大于个体相加之和。动车的速度比原先的普通火车要快得多，主要原因是动车由一个个自带动力的动车组组成。动车在车头的牵引下，各个动车组齐心加速，整列动车就飞也似的跑了起来。

学校的党、政、工、团及关工委等组织，是学校落实教师团队管理的主要力量，应在学校党政的统一领导下团结协作，共同发力，充分发挥各自在师德建设中的重要作用。

年级学科组是学校实施教育教学工作的基层组织，也是发挥团队作用，加强师德建设的重要单元。在全校教师"哲商大家庭"的整体观念之下，我们将同一年级各学科的教师作为一个团队整体来对待，强化了对年级科组的团队捆绑式管理。每年市里对毕业班学生的教学质量测评成绩，都是各学校、家长和社会十分关注的焦点。学校对教师教学质量的评价，不再只是看教师个体所教学科和班级的成绩，而是主要看全年级各学科各班的总体成绩。这样一来，教师们的团队意识增强了，不再只是盯着自己任教的学科和班级，转而在你追我赶的同时，乐于互帮互助、优势互补、资源共享、共同进步。这就保证了学校的教学质量勇立潮头。近年来，学校还把教师的师德表现、专业发展、身心健康及文明办公室建设等，也列入年级科组的捆绑考核，开展了全校教师"幸福科组"创建活动，并将创建考核结果作为年终奖金发放的重要依据。学校年级科组的"动车组效应"得到了激发，较好地形成了为了全组的共同目标，组内教师好人好事有人夸，不良现象有人管，同舟共济齐向前的良好风气。

3. 榜样示范，以点带面

榜样的力量是无穷的。无论是对学生，还是对教师都是非常需要的。学校要通过报告会、讨论会及故事分享会等生动有效的形式，大力宣传各类先锋模范人物的事迹，尤其要宣传好于漪、黄大年、张丽丽、陈立群等新时代教师楷模。同时要更多地发掘本校教师身边的先进典型，让榜样看得见、摸得着，更可学。早在 20 多年前，笔者所在的哲商小学就组织开展过"远学孔繁森，近学金庆建，身边学习王金兰"的活动，其中的王金兰就是本校教师中敬业爱生、无私奉献的杰出代表，曾被评为浙江省特级教师、省劳动模范，并获国务院政府特殊津贴等。虽然时间已经过去很久，王老师也退休多年，但学校开展学习身边榜样王金兰老师的活动一直坚持到今天。每当学校新进教师，或新办分校（校区），第一次的教师培训，往往都是请王老师来上第一课；每逢一年一度的学校教代会、暑期的师德专题培训等重要活动，王老师也是应邀到会的座上宾；学校在上级领导的支持下，为退休后的王老师在校内设立了名师工作室。王老师师范毕业就留在当时还是附小的哲商工作，把一辈子都献给了学校和孩子们。她的高风亮节深受全校教师的敬仰和爱戴，身边的榜样影响深远。

当然，学校还注意通过与中青年教师结对带徒、名师论坛等多种形式，发挥本校其他特级教师、名师的榜样示范作用。

普通群众看领导，领导班子看"班长"。学校领导就是教师身边的无形榜样，而校长是教师群体中的核心人物，更是他们心中的标杆。校长作为"班长"，要十分重视班子的作风建设，更要率先垂范，敢于喊出"向我看齐"，并身体力行。

4. 制度建设，常抓常新

师德师风是社会风气的组成部分，跟社会风气紧密相连。学校育人氛围处在发展变化之中，师德建设永远在路上，需要长期坚持并不断创新。而抓好制度建设，则是求得长效的重要保证。

在笔者所在校，有一项"哲商新人教育"制度。无论是新生入学，还是新教师分配（调入），都要接受新人教育。教师的新人教育内容有三：一是了解杨哲商烈士事迹和学校传统文化；二是校纪校规及师德要求学习；三是与哲商名优教师结对一年以上，跟岗学习其师德师能。近年来，学校还完善了教师"荣休欢送"制度。一般在每年寒假之前，学校为当年退休的教师举行简朴而又隆重的荣休仪式。活动要求全校教师参加，请退休老师作教师生涯小结，并对青年教师提出希望。同时安排一名校领导（或校长本人）及一名徒弟（或同组的年轻教师）讲话，校领导侧重总结、肯定老教师的优良师德表现和可喜可贺的教学能力及出色业绩，徒弟或年轻教师则主要谈自己学习所得、感激之情和今后的工作计划等。

多年来，哲商小学为确保师德建设取得长效，建立了一系列规章制度，并在实践中不断改进完善。如上述提到的教师"新人教育""荣休仪式""哲商论坛""爱生公约""礼仪常规""学校领导干部自律准则"，以及"幸福科组"创建、师德专题培训与专项考评等制度；近年来，学校除了按上级要求组织各级名师、优秀教师、优秀班主任、教坛新秀等评选推荐外，还建立了本校每年一次的"尽心尽职哲商师表人物"评选表彰、每两年一次的"感动哲商十大人物和事件"评选表彰制度，且参照央视"感动中国人物"的推选表彰方式，组织隆重感人的表彰活动，给受表彰者和所有与会教职工留下了深刻的印象。在目前公办学校难以拉开不同教师经济待遇差距的背景下，学校研制和实施重在精神鼓励为主的相关机制，较好地调动了教师工作的积极性，有效推进了师德师风建设。

优良的师德师风建设，让校园始终散发着满满的正能量，这对全体教职工起到了思想浸润、行动感召、潜移默化的积极作用。从而也推动了学校各项工作的创优创新，百年哲商文明之树常绿常新，在荣获省级文明单位之后，又被省人民政府授予浙江省劳模集体称号。

二十六、规范从教行为，促进学生全面发展

山东省济南高新区丰奥嘉园小学校长　王希锋

所谓的"规范"，即约定俗成或明文规定的行为标准。我国著名教育家陶行知先生有言："学高为师，身正为范。"教师作为一种对职业有较高要求的行业，对于其规范从教既有行业上的标准要求，更有道德上的职业约束。规范教师从教行为，对推行素质教育，促进学生全面发展有着重要作用。

从学校管理层来看，"规范从教行为"即建立从教标准，并通过约束使行为合乎规范。也就是说实现规范从教，一是要有标准；二是要有推动执行标准的过程。济南高新区丰奥嘉园小学依据《教育部关于当前加强中小学管理规范办学行为的指导意见》等相关国家文件精神，制定了《丰奥嘉园小学教职工千分制考核办法》，从师德建设、德育工作、教学管理、教师专业发展、安全工作、教师奖惩、教师考勤等方面规范教师从教行为。这就从学校制度层面上让教师从教有规可循，同时也纳入学校日常管理，每月对教职工进行考核，约束和督促其执行从教标准。其主要措施有以下几个方面。

1. 严格规范学校教育教学活动

学校严格执行国家、省、市规定的课程方案、课程计划，严格按照规定开齐课程、开足课时，坚决纠正任何违背教育规律的现象。注重学生的全面发展，任何科任老师不得以任何理由挤占音体美、综合实践等活动时间；严格按照课程标准要求教学，不随意提高或降低教学难度；严格按照教学计划把握进度，不随意提前结束和搞突击教学等。

为此，学校专门在教师考核方案的基础上，补充制定了《丰奥嘉园小学教学事故鉴定办法》，对于教职工的违反规定的行为予以校内通报、取消评优评先等处罚，确保了学校教育教学活动的规范。

2. 实行"书包减重、作业减负、课堂增效"

目前，学生作业负担较重，课内、课外时间被形形色色的教辅材料支配的情况较为突出。如何在切实减轻学生课业负担的基础上，保证教育教学质量是我们重点思考的问题。

而每当我看到小学生还未长成的身躯背着重重的书包佝偻着前行的步伐，内心总是十分沉痛。6—12岁正是青少年健康成长的关键时期，肩上却背着与其年龄不相符的重担。因此，在办学过程中"书包减重、作业减负"尤为重要。针对学生年段、身心发展规律特点，学校为每一名学生量身定制了专属小书包，采用轻质柔软的帆布面料，取代原有的追求高大上的沉重书包，手拎即可。同时，学校制定了各个年级学生上放学的书包重量，并有定期抽查。这就要求各科老师在布置作业时，相互协调，考虑到学生的实际情况，减少学生课业负担。

在"书包减重"的基础上，如何布置有针对性的训练，增强学生学习效果，也是一项需要研究的课题。为此，学校组织骨干教师，制定了切实可行的《丰奥嘉园小学作业布置与批改意见》，从作业种类、作业数量、作业预计完成时间等各方面，为一线老师提出了要求，引导老师规范布置作业，切实减轻学生负担。

同时，学校严禁任何教职工以任何行为向学生及其家长推荐和引导购买教辅材料。现如今，我们的老师都有着较高的学识水平，不能被教辅材料牵着走。学校组织教研团队，针对我校学生的知识掌握情况，自编题组，既有针对性，又不做重复练习。

"书包减重、作业减负"，也倒逼着老师钻研教学，提升个人教育教学水平。将较重的学业负担减下来，让学生拥有更多的自由空间，更多地自己支配、自主学习、全面发展。

3. 加强团队教研，确保执教正确性

规范从教行为，必须确保教职工执教的正确性，而加强团队教研是达成这一目的的最有效途径。我校从制度上打破以往的以教师个体进行考评的方式，取而代之的是以团队为主体的捆绑考核，从学校层面鼓励老师摒弃以往的单打独斗容易出错的方式，采取在团队中教研提升教育教学水平。

每天中午和下午学生放学离校后，老师们不是在办公室里休息，而是分学科来到备课室进行集中研讨，或是针对近期教学中遇到的难点疑点，或是针对某一教学课题进行深入探究。在团队教研的集体风暴中，提升教师的教育教学能力，从而也确保了老师教学的准确性。

4. 加强安全从教管理，创建和谐校园

教学绝不仅仅是教授知识，加强安全从教管理也是极其重要的事情。一是制定了《丰奥嘉园小学上下课交接班制度》，要求任课教师提前三分

钟到教室候课，铃响上课；下课后，必须等下节课老师到位后方可离开，有效确保了学生安全。二是开通上放学通道，确保学校家长手把手交接。针对学校原有一个大门上放学混乱的情况，利用学校围墙开出 5 个校门，实施措施上放学：每个年级放学时，一个班级一个门，学生在门里，家长在门外，采用人脸识别系统，家长学生匹配后方可离校，确保了学生安全，落实了教育部关于 10 岁以下学生实行家校手把手交接的要求。三是实行从教安全一票否决制。教职工如果因自身从教不规范，发生教学安全事故，采取一票否决，取消其评优评先资格，并予以通报批评。

坚持依法治教，规范从教行为，促进学生全面发展，责任重大，意义深远，需要长期坚持，深入探索。把规范从教行为，放在实施素质教育突出位置来抓，进一步提升管理水平，优化育人环境，提升教育质量，努力办人民满意的学校。

二十七、素养丰盈统整师德养成

长沙市雨花区枫树山大桥小学　张洪波

教师是指向灵魂的工作者，哪怕不同时代、不同区域，她（他）们却总是走在文明发展的前列。当教师全身心地投入到教育活动中，教师的价值感、幸福感乃至生命的意义往往融入教育活动中，使教师工作具有超越其他行业的情感依赖。

在快速发展物质条件以及物质生产能力进一步解放并发展人的大脑与身心的时代，探求教师素养的丰盈，以最适恰的方式统整师生全面发展，促进师德养成，对教师的自我实现和学生的成长具有重要意义。

1. 爱的教育丰盈师者初心

师者，是那个牵着孩子走过一段路，又松开手指引孩子们继续前行的人。无论脚下的路走了多远，无论前面的路还有多长，在心的讲台上，老师的名字总是被写得很大、很大，成为孩子心中无法替代的一盏明灯。

苏霍姆林斯基当校长的时候，有这么一个故事：春天的校园里，开出了一朵硕大的玫瑰花，每天都有许多学生来看。这天早晨，他看到幼儿园里一个4岁的小女孩在花园里摘下了那朵玫瑰花。"孩子，你为什么要摘下这朵花？能告诉我吗？"小女孩羞怯地说："奶奶生病了，我告诉她学校里有一朵大玫瑰花，奶奶有点不信，我现在摘下来送给她看，她一定会开心的，看过了我就把花送回来。"苏霍姆林斯基的心颤动了，在花房里又摘下了两朵大玫瑰花，对孩子说："这一朵是奖给你的，你是一个懂得爱的孩子；这一朵是送给你奶奶的，感谢她养育了你这样好的孩子。"

教师，匠心匠人，是一份职业，更是一份融进民族血脉中的传承。教师要用"爱"写好"初心"二字。教师的理想信念、道德情操、扎实学识、仁爱之心是孩子成长的风向标，影响着孩子的为人处世、人生态度。每个初入象牙塔的青涩教师，其实都具有较强的可塑性，我们如何能做好学生成长、成才、成功的导师，关键在于我们是否始终有耐心、有信心、有爱心，善于从细小的事情上身体力行地对学生进行爱的教育，丰盈师者初心。

当我们从选择从事教师行业时，就意味着这一生必定是奉献多于索取，许多琐碎、反复、细致的工作需要背后默默的付出。可当看到学生不断进步，学有所成时，当自己的劳动被学生、家长、学校、社会认可时，我们所付出的一切都显得那么值得！因此，我们要勤于种下温暖的种子，努力把"太阳底下最光辉的事业"做得更好。

2. 实践体验丰盈师风水平

教育实践是师德养成的根基，师者初心需要逐步涵养，只有积极参与具体的实践活动，才能得到相应的情感体验，并与其他教师个体或群体交流互动，进而在教育教学中反思自己，最后才能切实提升师风水平。

（1）求学

教师的本职工作是"教书育人"，要教好书必先读好书。首先是读好孩子们的书，只有这样，教师和学生才有对话的可能。然后是读好教育名著，读孔子，读陶行知，再读杜威，读苏霍姆林斯基……能否抵御外在的喧嚣、抛却过度的物欲，以一种读经典的平静之心面对书籍，这是我们能否真正涵养师德的前提，淡泊得以明志，宁静方能致远。

（2）求教

三人行，必有我师。在生命探问下的师德养成，应更多地鼓励教师加强和不同经历、不同职业的人打交道的能力，从而将对提升师德水平的"善"从理论引向实践。向身边优秀的同行、同事谦虚请教，研磨优秀的师德案例，学习优秀教师在处理教育教学难题时的有效方式，从而结合自身教育教学中的实际情况，通过模仿，再塑造，形成个人教育风格和师德品质。

（3）求思

著名教育家杜威曾说："教师应当对实践进行反思，将教学看作是一种反思性的学术实践，通过反思实践来改进教学，做'反思型实践者'"。如当孩子产生学习倦怠时，教师不应简单地把这种心理现象归结于学困生问题，如果教师能够及时思考，抽空电话或登门给予他们真诚的关怀与安慰，就能使孩子疲惫的心灵激起暖流，获得鼓舞。通过思考深化自身对师德的理解和认识，对具体问题身体力行并创新，利于师风水平的全面提高。

3. 内修外治丰盈师德文化

良好师德文化的形成，绝非一朝一夕。师德文化建设过程是综合的、全面的、持久的。教师要时刻怀揣着家国情怀的责任，保持恒定的审美和价值取向，以更多的担当精神，维护清朗、健康、生机勃勃的精神家园。《新时代中小学教师职业行为十项准则》对广大教师的职业素养提升提出了全面的要求，我们需要从"仪式"走向"深入"。师德的培育也应由单纯依靠道德规范转变到以尊重教师的主体需求、发挥教师的主体作用、满足教师的自我实现为出发点，完善师德培育的领导机制，积极推进学校师德建设。

师德文化不仅是教师个人问题，也是教师群体问题。从微观层面的情感互动和教师的情感体验，到中观层面学校文化、组织制度的影响机制，再到宏观层面社会、文化的变迁对师德养成的影响，教师自觉守法是师德建设的基础。学校要经常组织教师认真学习《中华人民共和国教师法》、《中华人民共和国教育法》和《中华人民共和国未成年人保护法》，研究法律法规赋予学校、教师、学生、家长及社会的权利和义务，潜移默化地为师德养成创造良好的外部氛围，提供更深沉、更持久的精神源泉。此外，还可创建合理的学校制度文化，配套相应的激励回馈，立足于传统的教学业绩评价之外，有更多元的评价维度，形成一张严密的"过滤网"，让"好老师"有"好着落"，让优秀教师有获得感，勤学重教，求实创新。

走上三尺讲台，教书育人；走下三尺讲台，为人师表。教师是文化与文明的传播者和建设者，更是无数孩子道德品行的传递者。因此，教师必须将"德"字长存心中，以德垂范。用爱丰盈初心，实践体验，化教育如春雨润物，浸润学生的成长之路。内修外治，素养丰盈，统整师德养成，让孩子和你我都成为更好的自己！

第 三 部 分

校长在师德建设中的引领作用

一、校长引领教师进入师德三重境界

浙江省杭州市学军小学校长　张军林

"师也者，教之以事而喻诸德者也。"作为承担着"传道授业解惑"重要使命的人民教师，只有具备高尚的道德情操和人格魅力，才能使学生"亲其师而信其道"。师者，范也，教师在学生心目中是非常神圣的，尤其是中小学教师，老师的一言一行都可能对孩子一生的成长产生重大的影响。因此，在学校管理中，师德建设显得尤为重要。

校长是教师的教师，是学校的"领头羊"，校长对师德的认识以及行动对一所学校师德建设的影响是很大的。校长对学校的领导首先是思想上的领导，校长对师德的认识以及价值引领，决定了学校师德建设的走向和高度。

理想的师德高度是什么？南京师范大学杨启亮教授在一次演讲中提到，教师职业道德发展有三重境界：规范境界、良心境界和幸福境界，教师应当努力从规范、良心层面向幸福境界去努力，最终实现自己幸福的人生。那么，针对师德的三重境界，校长在学校要倡导什么样的价值观？校长在管理过程中又可以有什么作为？

1.规范境界：扎牢制度笼子，守住行业底线

"规范"，按字面意思去理解，就是规矩＋示范。首先，教师作为一个行业，有这个行业的规矩，这个规矩是明确的、硬性的，是教师必须遵守的、不可逾越的，譬如体罚和变相体罚问题，这就是底线，踩了这条底线，就是要受到惩罚的。其次，教师作为一个特殊的行业，承担着为党育人、为国育才的重要使命，师德水平仅仅停留在底线层面是不够的，还要努力向示范层面靠拢。譬如灾难来临，一般人凭本能自己先逃生，而教师不能当"范跑跑"，还有保护学生的职责。

在学校师德建设过程中，校长要很好地把握好"规范"这个度，要在规矩和示范之间找到一个平衡点。规矩是刚性的、强制性的，是约定俗成的，是可考核的，校长要牵头制定和完善学校规章制度，组织教职员工充分学习讨论，要求每位教师都要遵守底线，不踩红线，严禁触碰师德"高压线"，对违背师德底线的，要视情况进行批评教育，直至严厉处罚。而示范是隐性的，是自觉性的，是更高追求的，是无法量化的，对这样的要求，校长要在各种场合鼓励倡导，让更多的老师有这样的追求和做法，但不能作为强制性的和普遍性的。对师德示范好的教师，要及时宣传表扬；对没有做到或暂时做不到的，也要理解。我们现在很多学校把特级教师、优秀教师的要求作为统一的标准，把"天花板"当成了"地板"，往往会令多数教师反感，效果反而适得其反。一所好的学校，是牢牢守住师德底线，并引导鼓励更多的教师有更高的追求。

2.良心境界：相信教师善良，强调职业自律

"良心"，顾名思义，善良的心地。一个人心地善良，内心柔软，就不会去做坏事，做错事了也会心怀内疚，想办法弥补，不然"良心上过不

去"。子曰："吾日三省吾身。"教师工作是拷问良心的工作。和规范不同，良心是内在的规定，是自觉的道德需求，是教师自我的评价。教师是一份良心活，当我们面对一个个可爱的生命的时候，我们的一言一行、所作所为都要对得起自己的良心。我始终认为，教师的核心素养中一定要有善良，我也愿意相信，我们的老师都是善良的。很多人愿意把老师比作妈妈（或爸爸），那就是因为我们老师和妈妈（或爸爸）一样，我们的出发点都是为孩子好，师爱和母爱（或父爱）一样，都是无私的。

教师的工作，相对独立自由，无论备课、上课、批改、辅导、评价，自主空间比较大。教师的工作，又有很大的创造性，很难用统一的标准去衡量考核。教师上课时，关起教室门，"我的地盘我做主"。因此，校长不要和老师去算"细账"，要算"总账"。在评价教师的过程中，要标准多元，"算得模糊点"。好教师的标准是多元的，教学质量高的教师是好教师，公开课上得精彩的教师是好教师，论文写得漂亮的教师是好教师，考核成绩一般、论文不怎么发表但深受孩子家长欢迎的教师也是好教师。当然，多元评价标准是有前提的，那就是爱学生，而且应当是无差别地爱每一位学生，好教师要努力做到"有教无类"。

学军小学的校训是"自律自由自觉"，就是相信老师们是善良的，就是要强调教师的职业自律。在学军小学，有一位老教师，30多年从未请过一天假，她说："一想到班级有40多位孩子在等着我，我就不能不来上班。有时身体有点不舒服，上好课再去医院。"这就是良心，这就是高尚的师德。我们很多青年教师，把结婚的日子选在寒暑假或节假日，一天婚假也没请，"我在度假，孩子们请其他老师代课，心里过不去"。这也是良心，这也是高尚的师德。

3. 幸福境界：关爱教师发展，成就事业理想

和规范、良心有所不同，我们很难给"幸福"下一个定义，因为每个

人对幸福的理解都不一样。幸福是精神层面的人的内心感受。有的教师因为评上了高级职称感到很幸福，有的教师因为孩子们考上了理想的学校感到很幸福，有的教师因为特殊的孩子有进步感到很幸福。当然，幸福也有共同点，那就是合理需求的满足。从马斯洛需求层次理论来说，人的欲望是无限的，但人的需求是有限的，而且必须得到满足才会感到幸福。

教师不仅是规范的职业、良心的职业，还是心灵的事业、幸福的事业。教师的幸福不仅体现在学生的成长和成功，更应该来源于自己的成长和满足。教育最大的功德在于成全，教师成全学生，学生成全教师，教师和学生发展了，学校也就发展了。但在很多师德培训的场合，校长往往会列举这样的案例：为了学生，父母手术不去陪、孩子生病不去管、挂着吊瓶在上课……这样的例子固然值得尊敬，应当表扬，但学校不应该去倡导。爱人先爱己，爱家人和爱学生我觉得是不矛盾的，是可以兼得的，如果一定要悲惨可怜，才能评为优秀、获得先进，那这样的优秀、先进宁愿不要。"春蚕到死丝方尽，蜡炬成灰泪始干"，有人把教师比作春蚕、红烛，但我更愿意把教师比作园丁，在辛勤耕耘的同时收获累累的果实。

因此，校长在学校管理过程中不仅要关注学生的成长，更要关注教师的幸福，这个关注是全方位的。学校既要关注教师的专业发展，也要关注教师的生活状态，校长自己也应该成为教师和学生的表率。一位教师，几十年在学校工作，把生命中最美好、最宝贵的青春献给了教育，他们应该在教育生涯中获得幸福。理想的教育，应该是学校在学生成长、教师发展中造就辉煌业绩，教师在学校发展、学生成长中成就灿烂人生，师生彼此陪伴，相互成全。学军小学提出"让儿童成为幸福的儿童"，儿童的幸福离不开教师的幸福。要培养幸福的孩子，教师首先要努力成为幸福的教师。对幸福的教师来说，教育不是牺牲，而是辛勤付出后的享受；教学不是机械重复，而是一次又一次的创造；教师不仅是谋生的职业，更是我们终身追求的理想和事业。

二、校长，学校师德建设的一面镜子

广东省广州市番禺区市桥中心小学校长　柯中明

落实立德树人根本任务，大力实施素质教育，培养德智体美劳全面发展的社会主义建设者和接班人是学校履职尽责的根本所在。完成这一根本任务，其核心就是提升学校的整体办学实力，办人民满意的教育。学校的办学质量，学校的核心竞争力在于有一支德才兼备的优秀教师队伍。这支队伍是决定学校发展与改革的原动力，这支队伍决定着学校整体的精神追求与价值取向，这支队伍直接决定着学校校风，这支队伍直接决定着学校的文化。这支队伍的战斗力的核心就是良好的师德师风。因此，校长的工作重点就是抓师德师风建设。

1. 校长，学校师德建设的一面镜子

校长在学校师德建设中处于非常重要的核心地位，正如苏联教育家苏霍姆林斯基曾经说过的："一个好校长，就是一所好学校"。一所好学校，必然拥有一位好校长；一所好学校，必然拥有一群好教师；一群好教师，最终能造就一所好学校。好学校、好教师、好校长这三者之间，校长处于关键位置。俗话说"兵熊熊一个，将熊熊一窝""一将无能，累死千军"，

对于一所学校而言，这些都深刻地说明了一个好校长对于整个学校教师队伍的水平是多么的重要。从这个意义上讲，有什么样的校长，就有什么样的教师；有什么样的教师，就有什么样的学校；有什么样的学校，就会有什么样的学生。因此，在师德师风建设的过程中，一定要抓住校长这个核心。

校长，就是学校师德建设的一面镜子。这面镜子折射了校长的办学思想，也折射了校长本人的师德水平。从学校管理的角度来讲，师德建设不但是对教师而言的，也是对校长本人而言的。没有校长的良好师德水平，就无从谈起教师的良好师德了。

2. 校长，成为学校师德建设的一面怎样的镜子

既然校长在学校师德建设中有如此重要的引领性和示范性，那么校长具备什么样的行为才能做好这面镜子呢？我个人觉得要具备以下五个方面的素养：首先是口吐莲花，校长要加强语言修养，对师生要讲亲切的话，要讲文明的话，要讲温暖人心启迪智慧的话。第二就是手写美文，校长要加强文字表达能力的提升，其文字背后应该蕴含美的追求，营造美的氛围。第三就是行有端正，校长要有言行一致，举止立得正行得端，仪表、风度、举止亲切而沉稳。第四就是心怀爱心，校长要有一颗爱生之心，对待学生要像对待自己的孩子一样，爱得深沉，爱得理智，爱得智慧，用爱去育爱。第五就是品涵儒雅，校长要有优雅儒雅的气质，这种气质的背后是校长深厚的学识、儒雅的气度、坚定的意志和高远的理想。校长的师德体现在言行之中，体现在管理的细节之中，体现在学校的文化之中，有了优美的语言，有了端庄的行为，有了亲切的姿态，有了美好的心灵，有了儒雅的气质，校长就能引领教师，就能改变教师，就能成为全体教师心中的楷模。这个楷模，能让教师发现自己的优点，也能发现自己的不足，就如同一面镜子。

3.校长，如何成为学校师德建设的一面好镜子

校长除了加强自身师德修养，为全体教师树立良好的个人形象和学习榜样以外，最关键的就是在学校里形成师德师风建设的良好机制，让全体教师在这样的一个机制当中，从他律走向自律，从被动走向自觉。这样一个良好的机制要从以下五个方面入手。

第一要点亮引航灯——建立师德模范群英谱。树立良好的师德楷模，为广大教师点亮引航灯，找到学习的方向和目标，找到前行的动力和信心。"学为人师，行为世范"在师德楷模的言行之中，"理想信念、道德情操、扎实学识、仁爱之心"也在师德楷模的言行之中。这种楷模是教师学习的榜样，这种楷模是陶行知、徐特立、苏霍姆林斯基等前辈，这种楷模是于漪、卫兴华、高铭暄这三位人民教育家，这种楷模还应该是我们身边的同事。这种同事，在平常的日常工作中，用自己平凡的工作书写"教书育人"事业的不平凡。这种楷模，离教师最近，让教师感觉最真实，他们身上所散发的力量更强大。

第二要画好同心圆——建立共治共修共同体。师德师风建设是教师个人行为，也是学校教师的群体行为。校长要引导教师在完善自身师德修养的同时，积极引导全体教师树立集体观念，提升全校师德建设的整体水平。平日，引导教师在与同事的相处过程中，在与学生教育教学的互动中，在与家长进行共育过程中，在与校长本人进行交流的过程中，画好"教书育人"这个同心圆。让教师明白，我们加强师德师风建设的目的是提升自身修养，提升团队水平，更是"教书育人"。让"教书育人"成为全体教师共治共修的圆心，围绕这个圆心来建立思想交流、专业能力、智慧碰撞的师德培训共同体。

第三要建好高速路——建立专业发展根据地。师德师风建设是一个系统工程，这个工程是否畅通、高效、和谐，其关键的要素在于教师自身的

专业发展。我们不能为了师德而去抓师德，应该从教师的日常工作中，从其平常的行为中去入手。引导教师在树立专业发展的理念中得到师德提升，引导教师在研究学生成长规律中得到师德提升，引导教师在钻研课堂教学规律中得到师德提升，引导教师在建立科学教育机制上得到师德提升。这条高速路，与教师自身的教学行为有关，与教师的职业追求有关，与教师的道德修养有关。这条高速路，不是空中楼阁，而是在教书育人这个大舞台上所确定的一个专业发展根据地。

第四要用好护身符——建立师德底线报警器。师德师风建设不是约束，不是惩罚，而是保护教师，提醒教师的重要法宝。让广大教师从违反"师德师风"的反面实例中找到警醒，让广大教师自觉把"坚定政治方向、自觉爱国守法、传播优秀文化、潜心教书育人、关心爱护学生、加强安全防范、坚持言行雅正、秉持公平诚信、坚守廉洁自律、规范从教行为"作为目标，同时，要把教育部制定的《中小学教师违反职业道德行为处理办法》中列举的十项禁令作为师德红线。在工作中，校长要把这十条红线作为教师提升自我修养、杜绝物质诱惑、抵御不良思想影响的护身符；校长也要把这十条红线作为教师教书育人、端正行为的护身符；校长更要把这十条红线作为教师从严执教、幸福执教的护身符。有了这样的师德建设警报器，我们的教师就会守好端正做人、干净做事的底线，就会严于律己、恪守教育本真，用心用爱去培养学生，就会最终赢得社会的认可和尊重。

第五要留足减压阀——建立共情共鸣幸福园。在抓师德师风建设的过程中，校长还应有共情共鸣的管理艺术，设身处地为教师的发展考虑。作为校长，当有的老师出现这样或那样的问题时，首先不要简单地进行批评和惩罚，尤其是不要动辄用"违反师德"这样的帽子扣在教师头上，也不要用失望和愤怒来表达自己的怨气，更不要用羞辱等方式来处理教师的不当行为。而是应该留足负面情绪的减压阀，建立共情共鸣的幸福园，让教师得到尊重和理解。比如给教师留足反思反省的时间和空间，给教师足够的理解和谅解，尽可能把不良行为所造成的负面影响减到最低。这就是用同理心的视角来看待师德建设的问题，不要轻易上纲上线，不要动辄简单地处罚惩戒，不要简单粗暴地敷衍了事。有时"高高举起，轻轻放下"的措施会有意想不到的效果。

师德建设是学校工作的重点，也是校长管理的重点。校长首先要成为言行举止、理想信念、价值引领、学识涵养、道德风范等全校师生的楷模，其次在工作中进行科学的管理，用责任心、关爱心、同理心，亲力亲为、率先垂范去引领教师、感化教师、提升教师。唯有这样，方可带出一支师德高尚、人民满意的教师队伍。

三、率先垂范引领教师走向至善

四川省成都市盐道街小学校长　罗晓航

　　中华民族自古尊师崇德。师德品行高正通雅是为师之道的精准活源。《大学》有云："大学之道，在明明德，在亲民，在止于至善。"师德作为立师之本，同样强调"至善的道德本性"，是一门值得深研的"大学问"。

　　当前，切实推进师德建设，正是我国基础教育变革的重要议题。习近平总书记指出："教师重要，就在于教师的工作是塑造灵魂、塑造生命、塑造人的工作。一个人遇到好老师是人生的幸运，一个学校拥有好老师是学校的光荣，一个民族源源不断涌现出一批又一批好老师则是民族的希望。"作为一校之长，我以为，如何智慧地将中华传统的优秀"为师"思想融入现代师德的建设工作中，体现出教育者"善"的思想和力量，就显得尤为重要。

1. 打造"善思·好学"的学校文化

　　一个群体或是一个人如若拥有了思考的力量，那他（们）将为任何事情找到属于它的最适宜的解决方式。善于思考，敏而好学是卓然的探索模式。反观学校，文化就是第一生产力，根植学校文化所衍生出来的师德培育，一定是扎根深且辐射广的。

学校是寓文化之所、汇文化之地。文化的主体是人，学校文化以"师生"为具体构象，提炼出能引领价值、助力成长的精神意向，令学校文化成为师德建设的精神高地。

根植过后的学校文化，已然成为学校里显性和隐性的统一存在，"存在"体现在物质与精神的统一，而学校的管理系统和工作，就是能够将学校里每一个人所拥有的"物质和精神"统一于学校文化之下的阵地。如何解码学校文化？落实管理工作，就能发挥学校文化的真正实力。践行师德是立师之源，整个学校弥漫着学高身正的师德文化之风，自然就能催成学校尊崇师德的管理思想体系，届时，定会蔚然之风成林，师德之气浩荡。

因地制宜的特色化是落实做细一套思想理念的最佳表达。生拉硬套大多适得其反；相反，智慧的"本土化"是实现表达的最佳代码。就我所在的成都市盐道街小学为例，学校在"善思善创"的发展理念下，因地制宜发展"厚德如盐"的学校文化。在管理团队的配合下，整个学校十分注重"师德文化"的立意与传播。在学校文化的氛围下，学校里每一个师生都十分重视"师德"思想的敬守与传播，真正做到了崇师之德、行师之品。

2. 担当"善行·求仁"的师德传播者

孔子是华夏师之鼻祖，其学说强调"仁爱"，是仁者之德，作为教育者，教师更应具备。以"善思"发出"善行"，而"求仁"就是"善行"的基本底色。校长，是教师里的教师，如何从自身适切出发，以"言传身教"成为"行走的"师德传播者，让师德表征的各个方面熠熠生辉。

在如今注重师德建设的学校文化里，师德，无疑彰显着学校办学特色。将师德灌注于一所学校的办学特色之中，再加之文化调和使尊师重德之风落地。校长作为学校的整体规划者，将师德建设融入学校办学特色的规划和发展中，势必会将师德意识加入学校的文化底色之中。以盐道街小学为例，盐小历年来始终重视师德与办学特色的融合发展。盐小的办学特色为：艺术教育、国际理解教育和信息技术教育。在盐小，历任校长皆重视师德培育的发展，在落地并优化三大办学特色的过程中，学校对于教师教育的理念始终为"教师引领，以生为本"，这体现了盐小教师领先而切合学生发展规律和特点的综合素养，而这是师德的重要组成部分。

拥有过硬的教师素养是教师出色完成教育教学任务的基本要求。身处社会中，教育者同样也是社会人，也是公民。作为公民，遵纪守法是基本纲常。而师德，就兼具教师作为公民的政治素养，以及作为教师的业务素养。树人才能立德，拥有良好的师德才能首先体现教师合格的公民政治素养，其次才涉及教育者的业务素养。在学校的管理和规划上，校长应将师德建设与教师全面素养的培育相挂钩，做到"师有德而专"。

师德的建设在于立德树人，中国自古十分注重人与仁的结合。人就是具有仁德的人，人与仁德合而为一就是人道。作为教师，拥有"仁"与"德"就是践行师德的两条必要跑道，而"仁"与"德"就是人之本色。作为校长，积极夯实师德建设构架，并与管理制度相结合，遵循师德以"人"的本色，更能还原师德"求仁"的本色。

3. 勇做"善创·知礼"的示范者

中国素来是礼仪之邦，知礼仪才能谋发展。校长是一所学校的领航员，在师德建设方面，率先垂范，明明德，才能为学校的文化增添色彩，从而创造未来，止于至善。

礼仪之邦讲究仪式，仪式更能体现"礼"的庄重和严肃。师德建设也是一样，"仪式"象征"制度""规章"。学校制度是影响师德建设的重要因素。没有规矩不成方圆，有了规章制度，才会让执行有了仪式感，才能使执行更加规范，更加落实。

　　三人行，必有我师焉。有方向感地进行师德建设，才能让建设过程更有章法，师德建设的最终成果更加具象化。就拿盐道街小学举例，盐小这所学校已经有很悠久的历史，在过往的时间长河里，涌现出了许许多多颇具师风师德的良师。每每翻阅校史，教育前辈们为教育鞠躬尽瘁、尽心尽力的优秀品质令我感动。在历史中汲取前进的动力，将历史的力量传递给如今盐小的教师们，沉淀了优秀的学校文化传统，又激励了我们后辈无数的教育思想和育人品格。

　　陶行知先生曾说："师爱为魂，学高为师，身正为范。"师德之道，在于静守心中莲，在于明确心中的道义，在于达到"至善"之境。师德文化发生于庠序之内，又超出了方圆之狭。要让二者并行完美发生，校长必要有"善思""善行""善创"的心境和魄力，这样，整个学校才会有"好学""求仁""知礼"的师德之风范。

四、修业修为，至善至美

——校长在师德建设中的引领作用

广东省深圳市龙华区实验学校校长　李吉

党的十八大提出要加强教师队伍建设，提高师德水平和业务能力，增强教师教书育人的荣誉感和责任感；在 2014 年 9 月 9 日，习近平总书记同北京师范大学师生代表座谈时，就如何做一名好老师提出 4 点要求，即：有理想信念、有道德情操、有扎实学识、有仁爱之心；在 2016 年 9 月 9 日，习近平总书记在北京八一学校考察时的讲话中指出："广大教师要做学生锤炼品格的引路人，做学生学习知识的引路人，做学生创新思维的引路人，做学生奉献祖国的引路人"；在党的十九大报告中，习近平总书记指出，加强师德师风建设，培养高素质教师队伍，倡导全社会尊师重教……从习近平总书记对教师提出的系列要求来看，教师的师德在教育教学中的作用至关重要。而一所学校的师德建设离不开这所学校校长的引领，那么校长在师德建设中如何发挥引领作用呢？以下谨以深圳市龙华区实验学校的师德建设实践为例做探讨。

1.立德树人融入学校顶层设计

深圳市龙华区实验学校创办于 2016 年 9 月，是龙华区直属的九年一贯制公办学校，位于深圳北站附近，占地 38743 平方米，现有 62 个教学班，近 3000 名学生。创办初期，根据当时龙华新区整体发展思路和区委、区政府对龙华教育的要求，结合学校实际，制定了学校章程和发展规划。学校以"善美"为核心文化，以"修业修为，至善至美"为办学理念，以"问学道，共生长，有担当"为校训，把"心方正，行善美，创未来"作为价值追求，逐步形成了"求真、求善、求美"的校风、"立德、立行、立人"的教风和"善学、善思、善行"的学风，培养会学习、会创造、会生活，富有积极个性特质和幸福感，面向未来的优秀学生。

目前学校顶层设计中确立了比较系统的办学理念文化，"善美"文化已经内化为师生员工共同的行为准则，"修身、齐家、治国、平天下"的中华文化精髓得以比较充分地体现和落实，并已经成为师生员工的人生目标。学校建立了比较完善的制度体系，从章程的制定到规划的设计，再到各种制度的完善，体现了依法治校与民主治校相结合，制度管理与情感管理相统一，在倡导人文关怀的同时，着力提升学校治理体系和治理能力。"善美"风格校园整体规划设计和校园环境建设，营造了乐观、向上和充满正能量的校园文化氛围。比较完备的课程架构为学生全面发展提供了广阔的成长机会，探索出的"观试论问"问题解决课堂模式的优势在课堂上得以初显。学校在创新人才培养、教育教学质量提升、全纳教育实践等方面取得了优异成绩。

2.校长引领提振班子精神

龙华区实验学校的高品质发展缘于有一支优秀的管理团队。校长李吉是广东省特级教师，数学正高级教师，广东省名教师工作室主持人。2019年12月，深圳市办学水平评估组认为，李校长是一位专业敬业的专家型校长、温文尔雅的人文化校长和言传身教的实干型校长。他兢兢业业、勤勤恳恳、任劳任怨，创造性开展工作，并取得优异成绩。27年前刚来到深圳，亲眼目睹当时龙华教育的落后，分析原因，就是教学观念陈旧，教学方法简单，法律意识淡漠，教师自身素质偏低，这对李校长的触动很大，他深深感受到，做老师一定要有良好的职业道德，有精湛的教学艺术，有强烈的法律意识。从教30年，李校长从来就没有放松过学习，没有放松对他的严格要求，先后获得本科学历和研究生学历，目前正在攻读北师大教育博士研究生，努力坚守"活到老，学到老"的终身学习精神，学习使他实现了"修业修为，至善至美"，同时充分践行了北师大"学为人师，行为世范"的校训精神。

"特级教师""正高级教师"荣誉，是对他长期坚守教学一线，深入研究教育教学规律，千方百计引领教师专业发展，培养学生成才成人的真实写照。"深圳市五一劳动奖章"荣誉，是对他坚守一线，坚守龙华，坚守信仰，服从分配，勇于担当，不计得失，踏实细致的优秀品质的充分肯定，他用行动来增强"四个意识"，坚定"四个自信"，做到"两个维护"，体现了一位老党员、老教育工作者的信仰与情怀。"省市区优秀校长"荣誉，是对李校长忠诚党的教育事业，潜心研究教育问题，努力提升教育教学质量，全心全意服务师生员工、服务家长、服务社会的大力褒奖。从李校长身上释放出强大的力量：一种信仰的力量，一种科学的力量，一种智慧的力量，一种人格的力量，一种实干的力量。

3. 团队共生强化发展保障

龙华区实验学校教师平均年龄29岁，全部为本科及以上学历，其中博士6人，硕士108人，占56.8%；正高级教师1人，高级教师12人，全国优秀教师 1 人，特级教师 2 人，省市区级名师 19 人。他们具有"学历高、素质高、年纪轻、有活力"四大特点，如何培养和发挥教师的能力和潜力，成为学校管理的重大课题，为此，学校采取了三大举措。

一是纵向制定三年发展规划。学校帮助教师制定了三年发展规划，落实《中小学教师职业道德规范》《新时代中小学教师职业行为十项准则》要求，践行龙华"积极教育"的理念，系统掌握学科知识体系，狠抓教师教学基本功的落实，不断提升班级管理水平，讲好自己的教育故事，努力在教育教学实践中取得优异成绩，加强科学研究，逐步探索适合自己教学风格的教学和管理方法，并在一定范围内推广，涌现一批名师和科研骨干。

二是横向开展教育研究活动。学校开展的师德师风研讨、教师梯队建设、读书沙龙活动、课程标准解读、班级管理探索、专项课题研究，以及以年级组为管理实体、学科组为教研主体的分工合作机制，以学生发展部为德育管理团队、年级组为管理主体、班主任为核心，以科任教师为主力、副班主任为助理的协同育人机制等，有效促进了教师专业成长，目前已经涌现出的教育创新拔尖人才，是龙华区实验学校的财富，也是龙华教育的财富。

三是评价激励教师多元发展。学校根据龙华区教育局的师德考核与奖教奖学精神，建立并完善《深圳市龙华区实验学校师德考核方案》《深圳市龙华区实验学校职称聘任办法》《深圳市龙华区实验学校教职员工考核评先方案》《深圳市龙华区实验学校奖励性绩效工资分配办法》等评价制度，给老师的发展创造各种机会和平台，让老师们明白，在龙华区实验学校，干与不干不一样，干多与干少不一样，干好与干坏不一样，极大地调动了教师工作的积极性、主动性和创造性。

4.全纳教育促进发展质量

学校的所有教育教学活动，最终指向学生发展。龙华区实验学校在认真落实中共中央、国务院《关于深化教育教学改革 全面提高义务教育质量的意见》方面做了大量富有成效的探索。一是"修业修为，至善至美"办学理念重在落实"立德树人"的育人要求，回答了"培养什么人，为谁培养人，怎样培养人"的教育之问。二是实现"五育并举"，促进学生全面发展。学校高质量完成国家课程，开设70余门校本课程，开办特教班提供特教课程，保证每一个学生得到充分发展、个性发展和可持续发展，使每一个生命都得到尊重。三是良好的行为习惯和学习习惯培养，学生待人真诚、文明有礼、积极向上、阳光自信、身心健康、勇于创造，为他们的终身发展奠定了坚实基础。

学校开设"特殊教育班"，学校面对的虽然只有十来个特殊学生，但却是每个家庭全部的生命世界。这些特殊的孩子思维迟钝、语言迟缓、情绪异样、沟通困难……但他们和正常人一样，有情感需求、有物质需要、有人格尊严。学校和家庭要做的，就是不放弃、不冷漠、不悲观，给他们温暖，给他们自信，给他们时间，教他们学会自理，帮他们融入社会，为家庭和国家减轻负担。对这些孩子最不能割舍的是特教老师和他们的母亲，只有他们才能懂得这些孩子们的世界，只有他们才能接纳与付出。在特教教室里，那些孩子和老师的关系特别好，他们相互拥抱，相互传递信任与期待的眼神，这是时间陪伴，是步调一致，是心灵沟通，是彼此的难以割舍……当问及特教老师最需要的是什么的时候，他们说，孩子们需要鼓励，特教老师们也需要鼓励。他们充满自豪地说："我骄傲，我是特教老师！我骄傲，我的职业是伟大而无私的！"

总之，校长在师德建设中的作用极其关键，一个好校长能够引领一批批"四有好老师"，培养一批批"问学道，共生长，有担当"的优秀学子，为中华民族伟大复兴的中国梦做出应有的担当。

五、价值引领 · 文化浸润 · 角色建构

——校长在师德建设中的作用

四川省成都师范附属小学校长　黄敏洁

教师是教育的根本，师德是教师的灵魂。教师的师德建设是学校教师发展的首要课题，决定着教师成长的高度，也影响着学校教育的深度。成都师范附属小学建校至今 112 年，有着一支德艺双馨的教师队伍，他们是附小的软实力，也是促进附小内涵发展的内动力。学校的师德建设，需要校长在主流价值上引领，在文化精神上引领，在角色建构上引领，让师德教育彰显生命活力。

1. 价值引领：忠诚党的教育事业

教师肩负着立德树人的重要使命，忠诚于党的教育事业是师德建设的首要任务。校长须拥护党的政策决议，有坚定的教育信仰，才能有效发挥价值引领作用。校长要把握国家的教育方针，学习相关理论，了解时代需求，结合学校的实际情况，转化为自己的教育思想。

校长还须将师德教育与学校的党建工作相结合，通过党带群的方式促

进教师思想政治素养的提升。一是支部书记上好党课，结合国家重大事件，党的重要会议内容，组织教师学习和交流，传达会议精神，确保教师在思想上紧跟党的领导。二是树立典型，在党员教师中发现忠诚教育事业，兢兢业业奉献的典型代表，建立榜样示范。同时要求党员教师弘扬奉献精神，强化履职担当，发扬奋斗精神，坚守教育初心，做好带头和表率作用。三是发动党员带动群众，组织群众教师分批参与党组织生活和党小组活动，发挥党员教师示范作用，党员带动群众，统一思想认识，提高行动标准。

2. 文化浸润：勤洁公实、追求卓越

师德建设需要学校核心价值观的引领，需要与学校办学思想、文化精神融为一体，在点滴工作中不断浸润。我校将"勤洁公实"的校训和"赤诚教育，追求卓越"的学校精神渗透在教师发展目标与行动标准中，为师德教育明确方向。

成师附小历经了100多年的历史，"堪为人师而模范之"的使命让附小的师范人始终坚持人、事的率先垂范，具化为"勤、洁、公、实"的校训。"勤"为立业之本，勤奋学习，善于求知；"洁"是修身之途，清洁为人，廉洁从教；"公"指大公无私，公平公正，无私奉献；"实"指朴实无华，实事求是。"勤洁公实"是附小教师行动的标尺，每一个附小人在入校之初就明晰了基本行为准则与道德规范，也成为教师不断追求的目标。

寻根学校精神文化，"学高为师，身正为范"的师范精神在此传承，转化为"赤诚教育，追求卓越"的学校精神，即以对教育心无旁骛、不断超越的赤诚、奉献、拼搏、创新精神，激扬生命的活力，走向生命的蓬勃。对教育和生命的"赤诚"，是根、是魂、是基因，教育和生命的"卓越"，是形、是气、是品质，串起了附小张力内敛、绵延悠长、个性绽放的学校文化。

在实际行动中，附小教师以"德艺并举、个性鲜活、和谐共进、追求卓越"为目标，胸怀报效国家的赤子之心、献身教育的不渝之志、关爱学生的炽热之情，真心育人、诚心育人、潜心育人，坚持探索创新的发展思路以及坚持超越自我的主体精神。这样的教育精神被一代代附小人践行和传承，它弥漫在学校的氛围中，熏染着每一个附小人。

3. 角色建构：引领教师专业发展

师德建设是教师发展的核心，也是教师专业化的关键要素。习近平总书记指出当代教师要做有理想信念、有道德情操、有扎实学识、有仁爱之心的"四有好老师"，为教师的职业生涯发展指明了方向。校长须整合新时代的新要求与学校的教育理念，明晰教师角色，引导专业发展。成师附小在教师角色建构中强调三种专业角色：儿童研究者、课程建设者、课堂革新者。

教师的第一角色是儿童研究者。成师附小的教育始终坚守儿童立场，将学生的主体性发展放在中心。教师的首要任务是研究儿童，因此儿童研究是教师的第一专业。作为儿童研究者，教师要改变以教材为中心的传统观念，将学生作为研究对象，认识儿童、发现儿童和引领儿童。尊重儿童的成长规律，给儿童探索发现的自由；用发展的眼光看待儿童，坚信儿童发展的无限可能；陪伴儿童游戏与探究，与他们共同学习与成长。基于这样的角色认同，教师才会真正地关爱学生，实现爱的教育。

教师是课程的建设者。课程是学校教育的载体，也是学生成长的跑道，课程品质决定教育质量。教师在创造性地实施课程的过程中，成为课程的建设者。教师对于课程参与者的角色认同，能够促进他们解读、重组、整合课程，注重实施过程中与学生的互动，并对教育生成进行加工与提炼，从而完成对课程的补充与完善。作为课程建设者的教师，能更深度地参与课程实施与改进，不仅对学生发展产生影响，也推动着教师自身的专业成长。

教师是课堂革新者。师德建设要通过教师的行为得以落实，教师奋战在教育的最前线，课堂是其教育教学的主阵地。教师作为课堂革新者，需在儿童立场的前提下，积极探索自己的个性化教学特色与主张，让教师自身成为教育的一部分。我校鼓励教师在实践中探索多种课堂活动样态，促进学生参与；鼓励教师总结已有经验，凝练教育思想，结合自己的个性特点形成独特的教学风格。作为课堂革新者的教师，能更理性地看待学生的课堂行为，能有效创设教育教学情境，赋予教育情境以更积极的意义，认同教师专业身份，从而建立一套适宜而客观的信念系统，形成科学的教育观和教学观。

当然，师德建设还需要校长创造融洽的合作氛围，激发教师的积极主动性，师德建设也离不开校长的率先垂范和行动表率，发挥校长的精神影响力。

总而言之，校长作为师德建设中的引领者，发挥着举足轻重的作用。师德建设需要校长的价值引领，紧跟时代步伐，忠诚党的事业；师德建设需要解读学校文化，在潜移默化中浸润教师内心，影响教师行为；师德建设需要建立角色认同，伴随教师的专业成长，与教师的职业生涯发展紧密相连。

六、唤起"认同"：校长在师德培育中的行动策略

福建省福州市星纪园学校校长　尹从昭

20 世纪 80 年代由美国心理学家 Deci Edward L. 和 Ryan Richad M. 等人提出的自我决定理论认为，人类存在三种基本的心理需要：关系需要、自主需要和胜任需要①。作为新时代的校长，已然成为教师精神价值的引领者、群众"创造"的首席、利益"博弈"的平衡者，成全教师的"德性"成长已经不仅仅局限在以身示范、权力规范这个层面，功夫在诗外，更多的应该在通过非理性管理来唤醒教师主体成长需要等方面下功夫，唤醒教师文化认同、职业认同和专业认同，实现由视界到境界的提升，让教师从内生驱动的角度达成立德的境界。

1.基于关系需要，唤醒文化认同，真正让行为"志于道"

"爱人者，人恒爱之；敬人者，人恒敬之"，教育的本质是一种相互影响，关系俨然成为最好的教育学。我个人以为，学校校长与教师之间的最

---

① 胡小勇、郭永玉：《目标内容效应及其心理机制》，《心理科学进展》2008 年第 5 期。

好的关系是简单的人际关系，简约的工作关系。校长对教师的影响贵在文化引领、精神感召。所谓文化引领，就是引导教师逐步适应和遵循学校长期约定俗成或共同遵循的做事方式。

一是建立学校核心价值。工作中，我曾经将"水善利万物而不争"的"德性"凝练成水对世间万物无私的"成全"，将"成全人"作为学校的核心价值，让学校的一切管理、教学行为都归根到"成人之美"。当个体间矛盾、个体与团队利益产生冲突时，大家都尽力主动叩问自己的内心："我做到了成人之美了吗？"矛盾主体自然而然就会产生同理心，尽量设身处地为他人着想。后来，这种行为影响到学生、教师的家庭成员，让师生、生生及家庭成员之间的关系因"成全"而更加亲密。

二是确立行动准则。星纪园学校将做事的主张概括为"心无边际，超越无限"，主张做事时可以大胆设想，大胆创新，真正实现"没有做不到，只有想不到"的状态，极大地鼓舞了教职员工的工作热情，各种项目课程、创意活动、学科建设、校园环创等别具一格而又切合实际、生机勃勃。

2. 基于自主需要，唤醒职业认同，真正将行为"据于德"

士为知己者死，亲其师信其道。唯有认同，才能为之殚精竭虑去践行。教师之德，唯有其认同此职业且作为事业，真正让职业成长成为自主需要，才有真为之禁欲禁行的愿望，否则很难将其提升为德之格并真诚践行。

一是引导确立身份自信。身份即社会角色，教师对自己身份的确认，曾经有三种样态建构：内心接纳且在众人面前不隐瞒为底线；心满意足且主动推荐为中线；以此为荣且引领他人同行为上线。实践证明，唯有真正认同自己的角色（身份），才能为丰盈自己的角色而严格要求自己。曾经很长一段时间，很多教师在公共场合，都不敢大胆承认自己是教师，排除个人性格中的低调成分，更多的是与这个职业没有能够让教师"走心"、没有找到职业存在感和职业自信有关。作为"教师精神价值的引领者"的校长，要通过愿景引领、文化凝练、课程改革、生涯规划、优化学校内外发展环境等，增强教师的归属感、获得感，用学校高品位的发展，教师的真实获得感、幸福感，激发教师的职业自信。我在重庆工作期间，用"儿童立场的教育法则""素养至上的质量使命"等策略，实现了单所学校高品质发展，并辐射吸纳周边学校，办成"一体三翼"的集团化学校，极大地提升了学校的知名度、美誉度，教师的职业自信因学校发展得到较大程度的激发。

二是引导践行团队价值。团队是以共同目标而凝聚成的共同体。例如，华硕公司以"共好发展"为目标，要求员工有松鼠的高瞻远瞩，为未来生存做充分的准备；有海狸的默契，为团队生存自发行动；有野雁的互相帮助，不让一个团队成员掉队，让同事间能够互相称赞、真正关怀（雁阵精神），培育了可持续的"共好"团队。

在学校团队管理中，作为"利益'博弈'的平衡者"的校长，需要运用管理智慧，处理好个体与团队的关系。例如，在学校发展过程中，究竟是要"雄鹰"（卓越教师）还是要"雁群"（共好团队），是成全个体还是共同体？学校的不同发展时期需要不同的团队，在学校发展初期，需要"以一当十"的卓越教师，成为学校学科建设、"青蓝工程"（同伴互助）、家长安心等的"定海神针"，引领学校向好发展。我个人以为，学校的教学质量是由教师的平均教学水平决定的，当学校稳定发展以后，作为教育变革中最大变量的"雁群"团队将成为学校发展的最大引擎，促进学校深度变革，品质发展。

3.基于胜任需要，唤醒专业认同，真正将行为"依于仁"

专业是教师成长成功的基石。较强的专业能力与素养能够唤醒个体的自信心与成就感。专业的获得感能够促进教师的人格修炼，德艺双馨，相互促进。校长对师德的引领在于唤醒教师的专业自信，用专业发展的效能感、成功感与内心的丰盈成就德性。除了理性考核的 KPI（激励绩效）等外，运用 OKR（Objectives and Key Results），将个人的目标与团队宏大的使命结合起来，通过反馈并为员工取得大大小小的成果进行庆祝等。运用"番茄工作法"，对每天的工作进行时间管理，运用工作日志的方式固化流程与产出，让工作成果可视化。

专业引领方面，作为"群众'创造'的首席"的校长，一是通过专业成长愿景规划，激发教师专业发展的原生动力和内驱力。二是通过教师工作坊，用 PBL 项目等培育教师课程开发能力。三是通过"青蓝工程"，实现师徒（同伴）互助提升。四是实施"三阶段""三提升"的教师专业发展 PCK 培训：第一阶段：PCK 研修，建构体系，明确"应该教什么"，实现教师共性发展；第二阶段：课堂诊断，把脉问诊，明确"应该怎么教"，实现教师个性发展；第三阶段：导师（专家）培养，催生名师，追求"智慧教学"，实现教师领军发展。三提升：实现"师德与素养""知识与能力""实践与体验"的提升。提升教师专业自信和学科理解力，实现教师专业发展，部分教师领军发展，提升了教师专业素养，让教师确立专业自信，确保教师专业发展。

在漫长的年代，"立德""立功""立言"成为人们普遍的人生观和价值观，引领一代又一代人做好人、干实事、说真话，奉献青春，造福社会。作为新时代的校长要做到"双剑合璧"，将培育教师德性，寓于唤醒教师的文化自信、职业自信和专业自信的过程之中，并顺应时代，让老师们做"有理想信念、有道德情操、有扎实学识、有仁爱之心"的"四有好老师"，实现立己达人的目标。

七、校长深刻把握师德内涵是
发挥引领作用的关键

昆明市第三十一中学校长　徐九林

教育是有温度的，教育的温度多来自师德。师德建设是伴随教师专业成长的重要组成部分，高尚的师德不能只停留在道德层面，更应成为一种情怀。校长是学校的引领者，更是师德师风建设的引领者。校长与师生朝夕相处，因而在引领师德建设时会捕捉到校园生活的很多细节，若能与全校师生共同分享、共同思考、共同成长，则可以用校园故事无声地滋润着教师师德成长。下面介绍笔者在担任中学校长期间写给师生的几个片段。

1. 师德是一种情怀

2020 年新冠肺炎疫情席卷世界，年初的国内疫情让学校开学一延再延，按照上级要求，教师要通过网络给学生上课。这对于学生和老师来说都是一种新的尝试和考验，为此我对全校老师这样说：

此次举国上下抗击新型冠状病毒，工厂停工、学校停课、商店停业……繁华的街道如今甚是冷清。安静的背后医务工作者、警察、街道社区工作人员，还有武汉的一些建筑工人等，不怕牺牲奋战在抗疫一线。这不仅仅是他们的职业需要，更是一种职业精神，所以他们成为我们心目中的"最美逆行者"。

作为教师、作为学生此时不出门、不聚会就是对抗疫最好的支持。为响应上级关于"停课不停学""停课不停教"的要求，我们当老师的可以做点什么？教师的工作是教书育人，是为社会培养人才，"学为人师，行为世范"是我们这个职业的特点，也是教师的职业理想。在当前形势下，我们教师若能尽最大努力去学习、去提升自我；尽最大努力做到"停课不停教"；尽最大努力让学生感受到"停课不停学"；尽最大努力让奋战在抗疫一线的人们感受到教师对他们的支持与支撑，这是我们教师的职业需要，更是我们教师的职业精神。

2. 师德的主题应是时代的旋律

科技进步是时代发展的直接表现，时代发展的真正内涵是人类思维方式的变革。用与时代相符的思维方式去思考问题，是教师师德成长的必需。在我校的《校园生活指南》中，围绕校园共享设备，我写了这样一段话：

孩子，我们很幸运，我们生活在一个提倡共享的时代。"共享"有共同拥有、共同分享之意。打开互联网的搜索引擎，我们可以学习到许多知识，而告诉我们这些知识的人，他们从未向我们索取过，这叫"分享"。如果我们把自己拥有的再给予别人，这就叫"共享"。"共享"就是不要轻易占为己有，就是自己拥有时还能想到别人有没有。

我们的校园里除了"共享雨伞"，还有"共享沙发""共享书籍""共享休闲椅""共享乒乓球桌"等。共享是一种幸福，更是生命存在的必需，因为我们要能得以生存和发展，必须学会与小鸟共享蓝天，与鱼儿共享大海，与世界共享未来……

3. 师德应迎着阳光前行

信息时代学会找到"阳光"很重要，针对校园的共享电脑，学生带手机等问题，我在《校园生活指南》中是这样写的：

世界是美好的也是有污垢的，网络也如此。你如果迎着阳光前行，不论快慢，你的眼里和心里永远都是光明的。当然，如果你背对太阳，你将越走越黑暗，终会失去整个世界，也包括你自己。

4. 师德是能为孩子打开窗户的双手

教师应该懂得不能为学生推开一扇门时，可以为他打开一扇窗。鼓励学生勇敢地去探索、去发现、去学习，努力地走出一条属于自己的路。针对学校的图书室、阅览室，我在《校园生活指南》中这样写道：孩子，也许我们无法为你们推开一扇门，但我们顽强地在为你们打开一扇窗。我们的图书室、阅览室就是 Windows。

我们学校阅览室和图书室的书不算多，但是不论图书室还是阅览室的书籍都是可以外借的，你借书前一定要熟悉学校相关的管理制度，借书采用密码验证，因此，你一定要保管好密码。

书籍是人类的好朋友，每个人都希望拥有好朋友，所以，你若是借了书，一定认真爱护及时归还。

5. 学校发展历程也是师德建设的良好素材

2018 年是我校建校 60 周年校庆，我收集了不少以前学校的老照片，翻看着这些照片，我写下了这样一段文字：

黑白照片总让人感到久远，而这些照片上每个人的表情却如此庄重。他们的眼睛整齐地盯着摄影师，看着镜头，没有一双眼睛游离到画外，即使抱在怀里的孩子，也安静地看着前方。也许那时照相还需要底片，每张照片的成本不可小计；也许那时的人们总能坚定地选择同一个目标；也许他们真的在期待着后来的我们……

人类在进步，时代在变迁，如今相机已是人手一个，与我们形影不离，我们可以不必担心底片的成本，不用在照相馆表情严肃地对着镜头，当照相变得如此易如反掌，当我们的生活越来越丰富多彩时，似乎我们的目光没那么专注了，对自己的过往也不那么珍惜了，对未来的期待也飘忽起来了。

其实，每一个校园故事都蕴含着师德。担任中学校长九年，这样的"段子"写了不少，我认为作为学校管理者，在师德建设方面应紧密结合时代发展，把学校发展、教师职业成长、师生共育等内容有机结合。师德是为师之魂，师德建设渗透到校园生活的方方面面，是学校发展的每一天，也是师生成长的每一个点滴，不集点滴，无以成河海！

八、校长在师德师风建设中的引领作用

安徽省六安市城北小学校长　高兰

百年大计，教育为本，教育大计，教师为本。教师是教书育人、立德树人的主体，教师队伍建设，事关教育的百年大计。高素质教师队伍的建设，必须把师德师风建设摆在首位。习近平总书记指出："评价教师队伍素质的第一标准应该是师德师风。师德师风建设应该是每一所学校常抓不懈的工作，既要有严格制度规定，也要有日常教育督导。"校长是学校之魂，人们常说，一个好校长就是一所好学校。校长在学校师德师风建设中发挥着不可或缺的重要作用。

1.打铁自身硬，校长动人的人格魅力在师德建设中的感染作用

孔子云："其身正，不令而行；其身不正，虽令不从。"校长是一所学校的灵魂，校长的言行举止无时无刻不在影响着教师，乃至学生。

校长应该是一个有教育情怀的人，"带着一根草来，不带半根草去"，钟情于教育事业，奉献一生，无怨无悔；校长应该是一个正直的人，一身正气，两袖清风，责在人先，利在人后，正人正己，行稳致远，有威望，有威信；校长应该是一个宽容的人，记人之功，容人之过，心胸宽广，厚

德载物，听得进不同意见，能调动好大家的积极性、主动性和创造性；校长应该是一个有爱的人，爱学生、爱老师、爱学校，把老师当成自己的兄弟姐妹，设身处地为大家着想，帮助大家排忧解难，有亲和力，有感召力；校长应该是一个坚持原则的人，按规则办事，有底线思维，坚持原则，勇于同不良现象作斗争，敢于碰硬和亮剑；校长应该是一个有激情的人，锐意昂扬，朝气蓬勃，乐观开朗，永不言败，想干事、会干事、能干成事。

校长以自己动人的人格魅力感染他人，赢得全校师生的爱戴和拥护。全体教师能够在学校找到家的感觉，以主人翁的姿态投身到学校的各项工作中去，学校就会充满正气，富有朝气和活力，学校的可持续发展就有了保证。

2. 人文化管理，满满的职业幸福感在师德建设中的促进作用

当下教师工作任务重、节奏快、压力大、收入不高、敬业精神欠缺、职业倦怠现象依然存在。面对这种状况，校长必须坚持人文化管理，帮助教师获得职业尊严感和职业幸福感。多用"微笑"代替"严肃"，多用"关注"代替"威严"，多用"倾听"代替"命令"，多用"引领"代替"控制"，多用"情感沟通"代替"批评指责"。在科学论证的基础上，经过老师们充分讨论，制定出科学、合理、规范的管理制度，用于学校日常管理。在实现学校各项工作规范化、制度化、持久化的同时，更要重视把人本思想贯穿于日常管理的每一个环节，每一个过程。校长在管理中力求做到善于倾听、充分尊重、民主和谐。注重加强与教师、学生、家长的沟通与交流，经常深入到课堂、教师办公室与教师进行面对面的沟通交流，了解他们的困惑和需求，提供力所能及的帮助和支持，解决教师的后顾之忧，使他们能够心无旁骛地投入到教育教学工作中去。

教师精湛的专业能力是优良师德的重要内容，促进教师专业化发展是

学校师德师风建设的重要组成部分。校长要树立这一理念，应特别重视教师队伍的专业化发展，为教师的专业成长营造氛围、提供便利、创造条件，不断引导教师体会专业发展成功的感觉，帮助他们实现幸福美好的教育人生。

3.树立好典型，无穷的榜样力量在师德建设中的引领作用

榜样的力量是无穷的。加强师德师风建设需要进行正面宣传，树立典型，发挥榜样力量的示范引领作用。身边的榜样更具有说服力，注重挖掘身边的典型，从身边的先进人物、优秀事迹中汲取营养和力量。

组织开展"我最喜爱的老师""身边的榜样"征文、演讲活动，通过一个个生动鲜活的故事和案例，树立一批师德师风的典型，掀起一股寻找榜样、学习榜样、争做"四有好老师"的热潮。举办"师德标兵""师德先进个人""最美教师"评选活动，在全校树立一批家长认可、学生喜爱的德艺双馨的师德楷模形象，增强教师教书育人的荣誉感、责任感和使命感。通过学校网站、公众号等大力宣传他们，讲好他们爱岗敬业的动人故事。引导、号召广大教师向身边的典型学习，学习他们爱岗敬业、无私奉献、严谨治学、立德树人的可贵精神，争当"四有好老师"和"四个引路人"。长期持续强化典型的带动作用，以榜样的力量来传递师德师风的正能量，造就一支品德高尚、业务精良、作风扎实的教师队伍。

4.考核与奖惩，多措并举的评价机制在师德建设中的长效作用

建立师德建设的长效工作机制，需要将师德建设的宣传教育、考核评价、奖励惩治有机结合，一手抓奖励机制的完善，一手抓惩治措施的落实。确立由自己评、学生评、家长评、教师互评、学校考评组评相结合的多角度、多元化评价体系。从思想政治、业务能力、职业道德等方面全面

考核，重点考核职业道德。充分发挥考核结果的导向作用，将师德考核结果纳入教师年度考核的重要内容，直接与评先评优、晋职晋级、职称评聘挂钩，对考核结果不合格的，实行一票否决制。完善考核制度的同时，强化制度执行力度，严格考核程序，客观公正地考核评价老师。把师德师风建设和党风廉政建设结合起来，发挥共产党员的先锋模范作用，鼓励他们做师德师风的楷模。把师德师风建设与学校管理、教师专业发展及教育教学工作深度融合，推动学校各项工作的全面开展，促进优良办学品质的全面提升。

这些举措的最终目的是为了强化自省自律、自我超越的道德意识，为人师表、教书育人的责任感和使命感，关爱学生、爱岗敬业、廉洁从教的奉献精神。

九、做一个精神明亮的教育人

——师德的力量与实现

福建省三明教育学院副院长、三明学院附属小学校长　林启福

习近平总书记说："人民有信仰，国家有力量，民族有希望。"直面当下教育，学校里培植孩子心灵成长的信仰和力量之源头活水在哪儿？在校园的墙上，在争锋的课堂上，还是在活动的舞台上，我以为都不是。信仰根植于内心，外化为德行，更需要心与心的交流，人与人的影响。在学校一方天地，校长作为"一校之魂"引领师生灵魂的朝向、信仰的皈依，责任与使命不能小觑。而一名知名校长的责任与使命，更体现在身体力行中去直面时代的教育问题，回答教育的时代之问。

讲身体力行，我反对当下一谈师德就用空洞的说教来代替教育，还有习惯用道德的制高点来绑架老师、绑架教育的做法。当下不少学校和校长常常会自觉不自觉就将"德"束之高阁，画到墙上和纸上，"德"与"行"分道扬镳"两张皮"，殊不知这反而削弱了师德的力量和影响。德，是从生活入手，一点一滴的小事入手，扎扎实实地做，久久为功。"以德立身、以德立学、以德施教、以德育德"校长铸魂工程，就是唤醒校长做一个精神明亮的教育人，用一种无声的教育浸润迸发德行力量，激扬学校蓬勃的生命力。

1. 师德的力量

名校长作为教师师德的引领者，理应是师德楷模、育人表率。做一个教育有道、内心丰盈、精神明亮的教育人，可以从以下几个方面积攒力量。

明大德。儒家经典《大学》开篇即言："大学之道，在明明德，在亲民，在止于至善。""明明德"：第一个"明"为发扬、弘扬的意思，第二个"明"为光明正大之意，"明明德"便是弘扬光明正大的品德。作为校长，光明正大之德即要厘清教育的根本问题是立德树人，明确为谁培养人？培养什么样的人？怎样培养人？有的校长致力于"礼行天下德行四方"的"尚礼教育"，在学校厚植爱国主义教育之根，让孩子们从小爱上"中国红"，扣好人生第一粒扣子。有的校长提出"真知善行"教育主张，践行"实践出真知、善行塑人品"，旗帜鲜明地把培养德才兼备具有中国魂的未来人作为育人宗旨，有明德之格局和气度。殊途同归，都是明"树人"之德。

立正德。名校长根植于学校土壤，以办好学校为己任，既正人德，也正物德，成为学校发展之关键。我在三明市实小担任校长时，近 30 户的教师家庭住在一座 20 世纪 70 年代初的破旧宿舍楼，住宿条件极差，学校用地又严重不足。经多方协调努力，以土地置换的方式，让老师参加集资建房，原先的危房拆除还原为学校用地，盖起了当时全市小学最大的学术报告厅和学生开放书廊。与此同时，征迁扩大一块用地，扩建学校运动场，被人称道"让出黄金宝地，造福子孙万代"。学校 26 位教师也喜迁新房。那一年的春节年味最浓！ 2013 年调任三明学院附小，又面临着一块拖延 22 年之久的扩地难题。1995 年就明确了这块地为学校发展用地，但面临着企业 70 户职工的安置问题。2017 年元宵节刚过，当地市长对区委、区政府下达百日攻坚的任务，作为区委、区政府的"一号工程"。22年扩地梦尘埃落定。在天时、地利、人和的两次征地扩容建设中，我始终不渝把发展好学校、造福好师生作为校长正德之本。

树仁德。"福泽"，是关于教育之德的一种个性表达，是基础教育的本源和特质。"福泽教育"思想的萌生，根植于我对"仁者爱人"的教育本源的追求。"福泽教育"主张学校是幸福之地，校长和老师是学生生命中的福星，以仁爱之心、智慧之水润泽儿童的成长，传播有益于学生身心发展的福音，提升生命的亮度，使学生福至心灵，走向幸福人生。即以"福泽（幸福＋润泽）"为思想核心推进学校的幸福教育事业，"福"是思想、理念、目标、愿景，"泽"是过程、手段、策略、方法，"泽有方法""泽有智慧""泽有大爱"，正是教育的智慧与价值。

守公德。当一个校长有故事有温度的时候，这个学校也会有温度。三明学院附小副校长杨乾妹，在"福泽教育"思想的浸润下，是公德的模范，也是精神明亮的师德代言人。在学校里，她是孩子们、同事们、家长们都公认的好老师。她还是社区服务的志愿者，为社区家长上家庭教育辅导课，为"四点半"托管服务义务上课，还是城市绿道认养活动的倡导者和执行者。"大鱼前导，小鱼尾随，是从游也。从游既久，其濡染观摩之效，自不求而至，不为而成。"学校声名远播，需要这样一群师德建设的标杆。

2.师德的修炼

"道是无形却有形。"立德树人，成全了我和老师们一起做一件对学生生命成长有意义的事，践行做一个精神明亮的教育人成为我矢志不渝的教育信条。

第一，保持职业的热度。校长首先要带头认识到：从事教育，如果你帮助学生体验到成长的价值、尊严与意义，实现从生命此岸到彼岸的美好成全，成就一代又一代人灵魂的成长，这是一件非常美好且富有意义的事。去发自内心保持对教育的热度，把教育当作事业，乃至命业，是助力教师师德成长进步的动力和源泉。

第二，发展专业的高度。校长要倡导专业有术，始终激励教师有"源头活水"意识，才能实现师生之间的"天光云影"。精益求精，匠心独树，才能成为"能师、名师、大师"，才能跨越一个又一个高度，让教育达到一种美好的境界。努力做一名学生爱戴、家长信任、同事尊重的教师，实现专业的尊严与价值。

第三，服务学生的温度。师生相处、生命样式，不是可以"包装"出来的东西，也不会是可以短时间内打造或突破的东西。但对教育来说，爱却是最内在、最本质的体现。仁者爱人，要身体力行地与老师们一起认识到：每一个孩子来到世界，都有他的生命价值，珍视他们的独一无二，努力一起感受这个世界给予的美好与善意。有教无类，一千个孩子有一千种发展可能，也就有一千种幸福的意义。

第四，追求生活的宽度。教育的美好，离不开用脚步丈量高峰的日日行走，更离不开丰盈的心灵上路。我和老师们一起走出围墙的学校，看万物草长莺飞，阅生活人间百味，读人生厚识之书，以更加豁达从容的姿态，去体悟教育即生活之智。生活的波澜壮阔，会让我们的老师更加从容优雅、气定神闲。

第五，实现生命的亮度。有一种说法，教育的魅力源自教师灵魂的亮度。这种说法，我完全赞同。我和老师们始终相信这样一句话：教育是一群有情怀的人做的有温度的事业。于是每个日常的教育生活中，我们努力让内心丰盈成"光的行者和思者"，仰望星空，也匍匐扎根大地，怀着一颗奔流不息的心，让自己的教育生命绽放光芒。

3. 师德的实现

为者常成，行者常至。以师德之名，成就名校长之"名"不能是光鲜的头衔，师德的实现要靠一生努力践行。

做教育的思想者。不忘做一根"有思想的芦苇"。校长要做教育的思想者，有机会对着"一棵树发呆"。能站在"为人的终身发展"的高度，仰望星空，高瞻远瞩；匍匐大地，回归虔诚。从至圣先贤"仁者爱人"到卢梭杜威"取法自然""教育即成长"，探索适合学校的教育理想。

做果敢的实践者。不忘"习其道、学其言、效其行"。校长走出去深度跨界学习，从送教送培的精准帮扶、成立工作室的抱团成长、与名师大家的学术切磋、国际视野的考察研修，到凝练教育思想、撰写专著，立言、立功、立德，用不断行走积蓄教育力量。

做情怀的担当者。不忘"达则兼济天下"。校长理应是学校里教育情怀、人文情怀、家国情怀最满格的人。"先天下之忧而忧，后天下之乐而乐"，既把当下的教育与中华民族伟大复兴的中国梦紧密结合，也与"两个一百年"的奋斗目标紧密结合，用赤子之心坚守"为国育才、为民育子"的教育情怀，矢志不渝培养具有社会担当，面向未来站直、站高望远，具有中国灵魂和世界眼光的创新人才。

做创新的引领者。"行百里者，半九十。"今天的教育日新月异，人工智能时代向我们走来，在线课程、大数据……数字化创新正在越来越广泛地影响师生的教育生活，我们应该和老师们一起在未来各种创新方式的教育下借力科技更好地打开育人的广阔天地，去闯一条前所未有的教育新路。

苏格拉底说："教育具有一种力量，去解放和引领灵魂中最好的部分，去沉思万物之中最好的东西。"校长这只学校教育的"领头雁"，理应这样去引领一批老师、一个团队，乃至一个区域的群体，帮助学生体验到成长的价值、尊严，实现教育从此岸到彼岸的美好成全。做一个精神明亮的教育人，师德的力量与修炼正在实现教育的一场功德与圆满。

十、发挥主人翁意识，做教师
职业幸福的奠基人

广西省南宁市五象教育集团校长　莫莎莎

1. 教育使命观

作为校长，肩负着学校的发展和老师的个人发展，也肩负着学生的成长和发展。一个家庭对社会来说仅仅是一个小小的细胞，一个孩子对老师来讲也仅仅是一个普普通通的学生，但是对一个家庭来说，孩子却是承载未来全部的希望，因此，教育就是一种责任，它不仅培养国家和社会的合格公民，还为家庭培养未来希望的种子。

受教育者的健康成长和可持续发展是老师职业幸福感的根本来源，也是教师职业的最终归宿，所谓桃李满天下，教师职业生涯成功与否的最直观也是最根本的体现，就是学生的成长与发展，以及对国家和社会的贡献。能够给学生带来什么？能够教会学生什么技能？或者能帮助学生达成什么目标？这是能够使学生在社会生活中得到健康发展的教育。可以说，老师的幸福感，最基本的，来自学生能够立足于社会，并为社会作出贡献。还有另一种职业幸福感，这是一种个人精神的传递，对生活的超然态度和对生命的敬畏，这才是快乐的教育，有价值的教育，能够使学生在心理上、精神上得到健康发展的教育，这是一种内心更深层次的职业幸福感，上升到哲学层面、生命层面的职业幸福感。不论是学生的发展，还是哲学和生命层面的幸福感，都是教师职业生涯的"自我实现"。

2. 个人发展矛盾

在现有评价体制下，老师在经过一系列努力之后发现，他们并未获得真正的职业幸福感，特别是经历了一系列评优晋升之后，实现了个人教师职业生涯上的一个个高峰，或在情感和归属上，抑或是尊重与被尊重上，成功的职业生涯给予自己莫大的满足感，但总会留有遗憾，这种遗憾体现在，教师个人的成长和发展并未完全体现在学生的成长和发展上。对于教育理论的误读，如"没有教不好的学生，只有不会教的老师"，对于家庭和社会的过高期待，以及不科学的教育评价机制的制约，在精神上"折磨"老师，进而形成教师在个人价值上自我否定的恶性循环。

职业倦怠开始在这时候出现，个人目标开始由远大理想转变为急功近利，甚至行为有违职业道德要求。教师专业素质的快速成长和学生整体能力缓慢提升的矛盾，是造成教师职业倦怠的根本原因，进而造成教师在职业道德方面的困境。

3. 基于成长的职业幸福感

在实际教育工作中，有些老师尽管教学能力有待提高，教学成绩也不算拔尖，但却受家长和学生的欢迎，其学生往往各具特色、全面发展，有些老师虽然具有中高级职称，或者在学术界享有较高的声誉，班级成绩也很好，却显得和学生格格不入，甚至经常被投诉。

为什么会出现这样的现象呢？前文讲过，教师专业素质的快速成长和学生整体能力缓慢提升的矛盾，是造成教师职业倦怠的根本原因，进而造成教师在职业道德方面的困境。现有教育评价机制过于偏重学科知识的掌握，使教师的职业目标过多关注考试结果而非学习过程。然而，学习过程的质量在某种程度上近似于学生在社会上生存和发展的质量，重结果而轻过程，直接导致教师忽略了德育、体育、美育、劳育等。

"没有教不好的学生，只有不会教的老师"，这句话堪称当代教师的"枷锁"，问题的关键在于，我们应当怎样理解"好"，教得"好"的标准又是什么？这里就涉及教育评价的问题。尽管表面上，家庭和社会关注的教育的焦点是学业成绩，但是更深层次上，社会需要的人才标准却与其所关注的焦点是有很大差距的。如果学校给予教师的平台能够有效解决"教得好"的问题，那么教师职业幸福感缺失的问题就能够迎刃而解。

师德教育要从归属感入手，归属感不仅仅是工作单位上的归属感，还是个人职业生涯的归属感。把教师的专业成长置于其职业生涯的认同感之下，促使老师更加认同、珍惜自己的职业，在内心深处把职业当成事业看待。由此，学校应当搭建平台，助力教师专业和特长的发挥。

4. 课程指导能力

学校课程活动中，以"课程活动化，活动课程化"的形式，盘活学校内部一切教育资源，让老师在发挥特长的基础上，教起来更加轻松，更加得心应手，不会成为一种负担，老师的爱好和特长在发挥作用的过程中，如毅力、专注、兴趣等的积极情绪更好更多地感染到学生身上，形成精神上的传承。另外，学生在课程活动实施过程中，个人能力慢慢提升，综合素质得到发展，这是教师以个人能力对受教育者施加影响的结果，很大程度上给予教师信心，促使其努力提升自身专业素养，以期更大的进步。

5.专业成长潜力

　　教师个人专业能力对学生成长作用越大，得到的认可就越高，教师个人就越关注自身能力的提升。因此，学校应当在活动课程化的基础上，提供合适的平台，促使教师提升自身素质。如结合学校活动，开展项目承包制活动策划小组，以项目策划的形式促进教师的成长；根据学校需求，开展校本课程开发项目，将项目承包给多个教师协作完成，这就使得教师有足够的支持去开发、研究校本课程，提高课程领导力和科研能力。学校内一切活动均可课程化，教师的一切教育和研究活动均可课程化，课程领导力、实践力就是专业能力。

　　学校管理层应当思考的是，如何让每一个老师都能工作得舒心、顺心，在遇到困难的时候能够有科学的解决方案，老师只有把自己当作学校的主人，才能够把教育做好，才能够潜心研究教学、研究教法等。南宁市五象教育集团近八年来的教育实践证明，培养主人翁意识，让老师参与到管理组织策划当中，在管理中、组织策划中体现自己的价值，品味教育的幸福感，是最有效、最有感染力的师德教育。

十一、思想引领，以身示范，
共同提升师德修养

北京教育学院附属大兴实验小学校长　卜朝辉

北京教育学院附属大兴实验小学于 2014 年成立，属于一所建校时间较短的学校，现有两个校区，教职工近百人。多年来，学校积极探索适合师生共同成长的发展路径，始终把"办人民满意的教育，当人民满意的教师"作为师德师风建设的目标，通过规范管理、不断学习、树立榜样等多样手段，全方位、全过程提升教师师德师能，通过几年来的努力，已经造就了一支"师德高尚、理念先进、业务精良、身心健康"的教师队伍，营造了良好的校园生态。

1.管理规范，以理念塑造师表风范

（1）加强组织领导，注重师德师风建设

学校高度重视师德师风建设工作，确立了由校长任组长，学校领导班子成员、年级组长为成员的组织领导机构，形成了"一把手"亲自抓，干部具体管，师生共参与的协调一致、齐抓共管的工作机制。每周召开的干部例会、全体教师会，将师德建设作为会议的重要议题，对一些教育现

象、学校出现的一些问题及时总结、反思、改进。各部门统筹协调，党支部主抓教师思想教育，德育处负责教师职业道德培训，教导处主抓教师教育教学基本功及业务理论培训考核，各个部门分工明确，学校师德建设工作开展得丰富多彩。

（2）加强自身素养，树立榜样示范作用

打造一支优秀的师德队伍，校长的角色至关重要。为此，我首先通过对自身的严格要求来为干部教师们起到示范引领作用。在日常，我每天坚持 7 点前到校，与带班领导和教师们在校门口迎接每一名师生，无论严寒酷暑，始终如一；课堂上，无论工作再繁忙，我都会经常走入课堂参与到教学指导之中，遇到教师因病请假，我还亲自上课，日常的教研活动，无特殊情况，我也都积极参与，与教师们展开研讨交流；生活上，我廉洁自律，从不搞特殊化，与教师们同样标准，同样要求；学习上，我带领教师们一起读书、一起学习，从方方面面为大家做好表率，通过自己的言行举止来感染身边的每一个人。

（3）加强干部建设，发挥引领带头作用

学校领导班子的建设也是促师德师风建设的关键，我们要求教师师德高尚，干部首先要做到率先垂范、为人正直、严于律己、廉洁从教、乐于奉献。为此，领导干部们也时刻严格要求自己，在做好自己日常本职工作外，每周要进行学习，每月要共读一本书籍，积极参与教育教学活动等，给全体教师做出了表率。

（4）打造教师团队，营造良好工作氛围

学校根据教师队伍中新入职教师多的现状，积极开展丰富的师德师能等系列活动。每学期初都会进行师德培训、开展师德大讨论等活动提高教师的职业素养；平时注重教师专业素养，通过练习粉笔字、硬笔书法、美文诵读、读书分享、撰写每周小记等，来提高教师的教学专业水平。

针对班主任建设，学校通过建立班主任工作室，定期通过培训、研讨、微信公众号平台分享经验等渠道，一起交流班级管理中的热点、焦点问题：采取班会设计轮流制、资源共享制使班会有了量与质的保障；举办班队活动课大赛、"最喜爱班主任"评选，实现全员参与和典型带动的目的。近年来，多位班主任获得市区级奖励，学校也多次荣获优秀组织奖。

2.强化学习，以理念提升师德素养

（1）认真学习，不断提高意识

接受培训是教师提高师德素养的有效途径，我校对教师的培训不仅仅局限于提高教师的教育教学理论素养及教学水平，更多地注入了师德师风建设的内容。组织教师认真学习《中小学教师职业道德规范》《北京教育学院附属大兴实验小学常规管理办法》等规章制度；认真学习《中华人民共和国教师法》《中华人民共和国义务教育法》《中华人民共和国未成年人保护法》等教育法律法规。在深入学习的基础上，让教师教人先正己，用文明言行和人格魅力影响教育学生，教师师德素养不断提升，模范教师群体不断壮大，教师的使命感、责任感和依法执教的意识不断增强。

（2）完善制度，规范考核评价

没有规矩不成方圆。为使学校师德师风建设工作有章可循，学校根据自身工作实际，不断探索新时期师德师风建设内涵，学校先后完善和出台了《北京教育学院附属大兴实验小学师德学习制度》《北京教育学院附属大兴实验小学新入职教师宣誓制度》《北京教育学院附属大兴实验小学师德承诺制度》《北京教育学院附属大兴实验小学师德选树制度》等相关制度。在全体教职工中深入开展师德师风建设系列活动；学校坚持每学期进行一次面向学生、面向家长、面向社会的调查问卷以及面向教师的互评问卷、领导测评问卷，把教师的职业道德建设放在了学生、家长和社会的监督中和教师自律意识的提高上，收效明显；加大检查力度并把师德师风考核结果纳入到学校期末对教职工的工作考核中，实行师德一票否决制。

（3）立足现状，引领教师成长

作为青年教师比重较大的一所新建校，促进教师学习意识的提升是尤为重要的。因此，在学习层面，学校重点强调形成自觉、高效的学习文化。通过多种形式的活动来促进教师意识的提升。每学期末和学期初，我校均会开展读书分享，教师们通过对教育类丛书、文学、艺术等书籍的研读，进行汇报。学期初与学期中，分别设计不同的读书活动，在交流中互相分享好书与自己的思考。在分享中，教师们就《21世纪学习的革命》《教学勇气——漫步教师心灵》《从优秀到卓越》等书籍的观点和读后感受进行分享，通过交流与分享，促进了思维的碰撞，激发了教师们读书的热情。

3.树立楷模，以榜样彰显爱的形象

爱是教师的天职，德是教师的规范。如何引领教师给自己的爱与德注入时代的内涵是师德建设的关键。我们组织广大教职工学习优秀教师的先进事例，号召全体教师向他们学习，同时树立本校教师典型，使典型就在身边，在全体教师中形成学典型的良好风气，为师德建设创造良好的条件。

师爱是教师职业道德的核心和精髓。师爱是教师更好地完成教学任务的有效保证。我校非常重视对教师进行爱的形象塑造，要求教师从热爱教育事业、艰苦奋斗、无私奉献的敬业精神做起，以学生为本，建立民主、平等的新型师生关系，用纯真的爱去培养并严格要求学生。

积极开展师德教育活动，在活动中育人、在活动中陶冶良好的师德情操是我校师德工作的重要内容。为此，我校依托市、区级优秀教师，五四青年标兵，优秀共产党员，"最喜爱的班主任"评选等，在校内开展主题活动，并积极在学校微信公众号平台上进行宣传，让更多的教师感受到榜样的作用和价值。

总之，几年来的师德建设让学校得以健康成长，学校也在成长中取得了收获，先后荣获优秀党支部、优秀共青团、先进师德建设单位等荣誉及督导综合评价、教育教学评比的一等奖。这也更加激发了干部教师的热情，在未来的日子里，北京教育学院附属大兴实验小学将进一步深化师德师风建设，扎实开展思想教育，讲师德、正教风，激励全体教师在育人第一线不懈努力、艰苦奋斗，以满腔的热情和辛勤的汗水换取为人师者"千古红烛照亮人间路，百年桃李绽放天下春"的人生最佳境界！

十二、修身立德，成己达人

——校长在学校师德建设中的引领作用

广东省广州市开发区第二小学校长　李悦新

从古至今，人们都对教师这一职业充满着敬仰之情。这份尊重与敬仰不仅源于对教师专业水平的赏识，更是源于对教师道德水平的认可。"学高为师，身正为范。"为人之师，首先应该在道德品行上树立标杆，而作为一校之长，则要发挥自己在师德建设中的引领作用，带头建设自身品行的同时引领教师的职业道德和思想品德建设。围绕校长在师德建设中的引领作用，我有以下几点思考。

1. 强化自身品行

在师德建设中，校长要身体力行，以率先垂范的人格力量感染他人、引领他人、成就他人，成为师德建设中的"排头兵"。首先要自重，在充分认清自身岗位职责的同时，时刻注意自己的身份，严格要求自己的言行举止；其次要自警，要做到"警钟长鸣"，自觉筑牢思想堤坝；最后要自省，时常自我解剖与反思，查找自身言行举止中存在的不足，并加以改进。

作为开发区二小的校长，我深知只有树立自身良好的人格形象，才能做一只合格的"领头雁"。在工作与生活中，我始终保持良好的学习态度与进取精神，坚持严于律己，以身作则，不断提升自己的职业修养和专业水平，立志为学校师德建设做好表率。

2. 丰富师德内涵

习近平总书记指出：教师不能只做传授书本知识的教书匠，而要成为塑造学生品格、品行、品味的"大先生"。好教师必须拥有高尚的道德品质。在当前教育改革背景下，师德的内涵包括了"职业道德"和"思想品德"两个部分，"爱国守法""爱岗敬业""关爱学生"等是其中的基本内容。做到与时俱进，丰富师德内涵，不仅是教师队伍建设的重要内容，也是校长管理能力的重要体现。

在我校"微笑教育"办学理念的指引下，除了落实师德建设基本内容，我还尝试丰富与深化师德的内涵，将"微笑教师"纳入师德建设的标准中，引导教师在教学实践中传播知识，传递快乐。具体而言，就是鼓励教师把知识与微笑传递给朝夕相伴的学生，把团结和友爱传递给精诚团结的同事，把信任与交流传递给满怀希望的家长。

3. 开展主题教育活动

实践是检验师德水平的标准，也是培养师德水平的途径。校长作为学校的管理者，从学校发展实际及教师发展需求出发，组织开展形式多样的师德主题教育实践活动，可引导教师在实践过程中发现自身的不足，从而帮助教师提升师德水平。

近年来，结合我校"微笑教育"中的"悦心管理"，我尝试发挥校长在教育活动中的"主心骨"作用，不仅创设了轻松愉悦的活动环境，还创新开展了"不忘初心 牢记使命"的主题教育活动，以及形式多样的师德主题教育活动。通过这些活动的开展，引导广大教师深入理解师德内涵，自觉践行师德建设的基本要求，着力解决现行师德师风建设中存在的突出问题，并逐步建立健全师德师风建设的长效机制，将师德教育纳入教师发展成长的全过程。

4.注重培养师德典型

教师职业是伟大而平凡的，在我们身边就有很多优秀的模范教师，他们师德高尚，勇于奉献，甘于平凡，默默奉献自己。校长作为学校管理者，应该要注重对模范教师的发掘、培养及宣传，充分展现新时代优秀教师的精神风貌，并在校园内营造尊师重道、争创典型的良好氛围。

在这次新冠肺炎疫情期间，我校涌现出了一批优秀的教师，他们的专业水平和职业素养都在这场疫情中得到了检验。他们爱岗敬业，利用线上教学平台，高效落实各项教学教研任务；他们关爱学生，时刻关注着学生疫情期间的心理状况，及时疏导学生的不良情绪，帮助学生调整学习状态；他们坚持学习，疫情改变了学习方式及空间，但没有改变这些教师的学习习惯，他们依旧潜心钻研业务，跟紧教育的发展脉搏，不断提高自身的专业素养和教育教学水平。对于这些师德典型，作为校长将会带头做好挖掘及宣传工作，通过多方渠道及时传送相关典型事迹，充分发挥榜样示范作用。

5.完善师德评价机制

在强化师德建设的当下，我们身边有很多的师德典型，但也存在着一些忽视师德建设的现象。结合多年的学校管理经验，我认为最重要的一点就是要建立完善的师德评价机制，以督促和激励的方式，引导教师职业道德的自我提升。

随着"微笑教育"的实施推进，我校建立起了与"微笑教育"相适应的教科研管理制度，以促进教师专业发展，其中便有关于师德的考核评价体系。作为师德建设的引领者，我进一步完善了教师日常师德考核评价机制，在教师评优评先、职称评定等工作中，将师德作为首要标准。对于师德典型，给予重点培养、宣传及奖励；对于师德欠缺者，进行及时的劝诫、督促及整改。

6.重视校园文化建设

校园文化建设中也蕴含着丰富的师德内容，能够潜移默化地影响教师的职业行为。校长在规划校园文化建设时，应将师德建设渗透其中，在校园内形成良好的修身立德、尊师重道的氛围。

以"微笑教育"为指引，我校精心设计校园硬环境和软环境，让师生在校园中感受微笑、学会微笑，自然流露会心的微笑、欣赏的微笑。这些"微笑"背后，是全体教师对"微笑教师"内涵的深刻理解，是教师爱岗敬业、团结协作、关爱学生等精神对学校整体风貌的推动。

习近平总书记提出"四有好老师"的标准，明确好老师要有理想信念、有道德情操、有扎实学识、有仁爱之心。希望我们每一位教师都能时刻谨记这四项标准，孜孜以求，修身立德，以言行雅正、为人师表的良好形象成己达人，做学生成长路上合格的引路人。

十三、以"春文化"引领师德建设新高度

广东省阳春市春州小学校长　陈奕传

习近平总书记指出，教师是人类灵魂的工程师，是人类文明的传承者，承载着传播知识、传播思想、传播真理，塑造灵魂、塑造生命、塑造新人的时代重任。教育大计，教师为本；教师大计，师德为本。党和国家将师德建设提到了一个前所未有的战略高度。

"火车跑得快，全靠车头带"，校长是学校的"领头雁"，要深刻认识师德建设的重要性，准确把握新时代师德建设的新要求，引导广大教师更好地以德立身、以德立学、以德施教、以德育德。

阳春市春州小学地处粤西边远山区，作为一所新学校，春州小学基于阳春的地域文化和教育本质挖掘"春"的内涵，以有温度的"如春教育"做好学校的内涵和特色发展。其中，以"春文化"引领师德建设，使师德建设工作提高到一个新的高度。

1.引领"春华秋实"的愿景展望

"春发其华，秋结其实"，这是春州小学的校训，比喻人生、教育像草木一样，春天开花，秋天结果，有适时的播种和辛勤的耕耘，才会有丰

收的喜悦。而这些在教育和管理中获得的满意收成，就是共同的发展愿景。一所学校，老师看到教育事业发展蒸蒸日上便能充满美好的憧憬，从而产生自豪感；让教师展望学校未来发展，并看到自身发展的美好希望，便能产生为实现人生价值而奋力向前的激情。

春州小学根据学校发展需要制定教师个人"愿景"内容，如"青年教师个人成长规划""达成愿景年度目标""骨干教师成长路径"等，引领教师对发展愿景展望达到一个新的高度，并为这一新高度而坚持不懈地付出努力。

2. 塑造"如沐春风"的校园文化

校园文化是学校的灵魂，是师德的载体。管理学中著名的"破窗效应"理论，让我们得到启发：在学校管理中，校长只有为师德建设营造一种纯洁美好的环境，才能实现整个教师队伍师德水平不断提升。所以，塑造"如沐春风"的校园文化，让教师每日沉浸在美好的环境中，心情愉悦地工作，必能形成积极向上令人欣喜的良好氛围。

春州小学积极营造如沐春风的校园环境，努力打造"一园、一吧、一廊……"让师生每天能在绿色、美丽、宁静、舒适的校园环境中安心、愉快地学习工作。"一园"是打造"绿色校园"：以"春"命名的建筑——春曦楼、春华楼、春晓楼，与配以攀缘植物点缀的绿色长廊相互辉映；建于茵茵绿草之中的悦读园有幽静的石头小径，两边是印有名著导读、名家介绍的书模，引领师生读名著、阅经典。"一吧"是充分利用各楼层走廊建成了"悦读吧"，大力推进分享式阅读，打造书香味浓郁的"悦读家园"。"一廊"——春州文化长廊，传承阳春的非遗文化，以"春州风貌""春州美食""春州礼俗""春州工艺""春州故事"等为主题，引导师生开展阳春地域文化的学习之旅……

通过塑造"如沐春风"的校园文化，让老师们对学校自然而然产生一种愉悦感和自豪感，久而久之，必会使其仪容仪表变得更端庄、言行举止变得更文雅，既实现了自我的提升，又能使学生耳熏目染地受到良好的熏陶和教育。

3. 实施"春风化雨"般的人格熏陶

"学高为师，德高为范"，良好的师德能引导学生向善、向上。"春风化雨，润物无声"，这是我校形成的教风。同样，在师德建设中，校长实施"春风化雨"般的人格熏陶，对于教师的影响也是不言而喻的。作为校长应该做好表率，以自身高尚的品德端正教师的人生观、价值观，把自身的人格魅力化身于校园日常点滴的细节中：迎着晨曦，站在校门口微笑迎接师生进校；看到校园地面上的纸屑，弯腰捡起来；发现师生遇到困难，及时伸出援助之手……这些看似不起眼的小事，会如"春风化雨"一般滋润师生的心田，为培养他们健全的人格、陶冶他们高尚的情操、锻造他们坚强的意志发挥"润物无声"的良好作用。

"春风化雨"般的人格熏陶还表现在校长对教师的人文关怀上，人文关怀可以让教师感受到理解与尊重，能不断地帮助他们获得职业的尊严，获得人生价值的体现，获得为师的幸福感！春州小学坚持开展"传递正能量，点赞春州人"活动，无数的点赞使教师获得职业认同感，实现师德的高度自律和师德建设高度的提升。

4. 激发"春意盎然"的团队活力

"春意盎然"给人一种生机勃勃的感受。能激发团队的活力，发挥团队的效能，定能为师德建设成效添加不少动力。

《国家中长期教育改革和发展规划纲要（2010—2020 年)》明确提出要"努力造就一支师德高尚、业务精湛、结构合理、充满活力的高素质专业化教师队伍"。这为目前时期进一步加强师德建设指明重点：团队建设是新时期师德建设的重要内容。团队精神的潜在力量是无限的，无论是大到一个国家还是小到一所学校的发展，如果能在管理中充分发挥团队精神，就能实现"一加一大于二"的管理效能，很好地达到预期目标；如果能充分激发团队活力，更能令学校的优质化发展事半功倍。

在激发团队活力的方法上，春州小学创造了多种互助协作的平台，如开展"青蓝导师培养工程""青年教师成长工作坊""教师才艺擂台赛"等，通过这些活动，把团队第一的概念传递给每一位教师，激励起团队每一位教师的职业热情，以此激发出"春意盎然"的团队活力。这一活力，必能使师德建设的水平提高到新的高度。

十四、校长在学校师德建设中的引领示范

广州市白云区汇侨第一小学校长　陈焕珍

西汉文学家、思想家扬雄指出，务学不如务求师。师者，人之模范也。历代的教育家提出的"为人师表""以身作则"等，既是师德的规范，又是教师良好人格的品德特征的体现。师德，它是教师和一切教育工作者在从事教育活动中务必遵守的道德规范与行为准则，以及相适应的道德观念、情操和品质。师德是教师的灵魂。教师教育学生既要言传又要身教，而身教重于言教，所以教师务必要加强职业道德修养，既要有优良的品德也要有高尚的情操。但是因为受社会不良因素的影响，道德失范、诚信丧失等问题日益突出。学校管理也是重智轻德，部分教师不能坚持师德师风的一些管理制度。更有些学校对教师违纪姑息迁就，在师德评议当中也是走过场，弄虚作假。有些教师忽视了学习、反思和修身，看不清教育发展的形势，甚至出现了师德失范的违法违纪违规的问题。作为学校的校长，应如何进行引领示范，促进学校师德工作的有效开展，促进教师良好职业道德规范的形成？

1.办学思想，引领示范，指引教师良好职业道德的形成

学校的办学思想是学校各项工作的灵魂，办学思想下形成的办学理

念，更是学校文化内涵所在。学校办学思想就是师德的一种引领。理念的引领来自对教师师德的一些具体的要求。我曾在一所城乡接合部的薄弱学校任职，学校的老师没有考勤概念，上下班的时间都是老师们自己随意安排的。上班无所事事，疏于业务，造成整个学校的教育教学质量都很差。我去到那里之后，结合学校的区域文化，和教师们一起制定了学校的办学理念：扬人人所长，育火红童心。结合教师职业道德规范，和老师们一起制定管理制度。大家一起制定了这些制度和要求之后，老师都会严格要求自己，因为老师们都是经过专业培训的，本身的素质还是蛮高的。大家共同按照既定的目标，爱岗敬业，爱生如子，刻苦钻研业务，提升自己的专业水平，学校的教育教学质量得到很大的提升，短短的五年时间，在师生的共同努力下，从一所薄弱学校蜕变成一所中高档的学校，学校取得集体荣誉省级 2 项、市级 6 项。可见，学校的办学思想在师德建设中起着重要的指引作用。

2. 培训学习，形式多样，指导教师良好职业道德的形成

《中华人民共和国教育法》规定，教师要"忠于人民的教育事业"。这是教师师德的核心。校长要做好师德培训的计划，通过座谈会、知识讲座、师德师风培训等多种形式，认真宣传、学习、贯彻《中华人民共和国教育法》《中华人民共和国教师法》《中小学教师职业道德规范》等，规范从教行为。开展师德大讲坛，让教师结合自己的教学实际进行故事演讲大赛。树立师德的先进榜样，开展学榜样、塑师德的专题活动：让师德的先进榜样在政治业务学习时间演讲个人的事迹，让教师们找找距离，确立努力奋斗的方向。课余开展师德大讨论，统一思想，形成共识，通过谈体会、谈认识，把师德具体要求深入到每个教师的心中，落实到教师的日常教学工作中，对学生要有大爱，常带微笑，注重自己的生活小节，注意自己的师德形象，做到仪表端正、举止礼貌、言语文明、为人师表。积极引

导老师们学新教材、新教法、新课程，要敢于去创新实践。结合学生的实际，因材施教，积极参与课堂的改革。认真学习相关的法律法规和职业道德要求，尊重学生的人格人权，严禁恶语伤害学生，甚至反复抄写作业、打手掌等一些变相体罚的事情发生。通过学习让教师爱岗敬业，踏踏实实做好本职工作，树立教师良好师德形象。

3.率先垂范，言传身教，引导教师良好职业道德的形成

校长作为学校的"领头雁"，更加要成为师德师风的楷模，教师学习的榜样。孔子曰："其身正，不令而行；其身不正，虽令不从。"校长要从我做起，率先垂范，作出表率，以高尚的人格感染人，以整洁的仪表影响人，以和蔼的态度对待人，以丰富的学识引导人，以博大的胸怀关爱人。校长要认真学习贯彻师德师风的要求，言传身教，成为教师们学习的榜样，成为爱岗敬业，爱生如子，爱校如家，积极进取，充满正能量，为了教育事业无私奉献的师德榜样。要使老师们积极研究，刻苦钻研业务，那么校长自己本身就要做到刻苦钻研，熟读诗书，用更多的理念去引导老师，做好示范作用。你让老师们爱孩子，那么作为校长，你更加要爱学校，爱老师，爱学生，把自己全部身心都通过爱去献给他们。有些老师经常对我说：校长，我怎么每天见到你都是精神抖擞的，难道你就没有心情不好或者身体不舒服的时候吗？说句老实话，谁会没有呢？但是我是这样跟老师们说的：学校要求教师微笑着走进学校，微笑着走进课室，把一切的烦恼都抛之脑后。如果你们每天都见到我精神抖擞，微笑满脸的，同样你们也会受到我的感染，脸上自然也充满着微笑，充满着正能量。那当你们走进课室的那一刻，你们也会微笑着对着我们的孩子。我们整个校园都充满着微笑，充满着正能量。一天就这样快乐地度过，在这快乐的微笑中，我们的孩子自然就会健康成长啦！

4. 人文环境，陶冶熏陶，促进教师良好职业道德的形成

校长要善于创设人文性的校园环境氛围，要做好师德的宣传工作，采取横幅、板报、校刊等形式，对相关内容加以宣传和展示，使每一位教师都能自觉规范言行，以身作则。大家可能都有一种习惯，当你去到一个五星级的酒店用餐的时候，你自然会很优雅安静地享受美餐。当你去到一个嘈杂的大排档用餐的时候，你也会很自然地像周围的人一样大声喧哗，这就是环境文化氛围对人的言行举止的影响作用。同样，如果我把学校设置成优雅、充满着正能量的环境氛围，宣传栏张贴着一些关于师德的要求，如习近平总书记对我们教师提出的做"四有好老师"，在办公室张贴《中小学教师职业道德规范》，在学校微信公众号宣传师德标兵等等，让教师们低头可见，抬头可见，举足即观，自然会无意中注意自己的言行举止，在环境的熏陶中，促进良好师德慢慢地形成。

5. 激励评价，以点带面，引领教师良好职业道德的形成

师德建设是学校教育工作的重点，是灵魂，校长要把它列为学校重点工作。要建立激励评价体系，发挥导向作用。建立积极有效的评价体系，是教师师德形成的良好途径。有评价才有触动，通过评价来提升，这种途径效果会更加显著。我们结合师德的相关要求，由教师们民主商议，最后定出一些评价体系。然后大家根据这些评价体系去进行落实，与教师的上岗、晋级、职称评定、评优评先、绩效工资发放相结合，建立教师师德师风的管理评价体系。学校的管理制度、教师的职业道德规范，都要接受学生、家长、社会对教师行为的有效监督。比如教师体罚或变相体罚学生、有偿补课、收受家长礼物等，还有一些违反教师职业道德规范的行为，我们要实行师德师风一票否决制。我们还可以通过师德师风举报箱，对老师

的一些师德行为进行监督，充分发挥师德举报箱应有的作用。对于违反教师职业道德规范的老师，我们要及时地进行批评教育，严格按照师德管理制度进行处罚，让老师对自己的行为负责。严格落实每年一次的师德评议制度，教师们先自评，再相互进行评议，对照教师的职业道德规范，结合平时的教育教学进行评议，一针见血，真枪实弹，还要通过学生、家长的问卷，详细了解教师的行为，对于师德考核不及格的老师，年度考核也是不及格的。我们还可以树榜样、扬正气，结合教师职业道德相关要求，民主制定评选师德标兵的细则，每年评选出师德标兵，并在学校的宣传栏上进行展示，激励教师，树立榜样，以点带面，引领教师良好职业道德的形成。

校长在开展师德师风建设中，必须持之以恒、常抓不懈。从校长的示范引领做起，从每一位老师做起，规范教师的教育教学行为，让每一位教师怀着对学生高度负责、对社会高度负责、对科学高度负责的态度，"明师道、铸师德、扬师风、强师能"，使自己无愧于"人民教师"的光荣称号。

十五、在活动中彰显校长在师德
建设中的领导力

广东省梅州市丰顺县埔寨塔下华侨学校校长　邱旭平

孔子云："其身正，不令而行；其身不正，虽令不从。"教师的工作对象是有极大可塑性的未成年人，教师的道德表现能够影响学生的一生。因此，教师有高尚的职业道德是学校办学质量的保障。作为校长，要提高学校的办学质量，就要加强师德建设。我校开展了以下几方面活动，对教师师德成长发挥了重大引领作用。

1.活学文件——更新师德知识

上级有关师德方面的文件是师德标准，校长要组织老师认真学习。如果让一个人读文件其他老师听，往往读的人口干舌燥，听的人昏昏欲睡，效果并不好。如何组织老师学习文件，使老师们印象更深刻？我校推陈出新，灵活采用多种形式来组织学习，使这些文件内容真正入脑入心。

如教育部 2018 年 11 月出台的《新时代中小学教师职业行为十项准则》，我们采用与练书法相结合的形式来学习，要求每一位老师每天用钢笔抄写一项准则的内容，循环往复地练。由于练书法要更认真，更集中精

神，而且是多次反复，从而促使老师们的师德知识得到更新，钢笔字书写水平也得到提高。

又如，在组织学习《丰顺县中小学教师职业行为"三十不得"》时，我采用全校教师每人轮流读一条的形式。由于每一位老师读的声音、风格都不相同，不容易引起疲劳；还有就是老师得时刻注意读到哪一条了，是否轮到自己了，促使老师们自始至终都认真学习，大大提高了学习效果。

2. 演讲比赛——渲染师德情感

老师们通过学习有关师德文件，对师德概念掌握牢固，在此基础上可以产生丰富的道德情感，这正所谓"知之深，爱之切"。老师一旦形成师德情感，就会积极地影响其教育行为的道德选择。情感的一个特点，就是它具有感染性，一个人的情感可以感染其他人，使其具有同样的情感，并与自己产生感情上的共鸣。为了渲染师德情感，我校开展了"不忘初心，铸就师魂"的师德小故事演讲比赛。通过活动，引导每一位老师对自己工作中，有哪些是符合师德标准的，有哪些事例最能体现自己对教育的爱对学生的爱，进行反思，进行总结。在演讲比赛过程中，互相学习，互相影响。当老师讲到"病刚好转，没等医生批准就偷跑回教室……我不能耽误了学生的功课"时，让人怦然心动。当老师讲到"你虽然伤我千万遍，我却依然爱你如初恋"时，这种对教育事业的爱，对学生的爱，感染了所有老师。老师们的师德情感产生了共鸣，得到了升华。

3. 警示教育——磨炼师德意志

对老师们进行警示教育，使老师们警钟长鸣。如某校王老师上体育课时，由于有一学生不排队，被王老师用小树枝打了一下。学生家长反映到电视台，说老师体罚学生。该老师被通报批评。我利用这个事，再三叮嘱老师们再气也不能打学生。对学生的教育要有耐心。还有就是用身边的一些小事，给老师们提个醒。如李老师所教的班上有一学生请了半天假，李老师就让这位学生补作业。没想到第二天早上，这位学生的家长居然找到学校，要求老师别让他家孩子补这些作业，原因是该学生请假没学，不会做，昨晚哭了一个晚上。本来事情不大，可李老师心里打定主意要树立老师的权威，要压住这位家长，一定要让这位学生补作业。因此，学生家长跟李老师吵起来了，劝开了，又吵起来。我利用这个事例，引用柯中明校长的话教育老师"不要跟家长争一时的高低，论一时的长短"；"老师要忍让"；"忍让也是传统美德"。通过警示教育，使老师们的职业道德意志更坚定。

4.过程评价——倡导师德行为

通过过程性评价，来倡导老师们的师德行为。如在教师会上表扬张老师，说她责任心很强，作业总能做到当面批改，批得也很详细，效果很好，体现了张老师对教育事业的热爱，对学生的热爱，值得大家学习。后来我发现全部老师都能做到当面批改作业。又如蔡老师在上学校的公开课时，提问了一位慢进生，蔡老师经过耐心引导，使她学会了。在评课时，我给予这样的评价：蔡老师能偏爱慢进生，对慢进生能循循善诱，具有一个学生也不能掉队的精神。令我惊喜的是，在以后的推门听课中也能经常看到老师耐心启发慢进生的过程。校长用过程性评价，能把一个人的好行为变为全校老师的好行为。

综上所述，在教师师德成长过程中，校长可起到重要的引领作用。作为校长，应该结合平时工作加强对老师们的师德引领，使教师职业道德的"知情意行"有机结合，不断升华。

第 四 部 分

师德建设的困境与化解

一、师德建设的困境与教师主体的自觉

北京市顺义区牛栏山第一中学校长　张华礼

教师，作为人类社会最古老的职业之一，具有劳动对象的特殊性。自古以来，有关其职业道德问题——师德的讨论经久不衰，甚至历久弥新。但是，长期以来，人们对师德问题的关注更多投注于两个极端，一个是"舍小家，为大家，呕心沥血，鞠躬尽瘁，舍己为人"的"好老师"，一个是"谋私利，满私欲，弄虚作假，玩忽职守，不尽其责"的"坏老师"。在媒体聚光灯的效应下，公众对"好老师"望眼欲穿，对"坏老师"深恶痛绝，却对占据教师队伍绝大多数的"普通好老师"置若罔闻。诚然，"好老师"值得我们学习，"坏老师"值得我们唾弃，但他们终究只是少数，而"普通好老师"才是教师们蹦一蹦能够得着的师德常态。北京教育学院的王永红教授认为："普通好老师就是能用自己的行动感染学生，工作的敬业度和投入度比一般人要稍微多一点，把本职工作做出彩，在聚光灯下也许并不突出，但是在普通的舞台上却能照亮一方的人。"①

---

① 郑美娟、秦玉友、曾文婧:《新时期师德建设思维:反思与调整》,《教育发展研究》2019年第 18 期。

1. 中国传统文化将教师推向道德高地

古人吟"春蚕到死丝方尽，蜡炬成灰泪始干""落红不是无情物，化作春泥更护花""鹤发银丝映日月，丹心热血沃新花"，今人言"捧着一颗心来，不带半根草去""太阳底下最光辉的职业""人类灵魂的工程师"。这种被过度崇高和理想化的职业描述，隐藏着道德绑架、道德高压的嫌疑，容易造成教师群体的道德焦虑，阻碍师德建设。毕竟绝大多数教师只是平凡岗位上的一个普通人，他们愿意诲人不倦，却难以做到无私奉献，他们愿意甘为人梯，却难以做到舍生取义，他们愿意有教无类，却难以做到泰然自若。"好老师"的标准作为一种高标道德，不是每一位教师都能够企及的，过高的师德楷模形象，不仅难以激发大多数教师的效仿意愿，甚至会导致教师的排斥心理。只讲奉献不求回报、只讲义务不要权利的付出是一种超越型的道德观，需要道德主体自觉自愿地选择，外在形式的强制只会导致适得其反的效果。

华南师范大学王红教授认为：教师的职业道德即"做教师该做的事"，而良好的师德即"坚持不懈做自己该做的事"[1]。虽然绝大多数教师达不到"好老师"的标准，却能够做到"平凡、坚韧、负责、善良，做好自己桌案上的每一件小事，真诚负责地教导需要帮助的每一位学生，坚持在自己平凡的岗位上踏踏实实地经营好每一天"，这种朴实、普通的师德形象才是社会应该大力宣扬、推崇的范本，这种可望也可及的师德形象才是真正具有现实意义的榜样。

2. 教师专业伦理外在的规则化倾向明显，师德建设的内部驱动力不足

教师作为一个专门的职业，对从业者有着特定的道德要求，其存在

---

[1]　孔祥渊：《"不出错"的师德观：表现、原因及其破解》，《教育科学研究》2019 年第 4 期。

"是为了维护教师职业声誉、使教师更好履行职业责任、保证教师向社会提供更好的服务"。近年来，为了进一步规范教师行为，党和国家先后出台并完善了多个制度法规、准则办法，例如，综合性的教师政策《中华人民共和国教师法》《中共中央 国务院关于全面深化新时代教师队伍建设改革的意见》等，师德专项政策《中小学教师违反职业道德行为处理办法》《严禁教师违规收受学生及家长礼品礼金等行为的规定》《严禁中小学校和在职中小学教师有偿补课的规定》《新时代中小学教师职业行为十项准则》等。这些是加强师德建设的国家自觉，旨在调节教师正确行动的力量。

因此，师德建设不仅需要"传统的、单向的、带有强制色彩的'社会管制'"，还需要"现代民主性质的、双向建构的、自主协作、共同发展的'社会支持'"。① 一是师德建设需要软着陆，它需要师德主体——教师思考道德规范的内化需要，由"外在约束的师德被动者"转化为"内在向善的师德能动者"，在道德认知、道德判断、道德行为方面，知道自己该做什么事，且会做什么事，"其生成的过程漫长，需要讨论、协商而非依靠强力一蹴而就"；二是师德建设需要维护教师的尊严幸福，需要国家给予充分的权益保障，需要得到社会足够的尊重承认，需要在一个平等自由的环境中自主施展专业特长；三是正视教师作为理性人和社会人的存在，精神激励与物质激励双管齐下，驱动教师主动追求更高师德的自觉。

3.师德规范层次不明、边界模糊，师德评价专业性不足

师德规范以及加强师德建设的诸多举措，涵盖"思想政治、法律法规、职业理想、职业道德建设"等，不仅包括一般意义上的道德品质，还包含社会生活各方面的优秀素养，范围广，内容丰富，但是这种扩大化的

---

① 杜时忠、倪峥：《论师德建设的"转向"》，《中小学德育》2019 年第 12 期。

宏观师德规范与微观层面的师德评价衔接不够。与此同时，学校规章制度中有关师德规范的内容较少，师德评价更多依赖已经制定好的内容。在这种质性评价难度较大，量化评价标准不明确的情况下，只要教师没有触犯道德底线或违法乱纪行为，师德考核一般都能通过，以至于学校层面的师德评价形同虚设，流于形式。

除此之外，师德失范行为类型多样、层次多元，但师德规范中对这些行为的描述比较笼统，缺乏层次性，例如，"严禁虐待、伤害学生"，什么样的行为就够构成虐待和伤害了，表述不清晰，难以做到抓早抓小，提前预警与干预机制不成熟，一旦触及底线就已经到了很严重的程度。为了平息师德失范行为带来的消极影响，按照公众心目中"好老师"的标准，很多师德规范被迫倒逼式出台，师德建设的专业性受到严峻挑战。

针对这种情况，我们首先应该明确，师德规范至少包含三个层次，即高标师德、常态师德和师德失范。在师德规范的制定中应以教育实践为本，结合教育的内在需求，适当宣传高标师德模范，但作为更高层次的道德追求，不做强制要求；明晰常态师德的具体条目与内容，确保常态师德评价有标准可遵循，提高师德建设的可操作性；区分师德失范行为的不同层次，有效预警和监督教师的不当行为，避免触及底线后的追悔莫及。同时，让教师对自己的三尺讲台拥有专业自主权和话语权，对于外界的质疑声，政府相关部门和学校要以既不袒护也不息事宁人的态度，还社会和教师以实事求是的真相。

二、协同构筑师德建设长效机制

首都师范大学附属中学实验学校校长　阮守华

教师是立校之本，一所学校的发展和育人质量与这所学校教师的素质息息相关。为师者，以德为先。以德立身，以德立学，以德施教，以德育德。师德正，则师风正；师风正，则教育清。中国自古就有尊师重道的传统，对于师德一直有着较高要求。习近平总书记提出"四有好老师"和"四个引路人"，以及党的十九大报告提出加强师德师风建设、培养高素质教师队伍，引发社会各界对师德建设的高度关注，师德成为评价教师队伍素质的重要标准。当前，由于受市场经济和多元价值观思潮的影响，教师失德行为的新闻事件屡见报端。师德建设的困境有哪些，如何走出这些困境建立师德建设的长效机制，值得所有教育者思考。

1. 当前师德建设的困境解析

（1）考核评价机制存在弊端

当前，在中小学实行的教师考核评价中还不可避免地存在着重技能、轻师德的现象。虽然国家在不断深化教育改革，全面推进素质教育，但应试教育的影响还是让很多学校更倾向于教师专业技能和教学成果的考察。

绩效分配也与教师的教学水平挂钩，师德表现的重要程度远不及工作绩效的重要性。而且在基础教育阶段的师德考核方式中，负责考核的主体也都是学校的管理层以及教师群体的自评与他评，学生、家长和社会等评价主体介入较少。师德考核似乎成为学校内部的"家务事"，致使师德监督评价变得乏力，无法保障师德建设的客观性和透明度。教师考核评价机制自身存在的弊端，直接影响着师德建设的力度和有效性。

（2）师德建设内生动力不足

虽然国家相继颁布了《中华人民共和国教师法》《教师资格条例》《中华人民共和国教育法》《中华人民共和国义务教育法》《中小学教师职业道德规范》等一系列涉及规范师德的法规条例，规定了教师这一职业的基本底线和红线。但师德建设的法规化并不能完全解决当前师德建设的困境，外在的法律法规无法真正达到师德建设的目标和要求，他律无法代替自律。越来越多与师德相关的法律法规文件的出台，实际上也从一定程度上反映出学校师德自律建设的欠缺，这对于师德建设而言体现了学校评价内生动力的不足。师德建设中教师的自律作用应高于外在他律作用才会起到实效。

（3）师德问题社会认知失当

一旦某个教师出现师德问题，人们往往第一反应认为教师个人道德品质有问题，直接归因于教师自身的师德问题，并没有深究问题的社会根源所在，这种片面的认知影响了对师德问题的正确认识。教师作为师德建设的主体，理应承担自我修炼的责任。但事实上，师德建设并不只是教师自身的自律与修养，学校的教师培训、社会的崇教风气与相关的制度建设都起着十分重要的作用。一些师德问题的发生与学校管理水平、政府治理能力和社会风气等有着十分密切的关系，师德建设力度不够大、治理措施不到位、管理者行为失范等都有可能引发师德问题。因此，社会各界不能一味地从教师层面来谈师德问题，要辩证、全面地思考问题，长期的苛求教师个体行为这种思维定式会掩盖师德建设的深层次问题，造成社会对师德问题的失当认识。

2. 影响师德建设的关键因素

（1）师德教育的范式选择

人是理性与非理性的统一体，人的认知过程则是理性和非理性因素辩证统一的过程。这种师德教育范式，以"不足—培训—掌握"[①]这一模式为基础，违背了"以人为本"的理念，压抑了教师的内在情感需要，降低了教师参与师德学习与实践的热情和积极性，从而间接影响师德教育的最终结果和成效。

（2）教师层面的参与程度

教师作为师德建设的主体，必须要深刻认识和认同师德建设的重要性，并积极参与配合。个别教师若不以为然，放弃改造提升的机会，摒弃对道德伦理的学习，背离教师职业的价值取向，那再科学合理的师德建设，也只能流于形式，成为走过场，无法发挥其应有的作用。

（3）师资培训的投入力度

有投入才会有产出。为保障师德建设的效果，各级政府和教育主管部门、各学校都要有足够的师德建设经费投入。2019年教育部等七部门出台的《关于加强和改进新时代师德师风建设的意见》中，明确将"教师队伍建设作为教育投入重点予以优先保障"。人力、物力、财力、精力、技术等方面的投入与保障水平，将直接关乎师德建设能否正常有序开展。

3. 建立健全师德建设的长效机制

教育部《关于建立健全中小学师德建设长效机制的意见》主张建立健

---

① 蒋文昭：《基于价值思维的师德教育范式的转变》，《江苏高教》2009年第6期。

全教育、宣传、考核、监督与奖惩相结合的中小学师德建设长效机制，并提出了7个方面的具体意见，在《关于加强和改进新时代师德师风建设的意见》中也指明了师德建设的目标和方向。北京师范大学洪成文教授提出，师德建设需要构筑一面"防火墙"，发挥"弘扬正气、人人有责、持续维护"的作用。[①] 而这道"师德防火墙"可以由教师个人、学校、教育行业组织及教育行政部门联合建构。

首先，要激发教师师德修养的诉求。师德是教师个体发展的重要因素，是这一专业的内在要求。作为教师应自觉学习领悟师德的深刻内涵和深远意义，明确教师行业道德标准，做到"知道""理解""遵守"，主动提高师德修养水平，达到师德自律的最高境界。

其次，要构建科学合理的学校师德评价体系。各级各类学校必须落实好师德建设的主体责任，加大在师德建设方面的投入，坚持思想铸魂，完善多方参与、客观透明的师德师风评价机制，建立多元化的师德监督体系。

再次，要发挥行业在师德建设中的规范引领。各级教育学会应当发挥行业协会力量，建立起细化、清晰、可操作的教师职业道德标准指标体系，让师德考核有章可循、有据可依。

最后，要强化政府在师资管理中的治理作用。教育行政部门要做好顶层设计，转变教师考核评价体制，强化师德考核力度，完善问题教师退出机制。同时以人为本，创新师德建设的方式方法，如联合司法系统建立教师警示教育基地等，加大宣传警示力度，进一步提高师德教育的鲜活性、针对性和实效性。

师德是教师素质的重要组成部分，师德修养直接影响着学生品德的培养和价值观的形成，直接影响着学校教育的质量。师德建设是一项复杂的系统工程，要想有效缓解或解决当前存在的师德问题，需要协调社会各方面力量积极参与构建师德建设长效机制，才能取得预期的成效。

---

① 洪成文：《师德师风建设也需构筑"防火墙"》，《群言》2020年第2期。

三、走出师德建设的困境

山东省潍坊市歌尔教育集团总校长　赵桂霞

百年大计，教育为本。教育大计，教师为本。教师的"德"比"能"更重要。师德建设是一个极其重要且永恒的话题，只要教育和教师存在，师德建设就会如影随形，且随着社会的发展，包括教育者与被教育者的变化而历久弥新，不可须臾忽视、轻视和漠视。当前形势下，剖析师德建设的困境与影响因素，探寻师德建设的长效机制，有着十分重要的意义。

1.当前师德建设的主要困境

第一，师德问题不断发酵。进入新时代以来，尤其是随着网络的日益发达和自媒体的爆棚，本来并不是大问题的师德问题，甚至不是师德问题的问题，成了一个"天大"的问题。随着一些师德问题的被曝光和被处理，政府及有关部门强力介入，传统主流媒体与形形色色的自媒体推波助澜，引起社会公众强烈关注。

第二，舆论"群殴"日益严重。如上所述，在当今的信息时代，"蝴蝶效应"在教育行业更加显现了它巨大的威力和无远弗届的破坏力，凡与"师德"沾边儿的现象和问题，都会引起几乎所有的自媒体和相当一部分传统媒体的"网络狂欢",对教育和教师行业的现实与网络舆情,几乎一边倒地呈现负面评价。

第三,师德认知相对混乱。教师确实是一个与众不同的职业群体,在俗称"三百六十行"的各行各业中,与"德"紧密相连的只有"师德"与"医德",可见法律与世俗对教育行业的特殊要求和职业期待。但不可否认,尤其在现代的多元社会,教育也只是一个行业,教师也只是一份工作,教师也有压力、烦恼和情绪,甚至有的教师也有心理问题,但由于历史的原因,社会公众从情感上对教师有相对"苛刻"的要求,相当一部分公众并不真正了解"师德"的内涵与外延。

2. 当前师德建设的影响因素

影响师德建设的因素很多,既有教育行业和教师自身的因素,更有教育行业和教师之外的其他因素。从宏观上说,"师德"问题不是或者不仅是教师的问题。不正视这一点,仅仅就"教师"论"师德",是无法从根本上解决师德问题的。

第一,两个"地位"不到位。随着"80后"甚至"90后"群体大量进入教师队伍,他们的职业定位和从业观念已经较之前的教师发生了很大变化,生活压力加大,使得他们深知"人们首先必须吃、喝、住、穿,然后才能从事政治、科学、艺术、宗教等等",而相对于其他行业,目前教师的经济地位、社会地位,与习近平总书记强调的"最受社会尊重的职业",显然还有一定距离。

第二,公众评价不专业。师德问题当然是一个大问题,但也是个具体的专业问题,不能用一般公众认为的"好教师""坏教师"标准做评判。而现在的问题是,大部分家长不懂,很多包括传统媒体在内的传播工具,以及别有用心的"公知",仅仅从"看到、听到"的一些现象,对并不属师德范畴的现象上升到"师德"也就是职业道德的高度大加挞伐,甚至进行"道德绑架"，如对教师在业余时间送外卖以维持生计也上升到"师德"问题。

第三，"职业倦怠"开始蔓延。虽然面对的是活生生的人，但教师的职业性质决定了教师工作的相对单一、重复甚至乏味，加之经济地位、社会地位的不到位，还有教师管理、培训、成长、职业前瞻等方面的问题，很多地方的教师苦于"被迫应付"工作，"身在心驰"，职业倦怠开始蔓延，辞职现象屡见不鲜，如前不久发生的某地40名教师"集体辞职"事件。职业倦怠严格上不属于师德问题，但造成的危害却不亚于师德问题，而目前尚未得到应有的重视。

3. 加强师德建设的长效机制

师德建设是一个系统工程，需要切实可行的长效机制。仅仅依靠学校甚至教育部门，依靠教师的职业操守或者"思想教育"，难以从根本上解决师德问题。

其一，实现"最受社会尊重"。这些规定，当前亟须落实的是，按照法律法规和中央精神，依法从速落实法律赋予教师的经济待遇和社会地位，从而使教师真正成为"最受社会尊重的职业"。目前是否"受尊重"尚难以肯定，遑论"最受社会尊重"。距今2700年前的管仲早已指出"仓廪实而知礼节"，马克思主义基本原理也包括"人们首先必须吃、喝、住、穿，然后才能从事政治、科学、艺术、宗教等等"。同时，加强对全社会尤其是家长群体的尊师教育也很重要。习近平总书记强调，办好教育事业，家庭、学校、政府、社会都有责任。家庭是人生的第一所学校，家长是孩子的第一任老师，要给孩子讲好"人生第一课"，帮助"扣好人生第一粒扣子"。家长尊师必然影响到孩子，学生尊师，真教育才能发生。

其二，"硬规定"要"真落地"。习近平总书记强调，评价教师队伍素质的第一标准应该是师德师风。师德师风建设应该是每一所学校常抓不懈的工作，既要有严格制度规定，也要有日常教育督导。教师是脑力劳动者，很难像垒砖砌墙、割小麦、保洁物流那样"量化"。加强师德建设，除了教师的经济地位与社会地位之外，主要是强化正面教育、榜样引导和教师自身的"内化"，而不仅是"层层签订师德责任状"，更不是很多管理者喜欢的打卡刷脸、推门听课、检查备课这些表象的形式。师德建设要合乎教师的职业特点，用师德的办法来解决，而当前从上到下都有关于师德建设的具体规定和要求，教育部门和学校要做的是落实好这些规定，而不是另起炉灶、滥出题目。

师德建设的重点和落脚点，是"全面贯彻党的教育方针，坚持社会主义办学方向，遵循教育规律和教师成长发展规律，全面提升教师素质能力，深入推进教师管理体制机制改革，形成优秀人才争相从教、教师人人尽展其才、好老师不断涌现的良好局面"。只要分析清楚当前师德建设的主要困境和影响因素，建立完善加强师德建设的长效机制，无论将来在师德建设方面出现什么新情况和新问题，都可以得到迅速而有效的解决。

四、创建民主、平等、自主、和谐的教育生态环境，涵养优良师德

辽宁省开原市民主教育集团校长　靳海霞

著名学者梅贻琦曾说："学校犹水也，师生犹鱼也，其行动犹游泳也，大鱼前导，小鱼尾随，是从游也。"这句话形象地阐明了教师对学生成长的影响作用。习近平总书记对新时代青年培养提出了"六个下功夫"：坚定理想信念、厚植爱国主义情怀、加强品德修养、增长知识见识、培养奋斗精神、增强综合素质。"六个下功夫"从国家战略高度要求从学校培养出的人走到社会各个角落时，他们所带走的除了科学文化知识、技能以外，还要拥有高尚的人文情怀，坚定的理想信念，浓厚的爱国主义情操，坚韧不拔的奋斗精神。教师的人格修养、胸怀、眼界如何，决定其能否担当起中国"梦之队"队员的教练。学校领导与教师之间，教师与教师之间充满尊重与关怀，体恤与帮助，敬畏真理，信仰学术，每个人的成长都被重视。这样的校园才会不断涌现关于师生生命、生活、生长一段段感人的故事。20年的校长实践，我们从学校干部的服务文化和教师团队文化两个方面做了认真的努力，收到了较好的效果。

1. 建立干部队伍的服务文化

学校是人影响人的场所，教师是"人样子"，学校领导要成为"人样子"的样子，即是教师的"首席"。学校领导能否让教师信服，关键在于工作中能否拥有大公无私的胸怀、甘于为教师服务的心态，专业能力服人，与人和谐共处，为此，我们的领导团队形成共识：身为领导，不是享受，而是一种荣誉，更是一种责任，一种担当。其身正，不令而行。要大气为人，踏实做事；要比教师吃更多的苦、做更多的事。学校领导"源于教师而高于教师"，做教师中的"首席"，变教育教学管理者为教育教学引导者、参与者、帮助者、研究者。同时完善干部履职誓言：以坦荡无私的胸怀、勤勉坚韧的意志品格、严谨认真的工作作风、博学善思的学习态度、公正客观的处理事物的能力、敢为人先的创造精神、谦和高贵的气节、甘于为教师服务的心态，成就师生成长的同时，也成就学校的健康、快速发展。

20 年来，各有绝活、团结进取、对教师充满体恤和关爱、谦和平易、业务精湛的领导团队在教师中树立了高尚的师德师风，干群融洽，共同追求生命成长的美好，引领着青年教师从平凡走向优秀，成为民主发展的中流砥柱。学校形成了人各有礼、事各有序，怀仁爱之心、行礼仪之路的校园秩序和生态的人际文化。

2. 形成团队发展的生态文化

创建民主、平等、自主、和谐的教育生态环境，让教育在尊重、理解、接纳的氛围中顺势而为，将制度约束上升为人文治理的协商文化，形成教师团队发展的三种文化：

第一是理解与容错文化：学校是允许人犯错的地方，尊重每名教师的个性与特长，宽容师生的"反骨"与"傲气"。诚心用人之长，记人之功，容人之过，解人之难。让智者尽其谋，勇者竭其力，能者显其才，贤者彰其德。他们能翻多大的跟头，学校就给他们搭建多大的舞台，让教师在追求人生理想的过程中有尊严、有自由、有幸福感。

第二是合作与团队文化：精诚合作就是要齐心协力，拧成一股绳，发扬团队精神，利用整体优势，实现优势互补，从而实现集体力量的最大化。教师组际间与学科内的合作，充分彰显齐心出力量、齐心出智慧、齐心出境界、齐心出质量的团队文化。在这种文化的熏习下，奔跑成为习惯，拼搏成为自然，学习成为乐趣，创造成为自觉，奉献成为时尚，和谐形成氛围，人人进取、个个争先形成了一种独特的校园生态。于是，民主教育形成一种"场效应"。

第三是学术信仰文化：教育是科学，不仅需要经验指导，更重要的是学术引领。民主教育集团近三十年都尤为注重教师专业发展，建立教师研修文化，淡化行政意识，树立学术权威与学术自信，重视学术分享与学术引领；开放办学机制，畅通教师、学生、家长间的建言通道，共同参与学校发展的开放的治理机制；更加关注师生内心诉求的自由表达，建立尊重、理解、"春风化雨"的美好教育生态环境。这种文化环境所支撑起的同伴互助的关系，使每个人的需求都会得到尊重和支持，每个人的愿望都会得到重视和实现，每位教师都能找到真诚的帮助，彼此支持信任着自己的同事，有尊重才有理解，有理解才能建立信任，彼此依存。发扬文化，扶植思想是民主教师团队的文化符号。

育人者必先育己，身不修则德不立。教师肩负着神圣的社会责任，承载着塑造灵魂、塑造生命、塑造新人的时代重任。良好的教育生态的熏习，使民主教育的教师努力成为影响学生品格、品行、品味的"大先生"，以自身的人格力量润物无声地影响周围的人和事，乃至环境和社会，这种潜移默化的影响力和感染力，实现了生命对生命的灌溉、精神对精神的濡染。

五、师之大者，为天下学生之长远

——提升师德的几点做法

广东省广州市越秀区东风东路小学校长　彭娅

30 多年的教育教学生涯，时间的磨砺；从一线教师到一校之长，角色的变化；从山城重庆到花城广州，地域文化的差异。这些，让我深深体会到：只有具备良好的教师道德品质才能让一名教师走得更远，它是教师个人发展的基础；合适的学校顶层文化的设计，具有时代特征又符合学校特色的价值观引领，可以让教师团队在强大的认同感和归属感中，形成不竭的行动力，让这个团队蓬勃向上，渐行渐远，成就着每一位教师的个人价值，从而促进学校整体高位发展。侠之大者，为国为民，师之大者，为天下学生之长远，应该成为每一名优秀师者不变的责任与追求。

1. 让个人价值追求与学校整体发展相融

用名校的荣誉感激发教师工作的热情，让其拥有成就感。从课堂教学和课程开发入手，建构属于自己的校园文化体系，让每个教师都知道自己和学校未来行走的方向。每个人的内心，都想获得他人的承认与尊重，都有向上和向善的天性，激发得法，可以有无穷动力，唤起成倍的工作热情。教师个人如此，学校亦然。不但让所有教师都有自己个人的发展规划，还要都知道学校未来发展的方向。这是我经历的每一所学校首先要完成的。东风东路小学是广东省基础教育领域的翘楚，我重视学校文化的顶层设计和提升。在当下这样一个时代，如何在原有基础上重构学校价值观，突破学校发展瓶颈，放眼世界教育的发展，汲取先进教育经验和做法，把专家请进校园，和我们的教师一起，共同走上讲台，互相观摩课堂教学，取长补短。进行"AI+"时代的课程开发，建构属于学校自己的研学课程体系，打破学科界限，进行项目式学习，让每一位教师投入其中。从课程开发到引领学生课堂学习，形成闭环，高大上的理论不再陌生，真实地在普通老师身上完成，让每一位老师获得成就感，在提升专业素养的同时激发内心工作原动力。

聆听教育名家教诲，提升自己内心修养。例如：东风东路小学很荣幸，有机会在校本培训当中，请到顾明远先生。先生虽已是耄耋之年，对教育的追求仍不倦怠。先生为老师们解析未来教育的发展，给老师们留下深刻印象的，不仅仅是对教育未来的理解，更重要的是对教育的态度和一位朴素老人淡泊名利的人生高远追求，这些都深深打动着每位教师的心灵。零距离与教育名家面对面，有"听君一席话，胜读十年书"之感。顾明远先生亲笔为东风东路小学题字：世界眼光，中国情怀。对教育的理解和期望，尽在其中，让每一位东风人心受洗礼。

2.让专业团队引领和师德提升齐飞共舞

教师专业发展和师德提升相辅相成。一名教师最大的敬业是拥有教师自身不可替代的专业能力。可以想象，一个不具备课堂教学能力的教师，不足以论师德。

学校行政团队建构的重心，不仅仅是管理，更要强调专业的引领。学校行政的层级管理和行政学术引领相辅相成，才能在教师心中树立威信，形成凝聚力，学术提升不仅为管理服务，还能管理与学术互相促进。东风东路小学一门四校区，每个校区相当于一间小学校，但是配备的行政只有一名副校长和两名主任，在学校管理上增加了难度和工作量。校区日常管理基本上独立进行，学科的专业引领全校统一，主管教学的副校长和教导处，各学科行政各负其科。如果仅仅靠层级管理进行学校运行，而学科行政不能够在专业上进行引领，学校的教育教学是得不到健康发展的。

专注学科专业团队建设，重视学校工作室主持人引领。充分发挥东风东路小学优秀教师资源，建立由名师和业务骨干为主持人的各学科工作室，引领全体教师的专业发展。学校有省级特级教师 4 人，正高级教师 1 人，通过广东省名校长名师工作室主持人和广州市名师工作室主持人的示范引领，建立 14 个学校工作室，在学校工作室运行过程中，主持人的学科素养，工作的能力、方式和方法，人格魅力，个人情操，对老师们也起到了积极的影响，提升了全体教师专业素养的同时，也提升着教师敬业奉献的职业道德品质。

3. 让校长榜样力量和教师言行德润有声

校长的人格魅力影响着校园里的每一名师生。校长是一个学校的灵魂，校长对教育教学的认知，对待本职工作的态度和价值观，直接影响着学校的每一位教师。作为校长，对工作的勤勉，专业素养的程度，甚至一言一行，都会成为全体师生效仿的榜样。在武汉抗疫期间，我的先生作为一名医护工作者，责无旁贷，积极报名，驰援武汉抗疫。作为家属，我坚决支持先生的选择。从广州迅速集结驰援武汉的两个多月里，虽然担心，但我觉得这应该是我自己、我的家庭的骄傲。在这样的非常时期，先生用行动诠释了白衣天使治病救人的职业操守；我在后方，带着东风东路小学的老师们，积极开发适合孩子们学习的抗疫课程，从医学防护知识到人文情感，及时地组织全校教师进行设计，组织学生线上进行有效学习。这一切，是每个人生命中不可多得的财富。在这样一个抗击新冠肺炎的非常时期，全校师生得知我先生战斗在抗疫一线，对教师们的影响，无疑是巨大的，甚至以拥有这样的校长而感到自豪。

学校年轻教师黄颖雯，发现班里有个孩子的父母，都战斗在抗疫前线，爸爸驰援湖北，妈妈也是一名医务工作者，异常忙碌。在这样的特殊时期，没有时间照顾孩子的学习，三年级的孩子对于完全的线上学习方式不习惯，学起来比较吃力。黄颖雯老师放下自己家中3岁的孩子，坚持每周搭地铁一个多小时去孩子家里辅导孩子学习，在学校师生中引起了强烈反响。作为校长，得知此消息，在全校教师的线上工作会议上，表扬黄老师为人师表的职业精神，为全体教师树立了榜样。很多时候，榜样就在我们身边，善于观察发现优秀教师的动人之处，及时广而告之，对于整个学校教师职业道德的提升，能起到积极的推进作用。

师德，是每一位教师都要履行的职业操守。在引领教师发展的同时，校长应该以身作则，积极挖掘身边的榜样，发挥榜样的作用。无论一个国家和民族，还是一间学校，都需要拥有自己的价值观引领和属于自己的英雄模范，我们要充分相信榜样的力量。

学校在"适应时代，面向未来"价值观的引领下，发挥榜样的作用，做优秀的东风人。作为一名师者，要时刻把个人专业素养和道德修养的共同提升融为一体，让两者成为不可分割的整体。这不仅仅是一名校长的职业要求，更是她所带领学校的每一位教师应该做的。

六、打造团队文化，激励教师向上向好

四川大学附属实验小学校长　刘晏

四川大学附属实验小学创办于 1908 年。四川大学海纳百川的精神气质，附小教育向上向好的文化品质，生活教育行知合一的个性特质，铸就了川大附小教育的坚实基础和独特的文化气象。自 1908 年以来，特别是近 20 年来，川大附小始终致力于儿童教育，在以生活教育为学校主流教育思想的办学实践上，积极探索和建构现代生活教育，促进附小教育向上向好发展，形成了"名师引领、梯度发展、个性鲜明"的教师团队文化。

近年来，为全面落实立德树人根本任务，培养德智体美劳全面发展的社会主义建设者和接班人，成"四有好老师"，做"四个引路人"成为新时代教师队伍发展的国家意识。为此，培养一支与新时代要求高度契合的高素质教师队伍成为川大附小教育更有品质发展的重要支撑。在尊重和传承学校教师队伍建设优秀经验的基础上，学校以"现代生活教育"思想为引导，坚持"为美好生活的向上向好"的价值取向，坚守"温暖人心、扶正人性、和善创造、师道芳华、向上向好"为附小教师队伍建设的宗旨，逐渐形成了"师道·上好"的教师队伍发展的品牌形象，使"四有好老师"和"四个引路人"的内涵完整地融合其中。

1. 着力生长形成新时代教师队伍发展"师道·上好"的精神文化

近年来，我们以"四有好老师"为标准，以做好"四个引路人"为根本，着力依靠和激活附小教师群体，通过附小文化和教师群体精神感召，更好地形成支持附小教育向上向好发展的根本动力。在教师发展过程中，紧紧把握附小教育"学生事大""做堂堂正正中国人·成和善创造生活家""海纳百川·行知合一·向上向好"三大核心命题，以"儒雅和善、优雅浪漫、海纳百川、向上向好"为附小教师发展主张，聚焦教师"专业素养、职业素养、社会素养和生活素养"四大素养，形成具有"高认可、研究性、智慧型"的附小教师梯度发展生态团队。

2. 全面构建支撑"师道·上好"教师队伍发展的课程设置

我们从教师职业生活和精神生活两个维度构建教师队伍发展的课程体系。在教师职业生活中，从"环境文化、团队文化、制度文化"三个方面形成教师发展课程的情景系统；从"教师发展三年规划、芳华系列"着力丰富形成教师发展课程的信念系统；从"系统培训、学科发展、生态研究"三个方面形成教师发展课程的智能系统；从"同伴互动、名师工作室、集团活动联盟和评价文化"四个方面形成教师发展课程的支持系统；从"四级亮课、经典活动和家校共育"三个方面形成教师发展课程的行为系统。在教师精神生活中，通过丰富的教师社团活动促进教师身心健康，通过学术沙龙和教师专题讲座发展教师的情趣与审美等。

3. "师道·上好"队伍建设课程的有效实施

自 2017 年以来，川大附小队伍建设"温暖人心、扶正人性、和善创造、师道芳华、向上向好"的宗旨已逐步成为教师的文化共识，为进一步凝聚附小意识，凝神聚气抒写附小教育情怀，激发各年龄段及各发展阶段教师的精神个性，我们通过"师道·上好"系列活动，使每一位教师都感受到职业生活的幸福与尊严。

一是在行动中生长的"师道·上好"教师团队文化。面向将退休的教师开展"师道·芳华"系列活动，感谢并感恩教师的付出与贡献。为每位将退休的教师举办欢送典礼已成为学校的传统、制度和文化，亦是教师的幸福标签。面向名师优师开展"师道·礼赞"系列活动，传播名师成长故事和育人智慧。在名师优师群体中，系统考虑并分批次推荐具有代表性的故事案例及先进个人，利用网络平台、纸媒平台作"师道·礼赞"系列宣传报道，先后有18名教师的教育故事被报道，促使教师从优秀走向卓越，形成良好的典型示范。面向青年骨干教师开展"师道·创造"活动。根据青年骨干教师阶段发展需求，提出了专项阅读、故事沙龙、优质资源分享等计划。阅读分享从"我与我的班级""我与我的学生""我与我的团队""我与我的学校"等不同角度积极开展对照自身的教育行为反思，在此过程中，较为深刻地对爱岗敬业进行行动诠释。面向新进教师开展"师道·成长"活动。如何尽快融入附小群体，缩短自身知识、技能储备与实际需要的差距，较好地完成教育教学任务，是摆在新进教师发展方面的重要课题。"入学初体验沙龙""筑梦芳华""拜师仪式"等活动就是在这样的前提下诞生的。通过稳定的建模，为新进教师尽快融入团队形成了良好的操作范式。面向基层组织开展"师道·使命"系列活动，提升基层组织的责任心和使命感。为美术组拍摄并制作微纪录片《这份爱，生生不息》，记录美术组团队如何实现"生生美术馆"的梦想。为音乐组拍摄并制作微纪录片《这份爱，听见幸福》，记录音乐组团队不忘初心追逐向上向好的艺术教育的故事。逐渐形成学校群体生活的向上向好，形成良好的组织生态。

二是优化落实"师道·上好"队伍建设五大抓手。附小教师队伍发展从"课堂文化、教育教学研究、信息能力、人际交往、生活情趣"等五大抓手进行突破性建设。其中，在课堂文化上，坚持"平等中的首席"师生关系理念，彰显独特的课堂自我；在教育教学研究上，倡导做积极的研究者，发展专业能力；在信息能力上，借助网络，建立向上、年轻、去中心的新型文化；在人际交往上，追求互助、开放、共享的价值诉求，形成风清气正、堂堂正正、向上向好的教师人际文化；在生活情趣上，倡导去世俗习气，追求个人和群体共生互映的生活品位。

三是形成"师道·上好"队伍建设的典型样态。"师道·上好"队伍建设的典型样态，表现为不同阶段的教师根据各自需求与特点形成梯度可持续性的研究团队。如"名师工作室"项目课题化，成熟教师在课题中承担主研任务，新教师的小主题研究，分学科发现基层组织的"闪光点"等，学校通过设立评选"优质资源"共享学术成果，促进优质资源的推荐、遴选、分享和借鉴，优化学校的经典学科活动和育人课程，不断丰富附小现代生活教育的实践图谱。

四是积极推进"师道·上好"队伍建设课程实施成效的评价。以班级学生发展、基层团队生活、教师个体发展为评价的主要方向，形成《班级、团队、教师评价量表》即"CTT"评价系统，以学期为单位进行投放，让评价促进教师"成就感、归属感、愉悦感""三感"的不断优化和提升。其中，成就感作为教师校园生活质量和教师发展的核心因素，它的地位和作用是其他因素所无法比拟的。因此，在评价量表中，从"体能与健康、文明与养成、知识与能力、优势与获奖"等四方面对班级学生的发展情况进行量化评价，指向教师的育人成效，教师因学生的发展获得成就感。

教师所在团队的综合育人功能是每个成员向心力的综合表现，它是教师专业成长和发展的土壤和根基，也是教师获得归属感的有效促进措施。因此，通过"年级课程构建、工作实施执行和组织文化发展"等三个方面对年级组进行考评，从"学术研究深度、团队生活广度和教育成效效度"等三个方面对教研组进行考评，形成对组织的功能性发展评价，构成基层组织的合力，促进教师归属感的发展。教师个人专业发展的基本认定，指向教师的愉悦感，而教师职业生活愉悦感既有上述成就感和归属感的共同构成，更有自己在专业发展和职业生活上的价值选择与认同。

在落实"四个引路人"的过程中，附小支持和激励教师全面开展有学校思想、学科主张、个人风格，能充分激活学生情感和思维的教育教学活动，在将学生群体引入到一个道德的、充满情感生机和思维活力的课堂学习时空场中，实现教育教学活动在"儿童感、生活味、思维度、创新性"等四个维度价值的真正落实与真实生长，从而真正促进师生的精神生命向上向好健康成长。

七、理性看待师德挑战，
突破师德建设困境

北京第二实验小学朝阳学校校长　陈筱梅

　　一提起教师这个职业，人们总会想到一些溢美之词，如"人类灵魂的工程师""园丁""春蚕""蜡烛"等，更有学者称教师为"太阳底下最光辉的职业"。其实，我个人认为，教师虽然和其他千万个职业一样，是职业的一种，但是因为教师工作面对的人群的特殊性，承载着"传道、授业、解惑"的责任，肩负着"教书育人"的使命，甚至关系着人类文明的传承与未来，所以责任重大。

　　每一种职业都有自己业内制定的职业道德和行为准则，对于教育工作者而言，在从事教育活动中必须遵守的道德规范和行为准则，以及与之相适应的道德观念、情操和品质，就可以称之为师德。师德对于教师之所以重要，不仅因为一个具有高尚情操、渊博学识和人格魅力的教师，会对其学生的一生产生重要影响；还有教师本身具有的终身学习意识和能力，工作中的尊重与合作能力，智慧与共情能力等，都会更加丰富教师的生命历程，使教师获得成功的幸福感。

　　但是从事教育工作的教师也是普通大众中的一员，在当今经济发展的大背景下，在上有老下有小的实际困难前，个别教师或多或少出现了一些师德的偏离和缺失，表现为：个别教师为了利益进行有偿家教活动；个别教师认为自己常年在某个年级教学有一定经验，就不认真备课，不思进取，致使观念陈旧，照本宣科，影响了教育教学质量；个别教师不能公正平等对待每一个学生，仍然存在唯分数论的思维；还有的教师收受家长礼品礼金等。这些教师失去了作为教师应有的操守底线，也丧失了自己的人格，损害了自己以及学校甚至整个教师群体的利益和尊严。可能导致以上问题出现的原因有很多，但也暴露出目前在学校中，学校师德建设机制不够健全、部分教师对师德不够重视的问题。

我认为目前师德建设面临以下困境：

第一，社会大众重视教师文凭，但教师能力水平、知识储备和道德品质与之相比不够均衡。

目前我所在的地区小学招聘教师是本科为起点，硕士研究生也不在少数。但我们多数面试者可能在面试时更加关注的是该教师毕业的院校是否是名校、是否是党员、在校期间是否获得过奖学金等，对于该教师是否具有教育情怀、实习经历表现如何、是否具备胜任课堂教学的能力、有无处理学生问题及处理家校矛盾的能力等似乎不在重点考察范围或者说面试时也不太好考察以上内容，这样就缺少了非常重要的一个入职的师德考察环节。有的学校会在教师入职时通过谈话了解其选择教师职业的动机、对学生的态度等，但这些内容新教师均可通过提前准备就可过关，其实基层学校非常需要具有专业性的教师入职心理、师德考评系统或工具。

第二，社会大众对教师的道德标准比较高，但教师群体师德水平参差不齐，个别人行为不端导致社会不良舆论影响整个教师群体。

师德随着社会的不断发展与进步，其内涵是不断变化的，国家与家长希望教师爱岗敬业、学识渊博、关爱学生、为人师表，是学生的楷模、榜样。因此，每一位家长甚至普通百姓，都会对教师这个职业有很高的期望和要求。在2014年第30个教师节前夕，习近平总书记考察北京师范大学时勉励广大师生要成为"四有好老师"，即做有理想信念、有道德情操、有扎实学识、有仁爱之心的好老师，就是国家对教师当前一段时期师德的最高要求。在现实中，绝大部分教师能够践行"四有好老师"的标准，但还是有部分教师距离此要求有一定的差距，甚至出现极端伤害学生、违法犯罪的案例，这和部分教师对师德的认识以及自身能力不够、水平不高、对自己道德规范标准低是分不开的，需要长期不懈地努力提升。

以上问题的出现，原因多样且复杂，可以归结为社会因素、环境因素、教师成长因素以及个人因素。

师德建设是学校永恒的话题，高素质的教师队伍建设一直以来都是学校追求的目标，学校的校风也与每一位教师的师德表现息息相关。因此，建立师德建设的长效机制必不可少。我认为可以从以下方面进行思考和尝试。

严把教师入口关，设置科学有效的教师心理水平、师德水平测试考察，选拔具有教育情怀、热爱教育事业、有爱心的教师进入学校。

省市区县各级教育主管部门以及学校制定的教师行为规范要以国家教育法规文件为基准，如 2008 年修订的《中小学教师职业道德规范》、2013 年教育部发布的《关于建立健全中小学师德建设长效机制的意见》、2019 年教育部等七部门印发的《关于加强和改进新时代师德师风建设的意见》等文件，原则性强、标准高，富于理想化，因此地方各学校在执行这些文件时就可结合时代背景及当地具体情况，制定更加具体、明确、可操作性强，且便于落实检查的实施细则，也可动员教师开展研讨，将师德规范内化于心，由集体商议出的细则大家执行起来会更有认同感。

学校应把师德建设工作作为学校首要、核心工作，不断完善师德建设的长效机制，加强教师的学习引导培训。师德是可以培养的，通过对教师的培训、学习，教师不断地反思，可以调整改变自己的行为，使师德得到强化。师德的核心，其实就是一个字——"爱"，教师作为影响学生成长的"重要他人"，有责任把自己的心血、才智、激情凝聚在对每一个学生的爱中。教师通过学习、培训还应具备爱的情感、爱的行为、爱的能力、爱的艺术。学校还应把师德承诺和师德考核纳入学年的常规工作，加大对先进教师事迹的宣传表彰。

第三，学校应关心关爱教师，关注教师的需求，为教师专业发展搭建平台，提高教师待遇。师德不是孤立存在的，它存在于教师的教育教学工作全过程中，存在于教师的言行举止中，师德与教师的知识技能水平也有着非常重要的关联性。学校可以建立教师师德档案，此档案为动态的，可以将教师日常的师德案例收录其中，也可在此档案中纳入体现教师教学理念、课堂教学组织管理实施、师德奖惩的内容。

总之，教师肩负着培养国家建设人才的重要使命，全社会都应努力营造尊师重教的氛围，维护教师的合法权益；作为教师，要有扎实的知识储备，终身学习的意识和能力，较强的知识传授能力，以及真心爱每一个孩子的情怀。师德师风建设永远在路上。

八、就在你所在的地方生根开花

——学校师德建设的实践与守望

江苏省无锡市东湖塘中心小学校长 陆芳

"以身立教，为人师表。"习近平总书记强调："教师是人类灵魂的工程师，是人类文明的传承者，承载着传播知识、传播思想、传播真理，塑造灵魂、塑造生命、塑造新人的时代重任。"要求要加强师德师风建设，引导广大教师以德立身、以德立学、以德施教、以德育德，争做"有理想信念、有道德情操、有扎实学识、有仁爱之心"的"四有好老师"。

从实际操作层面来讲，师德师风建设是制度的、规范的、系列的，也是具体的、文化的、个性的。它带着一方水土、一所学校或一群人的个性特质，真实、生动、可感，蕴含校园的温度，折射人性的光芒，引领教师的美好成长。

1.培植文化定力——"濡染一棵树的精气神"

余秋雨说："文化是一种成为习惯的精神价值和生活方式，它的最终成果是集体人格。"有文化认同、有共同价值追求的学校，才是一所"有归属感、有意思、有希望以及有灵魂、有行动力"的学校。无锡市东湖塘中心小学创办于 1911 年，是苏南乡镇一所普通的农村小学。学校很小，是区域内周知的办学条件薄弱校；但校园扑面而来的精致、用心的气息，师生呈现出的精气神，却令人们由衷点赞这是一所"有教育气质、教育内涵的学校"。学校从"诚俭勇勤"的传统中走来，坚定"向着儿童的方向"的办学理念，坚守"为每一个美好人生奠基"的教育使命，确立"过一种美好的生活，办一所童味的学校"的教育主张，培植"童真"文化。一如校园的"香樟树"那样，具有自己的文化定力。学校师德教育也与这棵树紧密相关。

（1）"香樟讲坛"，让精神之树常青

文化是一种精神符号，也是具体的意象表达。走进东小校园，四季常绿、繁茂生长的香樟是最美的风景。樟树根深叶茂、朴实沉稳、持久向上，与教师一样平凡质朴但持久芬芳。我们将樟树视为校树，从它身上品悟精神内涵，濡染润泽。

学校开设"香樟讲坛"，以解读、品悟、诠释等方式带领教师学规范、践承诺、润师德，激励教师固守精神家园，坚定信念追寻；又通过"身边人讲身边事，身边人讲自我事，身边事教身边人"，大力弘扬香樟精神，自觉加强师德修养。"香樟讲坛"上，从校长、行政人员到普通教师，年长者、年轻人，个个是主角，讲学校历史、校园精神，讲成长经历、困惑反思、师者"小确幸"……一所乡村小学的成长史变得立体、饱满，香樟树下的教师也刻上了樟树文化的烙印。

（2）"香樟奖项"，以榜样传递能量

学校的评优评先，折射的是一所学校的价值导向和教师的师德底色。

自 2015 年起，学校结合香樟文化意象，将连续开展了十年的优秀教师"年度人物"评选，升格为"香樟奖"。这是一项分量重、有意义的校级评选，评教师，也评职工，弘扬像"香樟树"那样坚守、卓越、根深叶茂、经得起时间检验的满满正能量。获奖者中，30 年耕耘不倦的"老黄牛"、28 年守望成长的班主任、25 年扎根村小的后勤总务，折射出每个平凡人的不凡的坚守精神；颁奖会简约隆重的典礼，更是见证荣耀与感动，以最生动的师德教育营造浓郁的学先进、争先进、比奉献的氛围。

（3）"香樟记忆"，以仪式记录成长

个人荣誉激励你追我赶的良好氛围；集体荣誉则激发携手同行的强大合力。

学校每年评选师生心目中共同的珍贵与美好——"香樟记忆"。通过访谈、问卷、投票等形式，以纪念册、音视频、颁奖礼等方式，典藏永恒记忆。每次的颁奖词，都通过专业主持人的声音温暖传递，这一刻师德教育无须刻意教化："2019 悄然滑过，回眸处——一群人，用爱与责任追寻着教育的理想；一程岁月，镌刻下生机蓬勃的教育时光。每个人、事、物，每种体验、经历，每段教育生活，秋日叶落、春天花开，共筑东小家园。'为每一个美好人生奠基'，同心携手办一所有故事、令人难忘、温润美好的学校。谢谢有你的 2019，谢谢你陪伴着东小校园，谢谢你让美好的事物更纯粹。记住这最深情的冬天，留住这最醉心的笑靥，2019，成长记忆，感谢有你！！"

"不要人夸好颜色，只留清气满乾坤。"让师德建设与学校文化的传承创新紧密相连，文化这只看不见的巨手便能转化为强大力量，坚定文化自信，激发教师队伍向上的活力。

2. 培育精神气质——"让自己成为一束光芒"

师德是用具象阐释抽象。中国教育新闻网有文章说，中国教师是属"光"的人。一所好学校，人的精神世界是丰满纯粹的；学校里的校长和老师，在说起自己的学校和学生时，每个人的眼睛里是有光的，热情洋溢，温暖兴奋。这光来自教师对职业和自我的认同，来自自我实现和陪伴学生成长的幸福，来自与团队共生长的价值感。师德教育就是要不断引领和发现，让学校里生长起一群属"光"的人。

（1）向下扎根——"向四面八方打开，遇见更好的自己"

教育是育人的事业，教师应是一个丰富完整的人。教师是优雅的，我们的孩子就有望优雅；教师是从容的，我们的孩子就有望大气；教师是幸福的，我们的孩子就有望明亮。每一个教师都应努力向下扎根，更有深度、宽度、广度，遇见更好的自己。

除引领教师锤炼扎实的专业素养，学校应着力丰富教师文化生活，致力让教师文化视野更开阔。我们成立多个教师社团，如芳菲朗读社团、魅力陶笛社团、快乐乒羽社团、翰墨书香社团以及"美食汇""瑜伽美""太极拳""衍纸社""读书会"等，社团指导老师既有内聘，也可外请。丰富的社团活动让教师生活更多彩，也打开视野，发现原来自己也可以有更多可能性，对教育、对学生的理解也更完整。

（2）向阳而生——"向前多走一步，成就不一样的我们"

教育本质上是一种精神实践，它不是冷冰冰的知识传授，而是点燃他人的生命之火。学校应给教师创造向阳向暖、争奇斗艳的机会，激发教师温润美好的教育情怀，成就不一样的群体。

如每一次承办和参加活动，都可以成为教师精神气质的培养实践。承办区师德推进会时，改 PPT 汇报为主题活动《香樟树下，培根开花》，分为校园中的个人、级部、团队三个篇章，数十名教师共同展示教师群体的温暖、友爱与美好，令人动容。在工会节目音诗舞《天耀中华》的创作中，多才多艺的校长倾心而为，亲自带领 34 个几乎都是首次登台的语、数、英教师一路走上市级春晚的舞台，有了人生第一次精彩华丽的蜕变，激动到一夜无眠，赞叹校长化腐朽为神奇，一次次美好经历把教师的心连在一起。

（3）向美而行——"眼里有光的人，才会有诗意和远方"

师德建设是学校管理的灵魂，学校要健全师德考核，强化师德监督，注重师德激励，将正向促进同防范约束有机结合，形成师德建设长效机制。更要依靠团队力量，激励各层面教师找到职业幸福感，拥有那种深沉、美丽、持久的力量，并让这份力量点亮教师"心中有爱，眼底有光"。

首先，锻造一支有责任担当的中层队伍。强化管理队伍作风建设和责任担当，引领管理人员有"四度"——胸怀有宽度，学养有深度，待人有温度，做事有厚度；要"正勤坦能"——正直、正确，勤快、勤勉，坦诚、坦荡，能动、能干；通过"做最好的中层"系列论坛等培养其成为优秀、靠谱的管理者，成为带领教师发展的第一"光源"。其次，打造一支比学赶超的优秀团队。以行政部门纵向和级部管理横向交织的矩阵结构实施扁平化管理，培植教师的主人翁意识、创造性和团队凝聚力、战斗力，每一个部门都具有向上的内生力，校园就能长成一片"光亮"。再次，形成一种"心齐力合"的气度风尚。凡事讲责任、讲担当、分工合作不分家，强调相互支持。化条件制约的阻力为动力，培养起"集中力量做事"的工作风格和"心齐劲足力合"的团队风尚。六一节，全镇八所学校需举办两场文化展演，我校独立担当一场，全镇乡亲被深深震撼感动，我们更看到教师发自内心对工作的热爱喜欢。十年间，小学校走出大批优秀教师，更走上全区半数学校的校级岗位，被赞"东湖塘现象"。一所学校，校长、中层、教师都自带光芒，才能成就教育的诗意和远方。

3. 培养专业能力——"就在你所在的地方生根开花"

教师的师德提升，能促进专业发展；教师的专业发展，又能促进师德成长。根深才能叶茂，厚积才能薄发，通过专业素养提升来促进师德成长，无疑能达到双赢效果，涵养教师生命之根。

(1) "四手联弹"，做教育教学的行家里手

对教师而言，立体的素养结构不仅是专业成长的需要，也是师德成长的基石。唯有如此，教师形象才真实、具体。具有较高专业素养的

教师，会更多回到教育本身去思考，让专业发展更合乎德性，通过专业提升更好地温润生命、提升境界。这是专业自助、师德自律，更是生命自觉。

大师必有大德。我校教师人人制定《三年发展行动计划》，通过自我剖析、自我激励、实践反思，不断增强行动力。学校激励教师加强"四手联弹"修炼，即植根立德树人，修炼管理，成为"育德巧手"；倾听儿童需求，修炼课程，成为"课程高手"；实践教学转型，修炼课堂，成为"教学能手"；提升问题意识，修炼研究，成为"科研推手"。当教师不断提升专业素养，提升学术荣誉，如成为骨干、学科带头人、名教师、特级教师等，其称号即表征"师德的表率、教学的专家、育人的模范"，这些荣誉称号的光环，将进一步敦促教师更严格要求自己，时时处处做表率当示范，逐渐成为德才兼备的教育强手。

（2）"四项行动"，助教师发展的梯度提升

面对不同年龄、不同层次的教师，学校也需搭建不同的平台，以不同的培养方式和路径，使每一位教师找到成长方向和动力，使其在专业成长中深厚德性。

如："璞玉"行动——师徒互助。面向新上岗年轻教师，由优秀教师传帮带，榜样驱动引领年轻人练就扎实的教学基本功。一带一、一带几或几带一，激励青年教师见贤思齐；"双月成长对话会""优秀师徒评选"，师徒间相互切磋，教学相长。"琢玉"行动——赛事助推。每个教师都需要多鼓励、多对话、多平台，每学期定期开展三字、微课、班集体建设、教育故事等技能评比，促使教师不断接受挑战和锻炼，自我更新、自我提升。"美玉"行动——名师助力。成熟型教师的成长离不开高层次的激励引领，通过参加"名师工作室""学科成长营"以及激励教师成为"名师工作室"领衔人等，既拜名师为师，又有同伴同行，实现更好的发展。"抱玉"行动——联盟助成。区域内外的学校结成联合教研共同体，或上课或研讨或问题导向式主题培训，进一步打开教师视野，提升教师群体素质。

木有本根深叶茂，水有源源远流长。"就在你所在的地方生根开花"，作为一所农村小学，教师的生活和成长态度，激励着教师向下扎根，向上生长，在内心开出一朵朵渴望着美、善良和爱的花朵……师德建设，就这样充满魅力与希望。

九、循立德大道，做真善美教师

陕西省西安市西北大学附属小学校长　纪勇

师德师风建设既是一个学校常抓不懈的常态化工作，又是一个学校文化育人的显性呈现。而习近平总书记"四有好老师"和"四个引路人"要求的出台，又赋予了师德师风建设新时代的新内涵和新要求。在落实学校规范化办学的进程中，只有把师德师风建设作为学校评价标准的"晴雨表"，才能让教育回归立德树人的初心与使命。师德师风不是单靠制度、权力管出来的，根本要靠教师的内心认同和行动自觉。《新时代中小学教师职业行为十项准则》是为人师的行为规范准则，也是守住师德底线的"心头戒尺"。只有教师形成道德自律，主动规范从教行为，才能够坚守立德树人根本任务，培养合格的社会主义建设者和接班人。

1. 立德崇真——做新时代道德楷模

每个人都有自己的道德准则，而教师的职业特征，更决定了教师要"以德立身、以德润身"，成为真善美的化身，提高内在修养和人格境界。

爱国敬业、勤勉自强、勤俭节约、乐于奉献、孝老爱亲、诚信友善、有强烈的社会责任感，始终表里如一，品行端正，保留心中的"真"，追求教育的"真"，继承和发扬中华民族传统美德，都是教师首先要具备的基本道德素养。

教师的人格是教育基石。在基础教育学段，在模仿能力极强而是非判断能力较弱的教育对象面前，教师良好的言行举止、德行修养，会像拂面柳风，唤醒孩子心中善的种子。这些被浇灌的种子长出什么形状的芽，开出什么颜色的花，都在教育者潜移默化的影响和润物无声的引导中。教师不仅是播撒知识种子的耕作者，更是传递文明火炬的使者，严格约束和管理自己，成为新时代的道德楷模，既是教师个人需求，也是学校发展需求，更是职业素养需求。

2.修德向善——共同守护精神家园

教师职业道德，是教师在从事教育劳动中所遵循的行为准则和必备的道德品质，是教师行业特殊的道德要求。师德从道义上规定了教师在教育劳动过程中以什么样的思想、感情、态度和作风去待人接物，处理问题，做好工作，为社会尽职尽责。它是调整教师与教师，教师与学生，教师与学校领导，教师与学生家长以及教师与社会其他方面关系的行为准则，是一般社会道德在教师职业中的特殊体现。因此，教师的"德"不仅仅是"私德"，更要有与职业要求高度契合的品德特征。

教师要始终葆有对党和国家的无限忠诚与热爱，葆有强烈的文化传承的使命感、责任感，用中国特色社会主义理想信念建设自己的精神家园，有大爱大德，有高的历史站位，始终牢固树立立德树人的根本意识，成为正能量的涵养者、辐射者和传播者，成为指引学生成长的精神指向标。

教师要具备符合职业需求的真知灼见、学识能力，有锲而不舍、精益求精的精神，成为教育教学的行家里手。小学教育是从教育学生学会做人开始的，从培养学生良好习惯开始的，因此做事精心、精细，关注教育的一点一滴，应该成为教师的行动指南，在完成崇高的使命感中不断升华道德情操，把自己的命运与祖国的未来紧密联系起来。

3. 尚德循法——法治思维铸造师魂

师德建设是一个系统工程，法制教育是师德建设不可或缺的一环。当今法治社会，教师必须意识到法理思想与师德实践结合的紧迫性和必要性。知法懂法，依法执教，依法育人，是师德建设的必要手段。

《新时代中小学教师职业行为十项准则》是教师行为的标尺，《中华人民共和国未成年人保护法》《中华人民共和国教师法》等都是我们施教的依据。只有将普通教育行为上升到法律层面，才能够看清楚行为界限；在习惯性思维中注入法治意识，才能够让教师更加自觉自律；加速师德建设规范化、法制化，形成"法治思维"，才能主动形成"红线"意识、问题意识、规矩意识；以身立教，规范从教，才能不忘初心、牢记使命，培养德智体美劳全面发展的人，培养符合新时代精神、符合祖国建设需要的少年儿童。

教育的本质是真善美，成为真善美的使者，应该成为每位教师的教育情怀。"有理想信念、有道德情操、有扎实学识、有仁爱之心"，应该是每一位教师终生追求的目标。在崇真、向善、尚美中，让一切教育行为成为流淌心灵的清泉，润养受教育者的灵魂，丰盈出一个个独立的人格。每个中国人都有一个强国梦，教师就是在帮助一个又一个孩子筑梦，又在培养一个又一个国家栋梁中实现自己的梦。

习近平总书记指出："一个人遇到好老师是人生的幸运，一个学校拥有好老师是学校的光荣，一个民族源源不断涌现出一批又一批好老师则是民族的希望。"[①]教师是教育的根本，师德是教师的灵魂。相信通过在全社

---

① 《凝心铸师魂　立德育新人——以习近平同志为核心的党中央关心教师队伍建设纪实》，新华网，2019年9月10日。

会营造尊重教师，弘扬崇高师德的良好氛围，引导教师自觉抵制社会上的不良风气，积极履行教书育人的神圣职责，方能使得教育人在恪守规则中做好教师本分，在行为世范中彰显高尚师德。

十、把握关键要素，推进师德师风建设

新疆博乐市第七中学校长　罗华

古代的老子、孔子、孟子、庄子、荀子……他们是当时社会背景下的"教书先生"，是当时时代背景下的"思想先驱"，也是当时时代背景下受人尊敬的、受人爱戴的、有着高度人格魅力的，且具备端正师德师风的教育工作者。正是他们，为中华民族 5000 多年的发展注入了一股精神动力，带来了一种精神内核。所以，在当今新时代背景下，教师依然要特别关注个人人格魅力的发展以及师德师风的建设水平，并且要将之与时代发展特征融合在一起，不断开发和创新具备新时代特征的"民族素养"和"精神内核"。

1."爱"字当头

育人工作是一种体现爱的方式。爱，在这个大千世界中，像流水一样，以柔软的形式打破了成见、击穿了顽石、冲垮了阻碍。所以，教师在提升个人人格魅力、建设个人师德师风的过程中，要结合爱对学生进行引导。

例如：教师在对学生开展教学工作的时候，需要戒骄戒躁，保持平和的心态，秉承大局观念，应用公平公正的方法和态度对学生进行深入的引导，并建立长效机制，实现教师和学生之间的心灵交流与情感交互。而且教师在面对世俗诱惑的时候要保持初心，坚守自己的原则与底线，清醒自己的头脑，抵制不良欲念。当教师能够坚持自己的出发点之后，便可以通过爱引导学生学习文化知识，提升德育素养，发展个人能力。因为有爱的人能够讲述爱的故事，体现爱的责任，彰显爱的魅力。作为教师，以爱字当头对学生进行引导，更能得到学生的喜爱和认同。

2."德"为基础

道德素养是教师人格魅力发展和师德师风建设的重要因素。只有日常作风、行为规范的人，才能对身边的人造成正面的、积极的影响。特别是教育工作者，其职业决定了他们要具备高度的职业道德，要以严谨负责的职业操守完成好每一次工作。所以，教师在发展自己的人格魅力、建设自己的师德师风过程中，务必要重视对个人道德素养的提升。

在此，可以对教师的道德素养分为以下几个等级：低级水平师德师风建设的标准是，教师能够有效约束自己的思想和行为，不违规办事，安分守己，恪尽职守。高级水平师德师风建设的标准是，要在以人为本的教学模式中对学生进行引导，并要担负起为人师表的责任和义务，为学生树立标榜，做学生的指路明灯，秉承着高度自律的教学精神，坚守着个人的道德底线不断前进和发展。

3."志"做引导

志向、志气，关系着一个人的抱负、追求、理想和信念。这是物质无法给予的，却是精神可以赋予的。所以，作为教育工作者，可以没有丰富的物质条件，但是绝对不可以没有远大的抱负与高远的志向。这是判定一名教育工作者是否合格的关键，也是体现教育工作者不与世俗同流合污的高贵人格魅力。而且，建立在志向上的"活"才是真正的生活，而没有志向的"活"则是依靠本能的生存。

例如：在教学工作的开展中，教师若想借助志向的发展提升个人的人格魅力，发展个人的师德师风高贵品质，就需要谨记"志不立，天下无可成之事，虽百工技艺，未有不本于志者"这一先贤思想。一名优秀的教育工作者如果想在日常教学中取得成就，如果仅依靠教学工作的开展是远远不够的，而是要不断提升自己、不断培养自己、不断发展自己。在这一基础上，教师个人的奋斗意识、学习意识也会得到相应的提升，而且教师个人的远大抱负与理想会被再次激发出来，游荡于教师广阔的心胸之间。在此基础上，教师会在后续的教育工作开展中精于提升个人业务能力，发展个人进取精神，引导学生树立远大志向。

4."学"无止境

在当今的时代发展背景下，知识是促进社会生产和发展的第一动力。如果一个人没有知识、没有文化，就很难在社会上立足，也无法为社会带来改变和创新。面对这一情况，作为教育工作者，要不断学习、积极学习，拓宽自己的知识面，提升自己的教育教学能力与专业应用技能。这样才能跟得上社会的发展节奏，才能抓得住信息与知识的关键。

例如：教育工作者要秉承着"活到老，学到老"以及"学无止境"的态度对个人的专业技能、教学理念、教学方法等进行研究和分析，并建立相应的教学模式，为学生提供优质的教学服务。这样，教育工作者在提升自身的人格魅力的同时也带动了个人的师德师风建设与高效发展。在这一过程中，教育工作者要树立起一种吃苦耐劳的精神，并且要养成一股"韧劲儿"，本着打破砂锅问到底的态度研究教学工作的开展，分析本职岗位的特色，了解学生的学习需求，探索促进自身师德师风建设和人格魅力发展的关键要素等。师者，唯有在工作中不断学习、提升自己的学识水平，才能保持住对学生业务的引领和示范，培育学生的进取精神。

5."品"贯始末

端正的品行不论对谁来说都非常重要，在当今社会的发展中，品行见人，品行见事。所以，教师务必要端正自己的品行，将之贯穿于教学工作和做人做事的始末进行应用，时刻矜持、时刻慎独、时刻惦念。

例如：教师在日常生活和工作中，要自觉地拒绝低俗文化的侵扰，积极探索和参与对学生的爱心教育，培养自己的责任感，保持着高度进取，用刻苦勤奋、明理通达的态度去做事。该方法能够在体现人生格调的同时实现自我规范，养成自我约束的能力。

综上所述，教育是对人的塑造，是教书育人的伟大事业。教育工作者要秉承着端正的思想、高贵的品质、良好的行为、健全的人格、科学的认知、细腻的心思、服务的态度对学生开展教育教学工作，并促进个人的人格魅力不断发展，以及个人的师德师风建设水平不断进步。教师人格魅力的发展以及师德师风的建设，对于国家和民族有着重要的影响作用。

十一、细微之处见德育

北京市丰台区丰台第一幼儿园园长　朱继文

2019年3月18日，习近平总书记在学校思想政治理论课教师座谈会上强调，青少年阶段是人生的"拔节孕穗期"，最需要精心引导和栽培。如此看来，幼儿园时期便是人生的"播种生芽期"，可谓"一日生活皆德育"，应体现在点滴处，浸润在游戏中，表现在活动里，最终给孩子的心灵埋下真善美的种子。

1. 价值追求，塑造品德高尚团队

社会主义核心价值观的"三个倡导"体现了国家、社会和公民三个层面的价值取向，是对中国传统优秀品德的继承和升华，也是幼儿园"德高为师"的体现和规范。

首先，爱是品德教育的开端萌芽，"爱人者人恒爱之"，教师的爱不仅体现在爱幼儿、爱家长、爱工作，更主要的是能让爱看得到、感受到、体验到、传递到。我园每学期都会开展"美在发梢"的活动，教师们用灵巧的双手给小女孩进行发型创意设计。女孩子们每天都期盼在幼儿园睡觉后老师能够帮助设计头发，在这个环节，老师就像百变魔术师一样，让每个女孩子开心愉悦。

有位妈妈告诉我说："孩子头发长了，我想给她剪一剪，孩子都说要征求老师的意见。"

一个妈妈说："老师每天中午都要给你们那么多小朋友梳头发多麻烦啊，孩子说老师喜欢她们的长头发。现在我们给孩子梳头发都不喜欢了，每天盼着来幼儿园，让老师帮助梳头发呢，就是孩子晚上回家也舍不得把发型打乱，孩子们说这是老师的爱心，还要保留着。"

孩子们还学着老师的样子帮助自己的妈妈梳头编辫子，让爱传递流淌。每天的"美在发梢"的活动，让老师与孩子的心贴得更近了，教师更懂得儿童了，也让家长更理解儿童了，成人更加懂得爱的教育是在生活的点点滴滴中植入于心的。

其次，敬是品德教育的基础保障，诚于心，敬于行，尊敬、孝敬是为人师的基本要求。我鼓励年轻教师要"关爱他人、敬重长辈"，延续重阳节照顾长辈、雷锋日帮助他人等传统节日精神。敬老爱老，请老教师讲幼儿园的发展故事，让她们有自豪感、有成就感；请老教师参与幼儿园的大型活动，证明她们是幼儿园发展的一员，功不可没；把教师的婆婆请到幼儿园，儿媳赞婆婆的活动，婆婆夸儿媳的活动，传递家庭的敬老爱老的感人故事等，"老吾老以及人之老"，做力所能及之事，坚持服务身边长辈，制定长期活动方案，让"敬"成为教师品德培养必修学分。

再次，诚是品德教育的魅力源泉，德育是一项细致入微的工作，育人于无形，诚心诚意才可以心换心。我经常带着教师们定期组织"春日姐妹会""童心观察教研""我和我的幼儿园"等活动，通过讲述一个个有趣的故事，研究一个个生动的案例，分享一次次感动的瞬间，体验因诚挚品德而带来的友谊和美好。

最后，善是品德教育的精神力量，善来自"上善如水"，也是传统文化中的至善大爱。善是一种精神，就是对孩子的关爱，对环境的关爱，对动植物的爱，对一切生命的尊重和挚爱。幼儿园人人都是教育者，人人都是研究者，人人也都是管理者，在善处体现作为。

春季，后勤师傅剪下枝叶后告诉老师："想想这些枝叶对孩子有用吗？"师傅一句心存善意的提醒，引发了我们制作树叶表演服装、叶柄拔根比赛、树杈弹弓加工、创意作品等"变废为宝"的活动。

品德教育关键在教师，从教师自身做起，做最好的自己；从细微处做起，小处体现真情意；从环境做起，环境是孩子最好的伙伴；从生活中做起，时时处处做孩子的榜样。

2. 七彩儿童，养成教育贵在育德

走进我们幼儿园的大门，便可以看到赫然屹立的大石头上写着"养成教育的摇篮"，"育七彩儿童"，即赤橙黄绿青蓝紫各代表一种品格：赤代表热情、积极；橙代表创造、探索；黄代表自信、真诚；绿代表合作、健康；青代表责任、执着；蓝代表勇敢、坚毅；紫代表文明、友善。每一个词语都与我们的德育目标息息相关，每一个环节都浸润着德育内容，在生活中，在游戏中，在课程中，在环境建设的过程中……

（1）生活中的德育

在一日生活各个环节，开展养成教育，让孩子学会生活。吃饭时不浪费一粒米，学会珍惜；按照"七步洗手法"认真洗手，讲究卫生；和消防员叔叔学习火灾逃生，热爱生命；玩团队竞赛游戏，懂得合作；当小值日生为班级服务，照顾植物，有责任意识；当小主人接待来园参观的各国友人，热情礼貌。我们提倡节约节俭，环境育人、环保理念渗透在环境各处。窗台和墙面上都是孩子们用废旧瓶子、罐子制作的美术作品；家长也把不穿的牛仔裤带来做成沙包，成为孩子们的游戏材料。

（2）游戏中的德育

幼儿园阶段孩子的年龄特点决定学习的方式是游戏中学习，操作中学习，实践中学习。在室内设置各种社会角色区，孩子们通过角色体验，感受职业的特性，渗透德育的品质。在"爱心医院"当小医生，学会关爱和照顾病人；在"美美发屋"体验理发师服务顾客的责任；在"宝贝当家"玩具店购物，体验秩序排队、文明购物；在"照相馆"的游戏中，懂得礼仪礼貌的重要性。

在室外的运动区域中，孩子们在攀爬大滑梯、穿越梯子、推动玩具架、挑战高难度的游戏，不怕困难，磨炼了意志品质。

（3）**课程中的德育**

幼儿园开设适宜幼儿成长的德育课程，系统地对幼儿进行品德渗透教育。每周一上午，集团的每个园同时开展升旗活动，每次活动选择一个小主题，或与节日融合，或与节气融合，或与课程融合，让孩子了解升旗的必要礼仪，行注目礼，尊重国旗。在户外开设交通区域，地面画上交通标志线，孩子们在骑行中遵守交通规则，听从交警指挥，养成有序出行、不抢黄灯等基本交通意识。每周五上午是劳动日，孩子们进行力所能及的劳动，清扫班级教室，擦拭小柜子，清洗户外玩具，到种植区除草、照顾植物、为小动物准备周末的食物等。

德育课程让孩子们通过系列的主题活动，学会基本的生活技能，了解必要的生活礼仪，培养了坚强的意志品质。

3. 牵手牵心，德育家园繁花似锦

构建社会、家庭、幼儿园三位一体的德育立体化育人体系，利用家庭和社会的各种资源，拓展儿童成长视野；集合家庭成员的智慧，共同促进儿童的全面发展。

其一，家园携手，让孩子体验真情。

多年来，我们一直致力于家园共育，通过一系列爱心活动，引导孩子们体验人间真情。幼儿园和家庭一起组织爱心义卖活动，把挣来的钱捐给需要的人，让孩子们有社会责任感和大爱精神。我们邀请家长在园内开展亲子种植活动，让孩子分享劳动的成果，给幼儿园增添绿色，共同守护幼儿园。在六一儿童节，组织家长和孩子一起进行绘画活动，设计制作钢琴布，扎染演出的服装，绘制美丽的窗帘，为生活增加色彩。在家长的配合下，孩子们把"爱的故事"画出来，做成画册，成为幼儿园爱的标识，让一届又一届的小伙伴了解七彩世界，传递爱的故事。我们开放幼儿园运动场地，共享优质健身资源。周末小宝宝走进幼儿园的亲子活动，每天的晨练邀请父母祖辈一起锻炼身体，感受运动的快乐。

其二，社区共育，让孩子"走出去"。

我们经常带着孩子们"走出去"，组织亲子远足活动，增进亲子感情，培养孩子们克服困难的意志品质；走进小学，感受不一样的课堂氛围，让孩子们对小学充满期待；走到田间地头，参与秋收，动手挖出白薯，让孩子们感受收获的喜悦。与社区联合举办"榜样家长"的评选活动，通过颁布优秀家长标准，班级评选榜样家长，对榜样家长进行表彰等一系列的活动，在社区中传播正能量，弘扬真善美，传递优秀育儿理念和优秀教育方式。

通过社区的支持和家长的示范，引领孩子增强社会责任感，把幼儿品德教育融入到家庭教育、社会教育中。

总之，我们坚持显性教育和隐性教育相结合，坚持主导性和主体性相统一，坚持幼儿园教育和家庭教育相协调，实现全员全过程全方位育人，德育就是在细微处悄悄润泽。

十二、温暖如初

——让资深教师走出职业倦怠

湖南省湘潭市雨湖区韶西逸夫小学校长　王常花

伟人故里，大美湘潭。在这片水土间孕育着一所年轻的学校——湘潭市雨湖区韶西逸夫小学，学校现有南北两个校区，33个教学班，学生1500余人，教职员工100多人，秉承幸福教育的理念已走过24个春秋。

2014年，当时的韶西逸夫小学还是一所名不见经传的学校，位处湘潭的西大门，与郊区南盘岭学校合并后，硬件设备落后，教师队伍结构老龄化，家庭教育与学校教育的矛盾，新课程对教师提出的新挑战……让有着教育情怀的韶西人存在"行路难，行路难，多歧路，今安在"的迷茫。如何让教师获得职业的尊严，自信、从容地成长，为此，我们尝试着以激发学校资深教师的内在潜力为突破口，辐射、引领、带动学校师生共同发展，因地制宜地找到学校师生的成长点，让学校重新焕发新的生机。

1. 刺破——给团队赋能

给资深教师压实责任，在团队实践中发现自身价值，并在核心任务驱动下，把自我价值目标与学校的奋斗目标结合起来，使其不忘初心，从优秀到卓越。

学校组织资深教师一起听课、走访，通过召开刺破会、问卷调查等方式，关注家长的诉求、教师的渴望，凝心聚力共谋学校的幸福发展之路。确立了以发掘自信为源头，以特色团队引领教师自主发展，以特色活动促学生身心成长，以特色项目引领学校发展之路。

学校围绕特色项目成立以资深教师为核心的工作室团队："心之翼"心理工作室、"米兰"教师读书会、"咀华轩"原创文学微信公众平台、"玩名堂"思维潜能开发组、"杨奇"书法工作室……以特色项目引领发展，以资深教师带动研训，学校培养了一批批热爱学习、勇于突破的教师团队。2014年至今，学校教学专家团队中有4人进入"国培计划"专家库，相继培养市级学科带头人7人、市级骨干教师19人、区级骨干教师28人。工作室的成立，打破了专业教师走向学科"领头雁"的格局，学校赋予了他们新的责任与使命，再一次激发了他们的教育热情，促使他们自主学习，主动发展，为学校的发展保驾护航。

2. 变革——到"隔壁家"讲一讲

到"隔壁家"讲一讲，一方面可以促使资深教师引领辐射，另一方面又使其获得了职业的自信与尊严。

"小杰，因父母离异，工作繁忙的父亲无暇监管，于是整天无所事事，到处惹是生非，连续两年成绩在班上倒数第一名。三年级的时候，小杰遇到了数学老师王老师，王老师经常帮他洗脸、剪指甲，还带他去理发，待他就像亲妈似的。期末，杰杰的成绩就提高到了80多分，人也变得开朗自信起来，还经常帮助他人，跟同学相处融洽。这一年，杰杰的父亲特意来到学校，用鞠躬的特殊方式表达了对老师的感谢。"这是韶西逸夫小学教师教育故事中的一个片段。从学校公众号，到省级刊物《湖南教育》，再到国家级报刊《教育文摘》，韶西逸夫小学越来越多的教育故事在发声，立德树人——使命的力量让资深教师前行的脚步更加铿锵。

"邀请贵校周老师来我校讲座。"这是校长接到的又一封邀请函。一系列诸如教育故事、心理特色、课题研究、学校文化建设等经验介绍，让教师到"隔壁家"讲座的机会越来越多，从同一县域内的学校，到国家级展示活动，学习型教师队伍的建设让更多的资深教师成为专家，成为学校最丰富、最有生命力的资源。

隔壁家的"舞台"既让他们焕发新生，获得新的成就感，又在发展的变革中完成了自身高层次进修的蜕变。

3. 追寻——抓住对教育热爱的"魂"

依托幸福教育理念，韶西逸夫小学提出了"耕耘树艺，惟德惟才"的育人目标。"耕耘树艺"出自《荀子·子道》："夙兴夜寐，耕耘树艺，手足胼胝，以养其亲。"耕耘树艺，既再现了种植的各个环节，隐喻"躬行"的重要；也从这些细微之处，让我们看到一种"匠人精神"，一种对教育热爱的执着。

我们就"怎样让每个孩子都开口说话""课堂观察"等金点子交流促发思维的交锋；通过教师读书、教学竞赛、学习观摩、课堂观察等主题研讨活动推进课堂改革，让智慧唤醒课堂，引领教师专业成长。当近50岁的黄老师递交了一线教师课题申报书时，一时成为佳话。"在新课程改革的背景下，课题组成员进一步发挥思维导图对小学语文教学的重要作用，改进学生的学习方式以及教师的教学方式。"在开题论证会上，她激动地说道。在这些资深教师的带领下，一批一线教师开始了草根式的课题研究，全校教师课题参与率由原来的38.6%提高到100%。

从教师平均年龄28岁到43岁的历程，韶西逸夫小学历经了岁月的洗礼，这群有着教育情怀的教师，始终肩负着立德树人的使命与责任，坚守着一份"立志守恒，日有所进"的情怀。近三年，学校共开展教师培训 2400 余人次，1428 人次论文获奖，有立项课题 12 个，推出省市级优秀课例 17 节，国家级优秀课例 10 节。

正是由于教育赋予了这些教育人不同时期不同的使命，让他们永不懈怠，不停奔跑，铸就了学校教育之"魂"，为学校的发展保驾护航。2018 年 11 月 27 日韶西逸夫学校承办了教育部"益智器具与思考力培养"面向全省的展示活动，得到同行及专家的一致好评；2019 年 5 月 17—19 日承办了教育部"领航者在行动"研修活动，学校的 Trips 校本课程、校园文化建设等在全国范围引领辐射；同年 11 月 28 日承办湘潭市"为未来而学深度课改"展示活动，得到来自全市 300 余名校长及骨干教师的高度认可。一群拥有丰富教育思想、教育理念的老师正在有创意地工作，有品位地生活，实现有价值的人生。

十三、用教育"良心"干好教育这个"良心"工作

山东省郓城县黄岗小学校长　杨其山

在山东省郓城县黄岗小学校园内最醒目的位置，张贴着几行大字：教育是良心工作，办好一方教育，服务一方百姓，成就一代孩子。这看似朴实的几句话，正是黄岗小学全体老师们的精神信仰。虽然没有豪言壮语，却有满满的教育情怀。

什么叫教育良心？我认为教育良心就是对教育的无限热爱，就是对国家负责，对人民负责，对家长负责，对自己的学生负责，更是对自己的良心负责。

在黄岗小学就有这样一群老师，常年坚守在偏僻的鲁豫交界处的黄河滩区，为了滩区孩子的美好教育梦想，他们甘愿做乡村教育的守望者。他们积极工作，奋力向前；他们任劳任怨，无私奉献；他们用自己的教育良心，经过几年的努力，打造出一所闻名全国的名校，打造出一所最美的乡村小学。

学校的教学成绩连年攀升，特色办学开展得红红火火，这里成为乡村孩子幸福的乐园，成为让老百姓满意的办在家门口的学校。学校的老师最常说的一句话就是：咱们干的是良心活，咱们要对得起乡村的孩子。从这

群普通的乡村教师朴实的言语中，忽然让人明白，老师拥有教育良心是多么的重要。

可是很少有人知道，就是这样一所学校，在几年前，还是一所非常不起眼的小学，由于地处偏远的黄河滩区，又是普通村小，这里教学质量一度十分落后，当时，"老师来不了、留不住、教不好"是这所学校最大的难题。

从昔日的落后学校到今天的全国名校，这所学校在短短几年间就发生了翻天覆地的变化，这些变化的最重要原因就在于这所学校老师们的思想观念的转变，教学态度的转变。这所学校的老师是如何改变的？这所学校变化的秘籍又是什么？

1. 开展师德建设，教育"良心"入校园

2015 年，我来到黄岗小学所在的乡镇担任全镇的 12 所定点小学的总校长，当时这个乡镇的教学质量已经连续多年位居全县后三名，黄岗小学更是各方面问题突出。老师不安心教学，学校管理也存在很多问题，怎么办？我就以黄岗小学为试点，以教育良心为突破口，积极开展师德教育。

首先，我以教育良心为专题进行了多次培训。每次培训，我总会充满真情地对老师们说，拥有教育良心是一位教师的道德底线，是诠释师德最好的表达，是人们对老师最高的评价，一个孩子遇到拥有教育良心的好老师是孩子一生最大的福气。一开始，老师并不认可，认为我的调子太高，于是我就列举大量的案例，同时把我自己的亲身经历讲给老师们听，讲得多了，老师们就慢慢地开始认可，这算是有了良好的开端。

接下来就让老师自己摆问题，找差距。老师们的问题当然还是出在老师们身上，关键是要让老师们能真正知道自己的问题所在。一开始，老师们总是只说好听的，不谈问题，这时候黄岗小学的执行校长站起来了，自己率先说出自己的大量缺点，然后让老师逐个给她提意见，老师们见到执

行校长以身作则，便放下了顾虑，开始了深刻的自我剖析，通过自我剖析，找出自己的不足，并下定决心，加以改正。

然后就是树立榜样，激发热情。师德建设离不开"领头羊"，离不开一批争先创优的好老师带动。学校实行了让家长参与的积极的评价机制，制定了"以榜样来带动，以表扬来鼓励，以真情换理解"的基本策略。学校有一位老教师，已经接近退休，工作依然上进，于是学校就大力表扬。学校有位代课老师，虽然工资很低，但是工作非常努力，学校就发动家长赞美，一些在编的老师看到这些，自然会努力上进。

2. 特色课程打造，教育"良心"进心田

师德培养仅仅靠口头的空洞说教很难有好的效果，更需要融入教学活动和课程建设当中，以此让老师们有理想、有目标、有追求，找到职业的幸福。于是学校就把师德建设和特色课程打造很好地结合起来，以课程建设、课题研究促师德发展。2017 年，黄岗小学把田园课程引进校园，让全体老师全部积极参与课程研究。在这之前，很多的老师平时由于无事可做，于是让懒惰生了根，工作也总是敷衍了事，教学氛围死气沉沉。自从有了课程建设，老师们有了任务，有了具体的目标，都积极行动起来。这一下子，教学氛围就浓厚了，而且通过不断学习和研究，老师业务水平不断攀升，老师们的业务水平提升了，教学质量和管理水平当然也越来越高。通过田园课程建设，孩子们也更加阳光灿烂，更加懂文明礼仪，这让老师们很充实，很有成就感，他们从心里开始喜欢学校，喜欢这里的孩子。学校有一位刚分来的年轻教师，由于一心想着回县城，工作态度一直不好，自从开展课题研究以来，这位老师的态度开始转变，变得积极认真了，后来，这位老师还发表了一篇关于教师良心的文章，让这位老师更是特别高兴。现在这位年轻老师的心态已经转变，他感到了乡村教育的美好，不再想着回城了，他说：这所学校和这儿的孩子已经走进他的心田，

他已经离不开这儿的老师和孩子。

3. 文化引领发展，教育"良心"铸师魂

师德的发展在自觉，自觉就是内心的自我认可和自我约束。人的自觉深受周围环境的影响。教育良心的形成就是一个逐步自觉的过程，需要一个良好的校园文化氛围。前几年，黄岗小学的老师们不安心工作，有的买基金，有的做生意，老师们的心思很少用在教学上。通过坚持不懈的努力，学校老师们的思想意识有了很大的转变，老师们不再像以前那样消极，而是充满了精气神，这种精气神让每位老师都精神振奋。在日常教学中，看到的是身边老师都在积极工作，听到的都是带有正能量的暖语，身处其中，自然而然就深受鼓舞。这样的场景，听得、看得多了，教育良心便在内心扎下了根。这两年，黄岗小学全体老师就是这样，以教育良心时刻鞭策和激励自己，让自己一心扑在工作上，扑在学习上，扑在自我提升上，为了孩子们的幸福成长，他们愿意做最美的乡村小学教师。

4. 行动诠释初心，教育"良心"结硕果

习近平总书记号召大家撸起袖子加油干。是的，只有真正的去实干，才会换回累累硕果。在教育良心的引领下，全体老师积极争当"四有好老师"，争做学生引路人，他们以师德做舟，以良心做帆，在平凡的工作中，一步一步创造着教育的奇迹，学校的教学质量遥遥领先，学校的素质教育全面开花，学校的田园课程已经走向全国。《人民教育》、《中国教育报》、中国教育电视台等十几家主流媒体数十次报道，仅《中国教育报》一年多就给我们报道了 5 次。可以说，如今的黄岗小学，百花盛开，独树一帜，教育良心把学校变成了乡村娃的"快乐王国"。

十四、因地制宜探索新时代师德师风建设的有效路径

北京八中亦庄分校校长　江培英

良好的师德师风是教育持续发展的基石，教师的师德师风直接关系着教育事业的进步和发展。党的十九大报告也提出明确要求，要"加强师德师风建设，培养高素质教师队伍，倡导全社会尊师重教"。新时代的现代化教育发展趋势赋予了教师更高的使命与职责。当前，我国正处在基础教育课程改革的新时期，教师的职业道德意识也受到传统教育思想和多元价值观的双重冲击，以致教师队伍中存在着个别消极意识和懈怠行为，教师职业道德问题日益突出。如何在新时代加强师德师风的建设，重树和稳固教师队伍的光辉形象和正向力量，促进教育的持续性发展成为教育工作的当务之急。

1.师德师风建设的内涵

师德，即教师的职业道德，是教师和一切教育工作者在从事教育活动中必须遵守的道德规范和行为准则。[①] 优秀的教师不仅应该具备专业的教

---

① 段文阁、赵昆主编：《教师职业道德》，山东人民出版社 2012 年版，第 30 页。

育知识和能力，还要有高尚的道德品质和人格魅力，使学生潜移默化地接受道德品格的熏陶感染，促进自身思想品德素养的提升。早在中国古代，学者们就认为教师的地位和作用直接关系国家的前途和命运，荀子说的"国将兴，必贵师而重傅"就是这个道理。新时代我们仍然要重视和加强师德师风建设，一方面是由教师的职业性质决定的，教学是教师的主要任务，教师要明确教育目的，遵循教育教学规律，向学生传授文化科学知识，做好学生的思想品德教育工作。另一方面与现代教育打造优质教师队伍的内在要求有关，只有从长远规划教师队伍建设，坚持不懈地加强师德师风建设，教师的整体素质才能有效地实现全面提高。

肩负历史赋予的重任，沐浴在党的亲切关怀下，习近平总书记"四有好老师"的标准，为老师们明确了努力的目标：全国广大教师要做有理想信念、有道德情操、有扎实学识、有仁爱之心的好老师。"四个引路人"的概念，对教育理念和教育能力的全面转变提出更高要求："广大教师要做学生锤炼品格的引路人，做学生学习知识的引路人，做学生创新思维的引路人，做学生奉献祖国的引路人。"

2. 师德师风建设的现状

教育发展，师德教育是核心。教师师德师风，直接关系教育事业的改革与发展，关系青少年的健康成长，关系国家和民族的未来。北京八中由建于 1921 年的四存中学和建于 1947 年的北平八中发展而来。从最初"治平之基"的传统执念，到"着眼于未来、着力于素质"的办学思想，再到在"三个提升、两个促进"上的踏实努力，一直秉持"本真致美"的办学宗旨，坚持教育之根本在"人"，过程生成与终极追求在"美"，关键在遵循规律、科学发展。北京八中亦庄分校成立于 2011 年 9 月，为公立全日制初级中学，隶属大兴区，由北京市第八中学承办。北京八中亦庄分校自 2018 年合并与其仅一条马路之隔的亦庄镇第一中心小学三羊完小，成为九年一贯制学校。发展九年一贯制是实施素质教育、义务教育的有力途径之一。一贯制的办学模式有助于教学资源的合理利用，有助于学生思想品德的一贯化，有助于两校师资力量的整合，有助于优化教师团队。但是在九年一贯制的发展过程中，也暴露出了一些问题。

一方面，随着学校一年级入学人数和办学规模不断扩大，管理任务增多，存在干部职数不足的情况。很多一线老师身兼各个部门的干事，在一定程度上影响了学校的日常管理和正常教学。另一方面，编制呈现结构性缺编问题。以北京八中亦庄分校为例，学校内部中小学职称编制比例数不一致，从而导致学校中青年教师的职称晋升问题难以解决。出现了中学教师超编，小学教师缺编，引发了结构性冲突。同时，作为新合并的九年一贯制学校，校内教师职称评定尚未完全打通，教师容易产生心理落差，从而影响了工作积极性。纵观当前北京八中亦庄分校九年一贯制刚合并两年，各项机制都还在建设中，教师队伍整体凝聚力不够，师德师风建设呈现出以下问题：有的教师安于现状，教书育人激情疲乏，敬业精神有所弱化；有的教师个人道德建设匮缺，缺乏关爱学生、服务学生的爱心；有的教师职业倦怠严重，没有清晰的职业规划，教育情怀不够凸显；有的教师对学校整体意识和发展意识淡薄，没有团队意识。另外，个别教师的教育思想落后，主动学习意识不强，疏于职业道德的加强和管理，无法跟上教育发展的节奏。这些问题是在学校的发展中产生的，也必将在学校的进一步发展和改革中得到解决。

3. 师德师风建设的有效举措

教师在职业道德方面产生的问题，在一定程度上影响到教师团队的专业化成长，也在一定程度上影响到学生的健康成长。要全面推进学校教育事业的良性发展，就必须加强教师师德师风建设，形成一个长效机制。

一是建立完善教师学习机制。开展有效的教育培训是教师师德提高的基础，要坚持教育培训的基础性作用。形式是基础，内容是关键，手段是保障。教育形式上，把普遍教育与重点教育统一起来，集中教育与分散教育统一起来，榜样教育与警示教育统一起来，寓教于乐，创新教育形式，增加趣味性。充分利用教师例会、微信平台、学习强国 APP 等途径，组织教师深入学习，深刻领会新时代的人民教师应该具备的道德准则，应该承担的崇高使命和时代重任，应该具备的高尚人格和发挥的重要作用。在新冠肺炎疫情期间，我校组织开展了"书香防疫，静心阅读"教师线上阅读活动，此外，以学段为特点成立校级教研室，以优秀的青年教师为中坚力量，以点带面，带动其他老师，让教师德育工作从表面的口号内化为内心信念，着力培养一批心中有火、眼里有光的优秀教师团队。

二是建立健全教师评价机制。对于目前班主任工作量，尤其语数学科任班主任的中小学老师的工作量很大，班主任教师面临责任多、压力大、待遇低的问题，缺乏职业幸福感。要充分肯定中小学教师在促进教育事业发展过程中的主体作用，以及在学校教学和管理中的主体地位，让教师有合理表达自己想法和利益的机会和途径，这样教师才能感受到这份职业所带来的归属感和成就感。此外，要将师德纳入教师评价机制。一个教师如果没有良好的德行，也无法教育出具有完好人格的学生。在评价一个教师时，可以采用多元主体评价，如学生对任课教师的评价、家长对教师的评价、同行之间的互评等，最后综合得到的教师师德总体评价，并与教师的绩效挂钩，建立健全教师评价机制。

三是构建完善师德奖惩机制。纵观当前影响中小学整体形象的师德师风行为主要表现为有偿补课、参加校外培训机构、接受家长礼品等方面，为了杜绝上述现象的发生，学校开展师德师风警示教育大会，签订师德师风目标责任状。各党支部书记履行师德师风建设的领导责任，教务处学生处定期组织开展师德师风专项检查，老师自觉接受学校、学生、家长及社会的全面监督。在师德师风建设过程中，对于表现优秀的教师，进行大力表扬，形成积极示范作用。如 2020 年五四青年节之际，在全校范围内评选出了八名"战疫青春，青年先行"优秀青年教师，进行宣传表彰。在奖励措施方面做到多元化和个性化，更加贴合教师的实际生活，使激励效应最大化。适当合理的激励措施可以激发教师队伍的工作积极性，同时提升职业幸福感，形成良性的发展氛围。

当前在教育改革的浪潮中，我们要规范教师队伍的管理，构建长效的师德师风建设机制，推动师德师风建设长效化、制度化，在提高教育教学能力的同时提升师德师风建设，在根本上保障九年一贯制教育的健康发展。

十五、师德的内涵认识与培养

河南省信阳市平桥区第一小学校长　张磊

  《礼记·大学》中这样写道："古之欲明明德于天下者，先治其国；欲治其国者，先齐其家；欲齐其家者，先修其身；欲修其身者，先正其心；欲正其心者，先诚其意；欲诚其意者，先致其知，致知在格物。物格而后知至，知至而后意诚，意诚而后心正，心正而后身修，身修而后家齐，家齐而后国治，国治而后天下平。"进入新时代，习近平总书记这样说，教民教什么？就是教民以德、教民以善、教民以廉耻、教民以诚信、教民以自律、教民以人伦。身为师者，每个人都耳熟能详这样一句话——"师者，所以传道授业解惑也"。由此，"修身齐家治国平天下"成为文人学者实现自身价值的必经之路。古往今来，各行各业，无不把"德"字放在最重要的位置上。教育部把"立德树人"作为全国各级各类学校的根本任务。老师，担负着培养实现民族复兴、建设社会主义强国接班人的重任，所以，如何建设和培养"师德"成为至关重要的工作。

  什么是师德呢？"其身正，不令而行；其身不正，虽令不从。""不能正其身，如正人何？"这是一种"以身作则""言传身教"的师德。热爱学生、有教无类、不耻下问、知过而改、因材施教、循循善诱等也是有关教师职业道德方面的著名言论。习近平总书记强调全国广大教师要做"有理想信念、有道德情操、有扎实学识、有仁爱之心"的"四有好老师"，这其实也是师德的具体体现。

怎么培养师德呢？身为一名中国教师，要从根本上明白一个最基本也是最重要的问题，那就是我们为谁培养人。中国共产党让饱受创伤的旧中国发生了天翻地覆的变化。吃水不忘挖井人，我们应该感谢党和政府，感谢这个时代，始终要坚持正确的政治方向，厚植自身的爱国情感，不忘自己肩负的历史使命，这样才能为祖国培养出一代又一代的优秀人才。近期香港地区出现的一些暴徒扰乱治安的现象，在某种程度上说明学校和老师绝不能忘记为谁培养人这一根本问题，不能任由西方资本主义的一些腐朽思想侵蚀，从而造成学生意识领域的偏差。苏联一夜之间的轰然倒塌是前车之鉴，也时刻警醒我们在意识领域，一定要坚持在中国共产党的领导下，发展中国特色社会主义。2020 年初，暴发了罕见的新冠肺炎疫情，整个中国在短短的 4 个月时间内基本控制住疫情，让社会各个方面逐步恢复正常，也正是源于我们党的正确领导和精准施策，所以，无论是历史经验还是立足当下都告诉我们，中国共产党才是中国最需要，也是最适合中国国情的领导者。作为一名学校的校长，我在每次教师大会上都会提到意识形态这个问题，尤其在党员教师大会上，我强调每一个党员教师要始终保持党员的先进性，发挥党员的先锋模范作用，自我培养和践行社会主义核心价值观。社会主义核心价值观既是个人的德，也是社会的德，国家的德，更是师德最基本的标杆。对于国家和民族来说，遵循和恪守社会主义核心价值观，是使国家强盛、民族振兴最持久、最广泛、最深层的力量。对于教育来说，广大教育工作者记住要求，心有榜样，从己做起，接受监督，让社会主义核心价值观的种子在心中生根、发芽、开花、结果，进而去影响自己的学生，让他们热爱祖国，努力奋斗，励志成才，回报社会。

做一名好老师，需要有仁爱之心。2013 年 6 月，我们学校加入北京第二实验小学教育集团以后，也确立了"以爱育爱，以爱养正"的办学目标。爱心是学生打开知识之门，启迪心智的开始。爱心能够滋润浇开学生美丽的心灵之花。老师的爱，既包括爱岗位、爱学生，也包括爱一切美好的事物。老师这个职业具有一定的特殊性，有人说老师这个工作，从第一天工作开始就能看到最后一天工作的样子，所以日复一日、年复一年机械化的流程操作会让很多老师产生职业倦怠感，岁月磨平了青春的棱角，也磨灭了对工作的激情。当一名老师不再热爱自己的岗位，感受不到这个职业带来的幸福感，那势必会影响正常的生活状态和生命轨迹，有损师德的事情就可能发生。所以为了让教师保持充足的活力，我们学校制定了"形象、学习、合作、创新"的教师文化。倡导教师注意自己的仪容仪表，在合理的范围内紧跟时代风尚的步伐，用最美丽的身姿迎接每一轮朝阳的升起。通过教学研讨，自由交流，课题研究，让教师学习最新的教育理念和教学方法，使教师树立终身学习的目标。通过学习，提高自己教学技能和教育水平，轻松驾驭课堂内外。智慧地去工作，这种由内而外的美丽，才是持久的美丽。热爱学生，是教师所特有的一种职业情感，也是良好的师生关系得以存在和发展的基础，更是表现师德的具体方式。教师对学生的爱不是来自血缘关系，而是来源于教师对教育事业的深刻理解和高度的责任感，来源于教师对教育对象的正确认识、满腔热情和无限的希望。我们学校要求教师爱学生，更要严格要求学生，做到"爱心启迪，严慈相济"。爱学生不是放纵宽容，不是袒护溺爱，应该是严格要求的爱，富有教育意义的爱，是学生成长的力量之源，是激发学生向上的动力。这样，师德在"润物细无声"的教育教学活动中就会滋养出师生共同成长的幸福花朵。

培养师德，也是个人品德的一种修行。修德，既要立志高远，又要立足平实。要立志报效祖国，服务人民，这是大德，养大德者方可成大业；同时还需要从做好小事、管好小节开始起步，"见善则迁，有过则改"，踏踏实实修好公德、私德，学会劳动，学会勤俭，学会助人，学会感恩，学会宽容，学会谦让，学会自律，学会自省。我经常和老师这样交流，古来圣哲教人"见贤思齐"，人在精神、品德、学问层面要"往上比"，精神的天空是无穷的，鸡群中的鹤虽然卓然独立，但是飞得高的还有鹄，鹄之上还有大鹏，其上更有遨游千仞的凤凰，精神层面智者会自觉太少，愚者才自觉太多。至于物质、欲望、境遇层面，最好"往下比"。骑驴者的内心有余裕，不再找马，就是智慧，不然八珍九鼎，仍不满足于甘饴适口，满身绫罗绸缎，仍不满足于光彩耀眼，欲海溺人，将永远惶惶然感到欠缺与不足。所以，自觉安分知足，是真正的富有，日夜营营逐逐，是永远的贫穷。教师在精神和物质上，更要多出一份高于常人的自觉取舍，好房子好车子不如得天下英才而教之，好手表好包包代替不了桃李满园的幸福，这就是教育者的情怀，也正是师德修行的心路历程。

参加工作 30 余年，每当我身在校园，琅琅的书声，传播出学校以爱育爱的思想；悠扬的铃声，开启孩子们六年知识的殿堂；办公室的研讨，回响先进理念文化的碰撞，我的内心就激动不已，我愿意带领一批博学、有为、担当的教师队伍，培养出一批又一批爱国、自信、健康的少年。万事德为先，每个教育人都应该感觉责任在肩，奋斗拼搏，勇往直前，将青春奉献杏坛，不负韶华，让桃李满园。

十六、营造尊师重教氛围，激发教师的职业认同感和幸福感

北京市大兴区团河小学校长　闫龙飞

"做学生锤炼品格的引路人，做学生学习知识的引路人，做学生创新思维的引路人，做学生奉献祖国的引路人"——四个引路人；"要有理想信念、要有道德情操、要有扎实学识、要有仁爱之心"——四有好老师；"教书和育人相统一，言传和身教相统一，潜心问道和关注社会相统一，学术自由和学术规范相统一"——四个相统一。党的十八大以来，习近平总书记分别在第 30 个教师节和第 32 个教师节及全国高校思想政治工作会议上向全国教育工作者提出了做教师的标准，并在全国教育大会等重要场合发表了系列重要讲话，对师德师风建设都有重要论述。党和国家也相继出台一系列教育文件，对于师德师风都有明确的要求和标准。

教育是国之大计、党之大计。教师是决胜全面建成小康社会、建设社会主义现代化强国的重要力量，是落实立德树人根本任务、培养德智体美劳全面发展的社会主义建设者和接班人的关键。学校如何确保《新时代中小学教师职业行为十项准则》落到实处，引导教师以德立身、以德立学、以德施教、以德育德，打造一支师德高尚的教师队伍。为此，我校开展了如下工作。

1. 发现与认同中立德

正确理解师德的内涵，对新时期师德建设有着十分重要的意义，学校通过开展师德建设主题宣传教育月、举办师德论坛、师德评优等多种形式的活动，充分挖掘提炼典型经验和先进事迹，广泛宣传，定期评选师德标兵、"四有好老师"，弘扬主旋律、增强正能量，充分展现教师良好的精神风貌，激发教师的职业认同感和幸福感，努力营造尊师重教的舆论环境和社会氛围。

团河小学充分利用好党支部和工会两个阵地，通过开展各种主题教育活动，宣传师德的重要性。利用每月的"党员活动日"和"工会活动日"，开展"我身边的最美教师"宣讲活动，每名教师都要讲述一个学校教师的真实故事；通过一个个鲜活的故事，一个个典型的案例，鼓励老师去发现身边教师身上的不平凡之处，传播正能量。活动让平凡感人的故事在每名教师身上走了出来；让每名教师从"不识庐山真面目，只缘身在此山中"走了出来；让每名教师都成为讲故事的人、有故事的人。讲故事的人感动了——要向他（她）学习，听故事的人激动了——要继续努力提升；"讲身边的故事活动"让老师们更团结了，让老师们更努力了，让老师们更谦虚了，让老师们更好学了，让老师们更用心教书育人了；教师的视野宽了、思想深了、素质高了、业务强了。

通过活动，干部与教师们发现每个人都是有故事的人，每个人都是诠释故事的人，每个人都是生产故事的人，每个人都是创造故事的人；活动让老师们对教育更有方法，教学上更加创新，学习上更加上进，思想上更加进步，师德上更加完美。

2. 言行与举止中树德

把一线优秀教师请进学校，用优秀教师的教育教学思维、思想、事迹、成就等诠释师德师风内涵。加强对教师的培训，培训开设教师礼仪课程、心理疏导与交流课程、思维与思辨课程、现代信息技术课程、语言魅力与阅读课程等，让教师培训与时代并轨、并行。

学校在教师培训中开展礼仪培训，让老师们在四季服装搭配、着装礼仪与规则，结合自身的性别、年龄、个性、特点在着装上体现出时代之美；在服装、鞋子、发式、丝巾、领带、领结等搭配与组合上培训，让每一名教师穿出个性、穿出特色、穿出礼仪；礼仪培训让我校男教师玉树临风，女教师亭亭玉立，青年教师朝气蓬勃，老教师持重稳健；让师德从着装开始，让教育无声胜有声。

学校教师心理与教师思维培训上积极探索与创新，通过心理健康培训，让教师们具备了阳光心态，运用积极语言与积极心理看待教育、实施教育；通过思维训练与培训，让教师们能够与时俱进跟上现代教育综合改革与发展，通过各种思维与创新思维训练，老师们掌握了逆向思维、深度思维、立体思维、SWOT分析、思维导图、鱼骨图等思维与分析方法，在教育教学工作中大胆实践与尝试，不断创新教育教学的模式、途径、方法，在课堂教学、班级管理、活动创新等方面深受学生们的喜爱，从而实现了"亲其师，信其道"的实效，让优秀的教师师德影响和改变学生的成长与发展。

学校在培训中始终将读书作为教师学习培训的第一要务，学校对教师有明确的要求，学校建立教师必读书目，建立阅读沙龙等。校长与干部积极为教师推荐书目，教师之间互相推荐书目，定期评选"书生教师"；让每一名教师在阅读中提升教育教学能力，在阅读中浸润心灵，在阅读中影响教育学生，在阅读中树立德育与修养。

3. 素质与素养中释德

师德师风建设是一项长期的、系统性的工作，学校为了让教师们在教育教学中诠释师德，根据校情制定具体、可行的教育教学活动，在活动中用教师良好的素质与素养诠释教师的师德内涵。我校开展"三笔字"书写大赛、教学课件比赛、创新课堂比武、办公室与教室文化评比、班级活动竞赛、教师教育教学思想论坛等活动。通过活动带动教师们在教育教学工作中不断总结自我、发现自我、完善自我、创新自我，不断提升每一名教师的素质与素养，让教师们在优秀的素质与素养中诠释师德的定义与概念。

学校开展教师"三笔字"书写大赛，让教师们在信息时代下坚持书写汉字，了解汉字文化，深入理解汉字的内涵与意义；让每一名教师都能够写好汉字，让教师的书写成为一种无声的教育，实现"人如其字，字如其人"。用书写汉字传承中华优秀传统文化的内涵，影响与教育学生。

学校开展办公室与教室文化评比，让教师们把工作与学习环境布置得有品位、有特色、有文化、有教育、有个性。学科教师与教研组根据学科特点布置办公环境，让教师办公室体现学科教育与教学特点，让环境育己育人。布置教室文化，让每一面墙壁、每一株花草、每一套桌椅等都具有文化性，都成为教育的载体。通过评比让师生们对环境文化进行创新与改变，在过程中提升教师的素质与素养。

学校的其他活动都本着提升教师素质与素养，注入教育元素，唤醒教师的文化基因，在各项活动过程中让教师们体会文化素养，提升教育素质，用教师们的文化内涵、综合素质、素养修养在教育教学中呈现出来，真正诠释师德深刻内涵、定义、概念。

4.榜样与示范中展德

学校要将师德建设工作融入教师日常管理中，把教师思想政治素质、职业道德、个人品德、社会公德、廉洁从教、个性特色、文化品位等方面作为对教师综合评价的重要内容，建立完善师德考核评价制度和激励机制。我校积极开展"每周之星""月度人物""教师讲坛""教师朗读者"等活动。通过活动树立优秀教师、特色教师、个性教师的展示搭建平台，树立榜样与示范，在榜样与示范过程中展示师德。

在"每周之星""月度人物"评选活动中，评选优秀教师、个性教师、特色教师，由学校师生为他们书写颁奖词，制作海报张贴校园，线上电子版展示。用线上与线下相结合的方式，为每一名教师搭建平台，让学生、家长、社会了解教师、认识教师。让教师看到自我的优势、特色、特长，促进教师的自我成长与提升。

在"教师讲坛""教师朗读者"活动中，让教师展示自己的另一面，教师讲坛让教师讲述与展示自己所教学科以外的知识和能力，例如老师们有的展示手工、书法、游戏、编织、美容、健身、养殖、插花、绘画、摄影等各种生活技能、爱好特长、修身健体本领，丰富了教师的生活，展示了自己的另一面，让每一名教师既有工作又有生活，这也是师德的展示。"教师朗读者"展示教师的阅读广度、深度、厚度、高度，展示出了教师的书生本色，为学生树立了榜样。

总之，学为人师，行为世范，良好的教师素养、素质、形象、品位、特色、个性、文化是教师深厚师德的基础，是教育教学不断创新提升的根基，是学生健康成长的需要，是现代学校教育的重要组成。扎实推进师德师风建设，塑造良好师德，引导老师以德立身、以德立学、以德施教、以德育德，在师德中提升自我修养，在师德中潜心育人，实现立德成师、成师以德。

十七、农村小学实施师德师风
建设的有效策略

广东省广州市从化希贤小学校长　陈志辉

"百年大计，教育为本；教育大计，教师为本；教师修养，立德为本。"我校曾是一所落后的农村联办小学，经过几年的发展获得了"全国教育系统先进集体"的荣誉称号，这一蜕变的重要原因是我校坚持推进师德师风建设，落实立德树人。由于学校底子薄弱，为促进学校发展，本人结合校情，着力引领学校进行师德师风建设，开展了以下工作。

1.规范制度，推进师德师风建设科学化

高度重视师德师风建设，把此项工作作为学校长效机制来抓，严格师德师风建设规章制度。

（1）成立了师德师风建设工作领导小组。为师德师风建设工作有序开展，学校成立了师德师风建设工作领导小组，把责任目标具体落实到各有关岗位和责任人，并结合学校实际，每年制定师德建设工作计划，并督办计划的完成。各学科结合本学科的工作实际情况制定具体实施计划，将师德建设工作列入常规工作。

（2）实施师德师风监督机制。为进一步促进学校师德师风建设工作，我校教师自觉接受学生家长和社会各界的监督。学校成立了家长委员会，通过召开学生家长会、学生代表座谈会、教师座谈会等形式，聆听来自学生、家长及教师彼此间对教师工作的意见和建议。

（3）完善教师考评制度。加大随堂听课力度，及时了解每位教师的课堂教学情况，不定期抽查教师课堂、出操、集体备课、班队会开展等情况。发挥教学评价的激励、导向功能，将师德师风情况与教师的期末考评、年度考核等结合起来。凡出现师德师风问题者，实行评优评先一票否决。

2. 加强学习，促进师德师风建设内涵化

为净化学校办学氛围，使教师们深刻认识到师德师风建设的重要性，学校积极开展各类相关学习活动。

（1）以学习文件法规为抓手。学校定期组织教师学习《中华人民共和国教师法》《中华人民共和国教育法》《中小学教师职业道德规范》等，理解领悟师德师风建设内涵，明确倡导性要求和禁止性规定，使师德规范成为全体教师自觉践行的行为准则。

（2）以学习交流研讨为平台。学校定期开展师德师风主题研讨、座谈交流等，提高认识，统一思想，使教师在交流中学习师德师风建设要点，在研讨中剖析师德师风建设的内涵，从而自觉地养师德、树师表。

（3）开展"读书工程"，成立教师学习小组，定期活动，定期心得交流，形成"让读书成为一种习惯"的风气，打造学习型组织，创建教师的学习文化，通过不断学习提高教师的自身素质。

（4）开展"青蓝工程"，建立老教师、新教师的带教制度，选择校内在课堂教学、班级管理、兴趣知识方面有丰富经验的市级教学能手、学科带头人为师傅，明确规定师徒的职责和义务，促进教学相长的良好学习

氛围。

3. 文化铸魂，引领师德师风建设导向化

教师与学校有了共同的精神追求，学校才会呈现众志成城、上下一心的团结局面。文化为立校之根本，若能找准学校的文化支点，必能引领教师积极向上，激发教师的内在发展需求，从而开创学校发展的新篇章。

学校精心设计与打造校园环境，融艺术性、观赏性和教育性为一体。内涵丰富的文化展示，赋予校园新的生命力，使老师每天都浸润于"贤文化"氛围中，时刻激励、鞭策着教师们开拓创新、锐意进取。

4. 榜样示范，推动师德师风建设常态化

榜样是一种力量，它推动着老师不断奋进，引领着老师逐步发展。

（1）找榜样，立标兵。学校制定了《希贤最美教师》《希贤最受欢迎教师》等评选方案，认真组织每学年的师德师风测评和民主评议活动，在教师之间找出榜样，进行表彰，树立标兵。

（2）学榜样，当榜样。学校通过开展"讲文明，树新风，学习师德标兵"一系列活动，组织教师学习先进的人和事，从身边学起，从点滴学起，以榜样来鞭策和激励自己，使自己赶超师德标兵步步前行。

5. 主题活动，打造师德师风建设品牌化

为进一步提高师德师风建设成效，提高教师的职业幸福感、归属感，学校积极为教师创设有效载体，开展丰富多彩的师德师风建设活动，以求以点带面，放大亮点效应，在活动中磨炼教师的执行力，提升教师的道德素养，加强学校的凝聚力，促进学校的发展，涵养校园里良好师德师风的

浓郁底蕴。

（1）要求全体教师以精诚合作的态度去对待每一项的活动或比赛。如：大课间活动、跳绳比赛、合唱比赛等，向教师灌输"团结就是力量"的精神，使教师统一思想，通力合作，形成合力，取得佳绩。增强了教师的荣誉感、自信心。

（2）为了造就一支品德高尚、业务精良、作风扎实的教师队伍，每年举行一次师德演讲比赛，原则上鼓励所有教师都参与其中，强化师德观念。

（3）开设了多个教师社团，让教师乐学乐教。如"跳绳社团""书法社团""时装社团"等，所有的社团均由本校有专才的教师牵头开展活动，在给教师提供施展才华的平台的同时，也愉悦了教师们的课余生活。

（4）组织丰富多彩的工会活动。如开展《希贤，"樱"你而骄傲》的教职工摄影大赛、《希贤好声音》教师歌唱比赛、《我型我 shop，乐享希贤》教师才艺展示等，通过不同形式的工会活动，增进了教师之间的感情，创建了一个积极上进的集体。

育人者育心，育心者必自育。教师是立校之本，师德是教育之魂，师德师风建设的目的是让每一位教师都自觉加强职业道德修养，树立良好的为人师表形象。综上所述，抓好师德师风建设，可以从根本上提升教师素质，改善教育教学质量，促进学校发展。

十八、培植四个认同，涵养高尚师德

北京市大兴区礼贤民族中学校长　贾建娜

吐哺归心育桃李天下，守土开疆铸强国伟业。习近平总书记曾多次指出：教师承担着传播知识、传播思想、传播真理的历史使命，肩负着塑造灵魂、塑造生命、塑造人的时代重任，是教育发展的第一资源，是国家富强、民族振兴、人民幸福的重要基石。因此，教师队伍建设既是《中国教育现代化 2035》十大战略任务之一，更是教育优先发展这一国策的关键。与此同时，习近平总书记指出：评价教师队伍素质的第一标准应该是师德师风。

那么如何建设一支师德师风优良的教师队伍呢？我觉得要从以下四个方面着力。

1.文化认同　守正创新

我国优良传统的博大精深，诸如"修身齐家治国平天下""格物致知""知行合一""精忠报国"等这些价值理念，一直是中华民族奋发进取的精神动力，是中国人的骨气和底气，积淀着中华民族最深沉的精神追求。而这些优良传统正是自孔子以来一代一代师者的心血传承。新时代的师者，必须认同中华优秀传统文化的魅力与精髓，担当起中华文明传递的使命，守正创新，方能生生不息。

2. 道路认同　为国育才

一场突如其来的新冠肺炎疫情，再次证明了中国特色社会主义道路的正确性和社会主义制度的优越性。作为培育社会主义建设者和接班人的教师，必须忠诚党和人民的教育事业，准确理解和把握社会主义核心价值观的深刻内涵，植根中华大地，捍守三尺讲台，讲好中国故事，为国育英才，为中华民族复兴奠基。

3. 职业认同　规划人生

教师是一个十分专业和特殊的职业，"职业倦怠"是每个教师都需要克服的难关。我们必须引导教师树立崇高追求和远大抱负，注重对教师的精神激励和价值引领，培育教师立德树人的根本，厚植家国情怀。要为每位教师量身定制人生职业生涯规划，比如：三年入格、五年担纲、十年成家。让教师的职业生涯丰盈辉煌，充满挑战和期许，充满激情与斗志。

4. 个人认同　爱岗敬业

叶澜教授曾说：教师从事的是育人的事业，作为教师，首先要自己像人一样地活着，他才能对别人产生影响，一种使其成为人的影响。人民教师作为人民的一员，一样有追求幸福生活的权利和愿望。少一些偏见与诋毁，多一些尊重与优待。少一分"蜡炬成灰"的悲情，多一分"桃李芬芳"的喜悦。全社会共同努力，形成"师严然后道尊，道尊然后民知敬学"的风气。使得教师对个人的生活认同，可以全身心投入到"传道授业解惑"的工作中去。

十年树木，百年树人，千秋伟业，万里河山，教育是发展基石，我们要一颗丹心、满腔热血，书写教育春秋、杏坛锦绣。善歌者，使人继其声；善教者，使人继其志。无上光荣的人民教师要珍惜这份光荣，增强四个认同，以高尚的师德为这份职业增光添彩，为新时代的繁荣昌盛贡献一份智慧与力量！

十九、门门有道谈师德，道道有门需规范

浙江省台州市黄岩区西江小学教育集团校长　潘仙福

所谓师德，就是教师的职业道德。它是教师在工作中必须遵守的道德规范和行为准则，以及相适应的道德观念、情操和品质，是每一个教师必须具备的道德素养。师德师风建设是全面深入实现学校教育的重要基础，作为学校的校长，必须进一步解放思想，从狭隘的质量观、人才观、政绩观中走出来，狠抓师德师风建设，追求教师卓越品质，真正实现立德树人。下面笔者就结合本校办学的实际，从"高低""宽严""动静"等方面，谈谈对学校师德师风建设的思考。

1."高低"对接，师德建设融入学校文化

所谓"高"，就是指在师德师风建设的行为上，学校必须自上而下，做出高屋建瓴的顶层设计，把师德师风建设融入学校文化建设中。笔者所在的黄岩区西江小学教育集团是刚成立的新学校（原西江小学、永宁小学等合并而成）。面对办学规模大（一校两区）、社会关注度高（小城区），特别是教师队伍庞大（原先两所学校合并后，现教职工近 200 人）的情况下，如何凝心聚力，是迫在眉睫的问题。为了让每一个教师提高站位，增

强自己的主人翁责任意识，首先要加强学习，转变教育教学观念。于是，笔者就从学校文化入手，通过不同层面、不同学科的教师会议、座谈等形式，让每一个教师参与"我为学校献计策"的金点子活动……在达成共识中，提出以"现象"文化建设为核心，以"让美好的现象成为校园风景"为发展理念，以"三自校园"（自由、自主、自治）、"四条路径"（师训、课程、机制、评价）、"五大工程"（智慧教师培养工程、同行家长提升工程、精致环境创建工程、学习空间拓展工程、新兴技术助推工程）为发展思路，以提升教育教学质量为主线，努力将学校打造成"自己喜爱、同行敬佩、社会满意"的优质学校。努力做到"随风潜入德，润师细无声"。为了使师德师风建设不在云端中跳舞，实实在在落地。学校由工会牵头，对教师的师德师风进行过程性的监督检查，时常开展"回头看"工作。对于学校各项工作，开诚布公，敢于担当。努力转换教师教育教学观念，以学校文化引领教师甘当"筑梦人"。

2."宽严"得体，师德建设纳入教师培训

"宽严得体"出自明代冯梦龙的《东周列国志》（第三十九回）"众将见觳觳宽严得体，无不悦服"。其意就是指宽厚和严格掌握得恰如其分。规范学校教师师德师风建设尤其要做到这点。于是，笔者将师德师风建设纳入学校教师培训工作。引导教师以德立学，以德施教。如：学校努力为教师的专业成长拓宽渠道，采用阶梯式培养、分层次激励，通过多样化载体，助力教师"成型、成才、成器、成名、成品"，实现不同的成长目标。如：成立"青年教师成长工作坊"，使之成为他们专业发展的摇篮；骨干教师培养，学校聘请骨干教师作为青年教师的指导老师，使他们有"我很重要"的意识！让骨干教师朝着更高层次发展。名优教师培养，立足走出去，使之成为他们华丽蜕变的平台。学校为名优教师提供进修学习的机会，让他们与教学大咖零距离接触，促进他们进一步拓宽知识视野，厚实

知识背景，从而实现"名师成就名校"的华丽转变，为集团发展注入新鲜活力。与此同时，严格规范了师德师风建设的一系列规章制度，为人师表，自觉践行以德为先，严以律己。如：不参与赌博、打麻将，在外不兼职……出现师德师风问题，取消评优评先、职称评定等资格。总之，学校教师不能做门外汉，要做门里人。要不断提升人格修养和学识修养，甘当人梯，做个"系扣人"。

3."动静"相宜，师德建设嵌入常规活动

古语有云："亲其师，信其道。"教师要以自己的人格魅力去影响学生，真正做到为人师表，随时随地以自身言行潜移默化地影响学生。根据"一个集团、两个校区、一套班子、一体管理、统一招生、级段分设"的原则，笔者把师德师风建设嵌入两个校区的各项常规教育教学活动中。如：课堂中，老师必须以身作则，言传身教。要做到以问题为纽带，发展学生的发散思维和审辨性思维，让学生静静思考，在探究过程中获取知识和运用知识解决问题，发展思维能力和创新能力，从而构建课堂的审辨文化，使课堂既有"笑声""掌声""心声"，同时又有"无声"的思考、精彩的"辩声"，从而打造听时静、做时静、思时静（无声），真参与、想参与、乐参与（心声），听得到笑声、看得出笑意（笑声），会鼓励、会欣赏、会合作（掌声），会思考、会提问、会置辩（辩声）的"五声"课堂。同时，教师要以学校活动为载体，通过节庆行动（三八妇女节、五一劳动节、六一儿童节等）、假日行动（走访博物馆、做陶艺等）、悦读行动（读书节系列活动）、健康行动（跳绳、做仰卧起坐、打乒乓球等）、习惯行动，培育"现象"学子（阳光聪慧），让学生在德、智、体、美、劳方面都能轻松地踏入门槛，从而获得自由发展。学为人师，行为世范。教师要在日常活动中，愿做学生的引路人。

百年大计，教育为本；教育大计，教师为本；教师大计，师德为本。

学校的师德师风建设不是一蹴而就的，而是一场攻坚战。需要学校的顶层设计，"高低"对接；需要高线引领，"宽严"得体；需要主动作为，"动静"相宜。这样才能落到实处，见到实效。

幼儿园园长对师德的认识和实践

一、立德而行，向美而生

北京市西城区三教寺幼儿园园长　王岚

党的十八大提出：把立德树人作为教育的根本任务，培养德智体美全面发展的社会主义建设者和接班人。我们培养什么人？怎样培养人？为谁培养人？中国未来发展需要什么样的建设者和接班人？谁能堪当民族复兴的大任？

教育是国之大计、党之大计。教师从事的是育人的事业。有理想信念、有道德情操、有扎实学识、有仁爱之心的"大国之师"，能让儿童不断适应当今时代的变化，遵循儿童成长规律成就儿童，同时，教师也在提升自己的生命质量，实现自己的人生价值。

1. 引导教师抓住"童蒙养正"的关键时期，满足幼儿精神成长的迫切需要

人是文化的塑造物，儿童是生活在特定文化情境中的人。学前时期是儿童文化观形成的重要和关键时期。儿童只有从小受到民族文化的熏陶，认同中华优秀传统文化，热爱自己的国家，才可能打上鲜明的文化印记。

我国不少幼儿是过着洋节、吃着洋快餐长大的，而中华优秀传统文化

对他们的熏陶甚少。如果这一时期不对幼儿进行民族情感的培育、道德品性的提升，幼儿成人之后也可能会迷失在全球化的大潮中，以洋为美、以洋为尊，无法形成文化自信和判断力，不能认同中华优秀传统文化，甚至贬低、漠视中华优秀传统文化，更谈不上将中华优秀传统文化加以传承和延续。因此，传承发展中华优秀传统文化，让中华文化独一无二的理念、智慧、气度和神韵等成为植根幼儿内心深处的精神血脉和文化素养，激发幼儿内心深处最早的文化自信和民族自豪感，应是启蒙教育即人生发展关键期教育的灵魂所在。

近年来，党中央高度重视中华优秀传统文化的传承和发展，对建设中华优秀传统文化传承体系、完善中华优秀传统文化教育做出了战略部署，制定了一系列的政策措施。作为教师，首先就要把这些文化的元素、文化的基因从小嵌入到儿童的头脑当中去，既要顺应儿童的自然发展，又要将儿童的发展纳入社会需要的轨道。

2. 传承中华优秀传统文化，坚定教师做有根有魂的学前教育的文化自信

（1）将"和心合育，众爱致远"的文化内核作为课程的出发点

北京市西城区三教寺幼儿园因坐落在北京宣南地区的儒释道寺庙旧址而得名，三教融合之地孕育着"和则群策群力，合则共生共进"的传统智慧，办园思想的起点就源于对中华优秀传统文化内核的挖掘与继承。儒释道为古代中国最早的文化范畴，时至今日，仍然对国人产生重大影响。三教各有所长又互为补充，"积力之所举，则无不胜也；众智之所为，则无不成也"，共同构筑了中华优秀传统文化之魂。

"和合"文化不仅是对三教合一思想核心的价值传承，也体现在办园过程中"和"的氛围与"合"的方法的教育理念和实践。"和心合育，众爱致远"就是对"和合"文化的生动注解。"和心"，即心往一处想，对

教师、家长之间多种课程理念和教育方法的兼容并包，对个体"和而不同"的发展路径的理解和认同。幼儿之间学习与发展的差异不仅表现在发展速度和水平上，还表现在兴趣需求和学习风格上。"合育"，即劲往一处使，幼儿园全员育人，与家庭、社区密切配合，"同想、同做、同成长"，共同为幼儿的发展助力。全园教职工都参与到与幼儿的互动中，并充分挖掘和利用家长、社区之中蕴含的各种传统文化资源，为幼儿的成长提供养料，实现资源的共享和联动。例如，社区中的"老字号"、大观园公园、敬老院，家长中有对水墨丹青颇有研究、对"非遗技艺"饱含热情的志愿者，都广泛地吸纳进来，家长、社区自然而然地成为课程生长的一部分。

在"和心合育"的驱动下，"众爱致远"是"和合文化"的目标追求，汇集更多教师、家长、社会、国家的力量共同守护宝贵的童年，托起幼儿各不相同的人生精彩。让幼儿在传统文化丰厚内涵的滋养下成长起来，在未来更加自信地走向世界，让传统文化的力量支持他们在人生的道路上走得更稳、更远。

（2）将与幼儿生活联系密切的活动作为切入点，甄选多领域课程内容

文化来源于对生活实践的总结、升华，包含着丰富的内涵，春日新生、夏虫寻趣、落叶思亲、秋收冬藏，四时万物和节庆风俗，都是幼儿生活的课堂。在幼儿园实施传统文化教育，就是将文化还原于幼儿可知可感的一日生活本身当中，让幼儿感受中华优秀传统文化的丰富多彩，体验传统文化活动的情感内涵，分享传统文化活动的乐趣，以培养幼儿初步的文化认同感和自信心，了解粗浅的传统文化知识为主要目标。据此，幼儿园对传统文化的内容进行筛选：第一，选取贴近幼儿生活、在生活中有实物、可感知的内容，将文化和教育还原为生活本身。第二，挖掘传统节日、节气等活动蕴含的积极教育价值，如德育功能、审美功能、游戏功能，促进幼儿五大领域多方面的能力发展。第三，将传统习俗转化成适宜

当下，适宜幼儿年龄特点的方式进行。如将古人的养生，转化成"给自己做双小袜子"的活动；再如，将水墨画转化成用喷壶或棉签等操作方式。

以"节气、节日"为例，挖掘其中包含的民间游戏、民间习俗、民间文学、传统艺术、传统美食等具体内容，探究适宜幼儿年龄特点与学习方式的多种实施途径。将它与五大领域结合，生成了丰富多彩的活动。

（3）推进综合主题活动的实施，引导幼儿在体验操作中主动学习

在幼儿园传统文化教育的实施过程中，可以通过围绕某一文化元素不断深入的综合主题活动，支持幼儿个性化的探究，促进幼儿主动学习和建构。

如综合主题活动"胡同探秘"，从阅读一本《铁门胡同》的图画书开始，教师首先要对这个元素进行分析和理解。这是传统文化的主题活动与其他活动不太一样的地方，就是说，在儿童立场的基础上，还需要有准备的教师，包含着教育者的目的和意图。即教师要知道活动的发展价值有哪些，这是活动开展的基础。其次，引导幼儿感知和了解"胡同"，激发幼儿亲近"胡同"、探究"胡同"秘密的兴趣，进而引导与支持幼儿通过对胡同及其相关事物的体验、探究与表现，亲近和了解中华优秀传统文化。还要去思考如何把发展价值转化成儿童实际活动中的目标，这样，才能把传统文化的精神价值和幼儿发展的五大领域价值真正结合并落实到幼儿的活动中。活动通过"初识胡同""探访胡同""制作胡同"三个阶段展开。"初识胡同"首先由阅读《铁门胡同》活动开始。虽然大多数幼儿都没有住在胡同的经历，但幼儿通过听故事、看纪录片多感官、多角度地欣赏老北京胡同与四合院的全貌，感受老北京建筑的韵味。四合院的春夏秋冬，服饰、语言、建筑、物件，到处都充满着地地道道的京腔京韵，渗透着原汁原味的京味文化，这些都深深地吸引了幼儿，也引发了幼儿一系列的提问。于是综合主题活动自然地进入到第二个阶段"探访胡同"。幼儿在探访前先将第一个阶段中欣赏的胡同和四合院的建筑元素画在纸上，做成记录单，然后带上记录单和相机，同爸爸妈妈一起参观胡同，不仅能身临其

境地感受老北京的韵味，还用照片的形式将找到的胡同元素记录下来。在这一阶段，幼儿的好奇心得到了极大的满足，并且对这些传统文化元素有了更深刻的体验和认识。实地探访之后进入到第三个阶段"制作胡同"。在活动区里，幼儿可以利用四合院拼装模型，根据观察到的四合院构造拼出四合院；也可以利用积木搭建出包括一进院、二进院、厢房、耳房、正房的完整四合院；还可以画出草图，然后寻找废旧纸盒等材料，采用剪、画、粘等方法制作四合院。在这个过程中，幼儿的语言表达能力、设计制作能力、交流合作能力等都得到了不同程度的发展，也更真实、深切地感受到中华优秀传统文化的魅力，幼儿关于传统文化的经验得到逐层递进和发展。

在文化育人的打造中，起点是人，是人发展的各种可能性；终点还是人，是人发展的各种潜能得到实现。做"有根""有魂"的中国学前教育的最大目的在哪里？这也正是国家对培养人的根本要求。中华优秀传统文化教育是中国人打底色的工程，只有用中华优秀传统文化丰富教师的精神世界，不断汲取充沛的养分，把握教育人生的充盈，立德而生、向美而行，坚定中国学前教育的文化自信，才能培养出合格的建设者和可靠的接班人，这才应该是每一个教育工作者人生最大的幸福。

二、呵护幼儿，培育丰富的灵魂

北京市大兴区第七幼儿园园长　赵旭莹

　　幼儿教师是幼儿健康成长的启蒙者和引路人，幼儿教师的品质素养、价值观念、言行举止对幼儿发展有重要的影响。"关心爱护幼儿"，不仅要关心幼儿的身体健康，更要关注心理的健康成长，关注幼儿人格的完善。幼儿教师要能够触及幼儿的心灵，走进幼儿的生活，发现幼儿的力量，培育健康丰富的灵魂，帮助每一个孩子打好人生底色。

1. 触及幼儿的心灵，呵护幼儿的心理健康

　　教育是面对心灵的事业，"好的幼儿园教师一定会使幼儿感到他们不是到教师这里受教育的，而是像到自己亲戚家去一样"，只有触及幼儿的心灵，才能够走进幼儿，贴近幼儿。

　　首先，要有共情的力量。每年的 9 月对于小班老师来说都是一个挑战，有面对不停哭泣孩子时的一脸无奈，有给不配合的孩子喂饭时的面无表情，也有研讨时的理性分析，"这一届的孩子分离焦虑太严重了"，"有些孩子自理能力比较弱，我们要关注生活能力培养"。老师们会站在责任的角度照顾幼儿的生活，也会站在专业的立场分析幼儿的能力，但若是只

有理性的思考和审视的目光，而没有情感的共鸣和理解，也很难真正探寻到有效的方法。只有去触及幼儿的心灵，感受他们面对陌生而复杂的生活环境、面对陌生的成人和小朋友时的不安和局促，才能够理解在新环境里，他们更需要的是一种熟悉的游戏，是老师的拥抱、陪伴和微笑。这种回应给予幼儿的不仅仅是对环境的适应，更是心理上的满足感，是被理解后的自我认同，对于幼儿心理健康发展有积极意义。

其次，要关注幼儿的心灵成长。古希腊哲学家柏拉图有句名言，"教育非它，乃是心灵转向"。作为教师，要平等对待每一名幼儿，以积极的态度看待孩子的每一个行为。面对第一次不敢说出口的小"天气播报员"，是锲而不舍的鼓励，"没关系，大胆说吧，简单说说就行"；还是表扬他在家认真做了很多准备，今天老师正好想试一试，请他帮助做检查和补充。不同的方式看似都是鼓励，但当我们仅用成人的眼光来看待孩子，就忽视了对幼儿生命应有的尊重和呵护。教育就是要培育爱、善、智慧的心灵，作为教师，要始终关注孩子心灵的健康成长，要了解幼儿不同的习性，有针对性地开展教育，因为懂得欣赏，因为用心发现，教育中时时处处都有美的瞬间。

2. 走进幼儿的生活，满足幼儿的真实需求

仓桥物三在《幼儿园真谛》中说，"我反对自称是教育幼儿，却不让幼儿过自己生活的幼儿园。"[①] 生活是幼儿学习的场域，是幼儿成长的过程。作为教师，要走进幼儿生活，生活的点滴都是帮助幼儿健康成长的源泉。

一是注重良好习惯的养成。一场新冠肺炎疫情，让我们认识到洗手的重要性。而洗手是幼儿园最基本的生活常规。作为教师，要不断反思，我

---

① [日] 仓桥物三：《幼儿园真谛》，李季湄译，华东师范大学出版社 2013 年版，第 19 页。

们的视线和目光投射在哪里。我们探索专业的力量推动丰富且有深度的活动，但同时我们是否真正走向幼儿的实际需要。回归幼儿生活，就是要回到幼儿最本质的需求。一个习惯的养成、一张签到表、一次天气播报，只要我们走进幼儿的生活，去看、去听，就会发现他们为什么没有坚持"七步洗手法"的理由、在签到中遇到了什么困难，为什么对天气播报失去了兴趣，从而引发幼儿的学习和探索，进而养成良好的生活习惯和积极的思维方式。

二是满足幼儿丰富的生活体验。教育是打开，而不是禁锢。我们要给予幼儿充分的时间、空间，营造支持性的学习和生活环境，丰富幼儿的生活体验。我们会看到，孩子们在自然中游戏、在生活中学习时是最放松、最欢愉的。这是因为他们有着与大自然之间的天然连接，有着与自然互动的语言和方式。幼儿在生活中、在自然中体验，在体验中建构系统的知识经验，获得愉悦与满足。教师应追随和走进幼儿的真实生活，在与幼儿的共同对话中渗透教育目的，而不是牵引幼儿的生活。

种植园中，根据季节和天气的变化，孩子们共同探讨适合生长的种植内容，植物便成为孩子们最好的教育素材，播种、管理、收获，体验种植的全过程；写生、测量、做观察日记，孩子们随植物共同成长。种植过程中，孩子们不断碰到各种问题：植物种得太密，需要间苗；种得太乱，不利于管理；值日生忘了浇水，植物打蔫了……发现了问题，孩子们画下来、写下来，或查找资料，或请教老师或家长，找出解决的办法。追随孩子的脚步，感受四季的轮回、生命的历程和自然的力量，感受他们的成长与收获，学会坚持、学会合作、学会感恩。

自然、生活是幼儿游戏和学习的重要场域，也是探究内容的源泉。在生活化的学习中，幼儿获得的不仅是丰富的知识和经验，更是主动发现、主动探究、主动学习的品质和能力，是对生活的热爱、对生命的尊重和对美好未来的向往。

3.发现幼儿的力量，呵护幼儿的探索与创造

幼儿的幸福感和满足感源自被认可和被尊重，源自兴趣、需要和天性的被充分关注，源自自发、自主、自由的学习、思考和行动。教师要将幼儿看作有能力、有自信的沟通者，看作有蓬勃生命力的主动学习者，要学会观察幼儿，理解幼儿的需要。

首先，要转变观念，重新认识幼儿。陶行知先生说："我们要跟小孩子学习，不愿向小孩学习的人，不配做小孩的先生。"[①]幼儿作为一个积极的力量建构他们自己，每个孩子都是在自我建构的过程中得到发展。只有重新认识幼儿，发现幼儿的力量，教师才能在"紧张感"和"退一步"之间寻得平衡，在"教"与"学"之间找到立足点，才能给予幼儿适宜、适度的关爱和支持。

其次，要学会观察，读懂幼儿需求。教师要观察和倾听孩子的感受、好奇心、兴趣，判断和分析孩子的经验和能力，给予幼儿充分的自主，同时及时回应真实体验、发展需要和心理需求。在教师的"放手"与"支持"交相呼应中，让幼儿在生活、在游戏中收获快乐、赢得自信、得到成长。

户外活动时，孩子们发现满身泥土的小兔子旁出现了一个洞，都很新奇："是小兔子挖的"，"小兔子把草吃光露出的小洞"，"那应该是兔子的卫生间"。面对不同的声音，老师说："咱们再观察观察吧。"第二天，孩子们希望先去观察小兔子，之后再做集体操，老师同意了，于是大家看到了正在奋力挖洞的小兔子，一番讨论认为是小兔子不喜欢现在的家，所以才会挖洞，于是他们开始着手给小兔子做新家。纸箱、泡沫垫、菜园地头的砖块，孩子们选择了不同的材料，设计、施工，边探讨边解决问题，然

---

① 《陶行知文集》（修订本），江苏教育出版社2001年版，第187页。

而新家完工以后，孩子们发现小兔子还是会挖洞，老师在安慰沮丧的孩子的同时，顺势抓住契机，"小兔子挖洞或许不是不喜欢我们给它做的家，它挖洞是不是有别的原因呢？"孩子们通过主动查阅资料、询问调查等方式，进一步了解兔子的生活习性，并通过实验、观察研究兔子的饮食和作息规律。整个过程中，幼儿自主探索、主动发现，实现与同伴、成人的互动，在解决问题的过程中不断调试自己的方法，在精神的自由中得到快乐与发展。

作为教师，要呵护幼儿自由探索和自主创造的精神，尊重幼儿的想法和发现，理解幼儿的兴趣和需求。这种尊重、理解与爱，带给幼儿的不仅仅是能力的提升，更能让幼儿认识自己，建立自信，建立与他人、自然、社会的联结，产生共鸣共情，向善向美，这样才能培养既能享受当下美好生活又能适应未来社会发展需要的完整的人。

关心爱护幼儿，不是简单的照顾和看护，而是对幼儿心灵的深入解读和积极探索，是对幼儿的发现、读懂、鼓励、支持，是以敏锐的感受力参与幼儿的生活，与幼儿共情，共享成长的快乐。

三、爱让我们像花儿一样自然绽放

河北省唐山市第四幼儿园园长　刘秀红

　　"像花儿一样自然绽放"是唐山市第四幼儿园的办园理念，强调幼儿、教师、幼儿园是幼儿教育发展的主体。其中"像花儿一样"突出幼儿教育的特色，凸显幼儿教育的生活化、游戏化、生动性、直接经验性和潜在性，强调幼儿教育的丰富多彩、自然灵动。"自然"是主体发展的状态，是唐山四幼的办园之魂，蕴含着"尚本、循道、重人"三个层面的深意，强调幼儿教育要尊崇天性，遵循规律，尊重个性。"绽放"意味发展的主体性与主动性，"像花儿一样自然绽放"表明幼儿教育是静待花开的过程，幼儿教育追求的是教育无痕。

　　"尚本""循道""重人"是园训，而"爱"是核心，是像花儿一样自然绽放的根本。大教育家陶行知说过，"爱是一种伟大的力量，没有爱就没有教育"，热爱幼儿是教师的宝贵职业情感，也是教师必备的道德素质。教师给予幼儿的爱像妈妈的爱，又不是妈妈的爱。爱是老师与孩子的牵绊，是像花儿一样自然绽放的动力。

　　人们常常这样形容幼儿园老师的爱——"老师像妈妈"。幼儿教师面对的是一群独立生活能力不足的幼儿，他们需要像妈妈一样的爱。这种爱是一种人性的自然流露，是与生俱来的爱，最本真的爱。下面我和大家分享几个"爱"的故事。

刘老师的工作日记：

今天，我在操场上巡视，耳边传来"妈妈、妈妈"的呼喊声。我循声望去，原来是小班的两个老师带着入园不久的宝宝们在打滑梯。孩子们每次滑下来都会对着守护在身边的老师喊"妈妈、妈妈"。那意思是在告诉"妈妈"我要滑下来了，你看着我啊！老师每次都会快乐的回应"哎、哎……"同时去摸一下滑下来的孩子。他们玩儿的那么投入，叫的那么投入，回应的那么投入……我当时真的被这一幕感动了，甚至非常羡慕那两个老师拥有这么多孩子的爱。一个多月前，这些小不点儿们，还一个个哭得梨花带雨的。短短一个月，是什么让他们敞开心扉"移情别恋"了呢？是爱，是"老师像妈妈"的爱。

我的眼前不禁又重现新生初入园时的一个个镜头：

镜头一：老师们身上"粘"满了孩子，怀里抱着的、手里牵着的、拽着衣服的、抱着大腿的……老师一会儿给这个擦眼泪，给那个擦鼻涕，带这个喝水，带那个如厕。

镜头二：午睡的床上，老师一手拍一个，腿上还坐着一个，她们像一只老母鸡尽量大地张开双臂，尽可能多地把小宝宝们都呵护在臂膀里，然后嘴里"咕咕咕，咕咕咕"喋喋不休地安慰着，每个老师的嗓子都是沙哑的，脸上写满了疲惫，但是却堆满了笑容。墙上的时钟已经转过 1:30，她们的午饭还摆放在桌子上没有动。她们忙着照顾孩子安睡，顾不上喝水吃饭。要等到大多数孩子都睡了，她们才轮换着吃口饭。

镜头三：放学了，归心似箭的小宝宝们都排在老师妈妈的面前，在干什么呢？原来是老师在给每个孩子擦干净小脸、掖好衣服、贴上奖励的小奖贴，让老师抱一抱，听老师在耳边说句悄悄话："明天我会在'秘密树洞'放一个神秘礼物，你要早点来园哦！""明天早上我希望看到你的笑脸。"……每一个细节都是老师浓浓的爱。这样的日子不是一天两天，而是每一天。从早上 7：30 一直到晚上 5：30 放学，3 位老师 10 个小时寸步不离地陪伴，不厌其烦地听孩子说、听孩子哭、给孩子回应、给孩子安抚、和孩子共情，一个月过去了，老师用像妈妈一样的爱赢得了孩子们的接纳和信任，赢得了孩子们的爱，难怪会有故事开头那感人的一幕。

师爱又不同于母爱，是理智与心灵的交融，是沟通师生心灵的桥梁，蕴含着幼儿教师对教育事业的深刻理解和高度的责任感，蕴含着教师对幼儿的深刻理解和期望，同时也是教师对幼儿情感的释放与表达。如果说孩子是含苞待放的花蕾，师爱就像阳光雨露，和风细雨、润物无声，疾风骤雨就是摧残伤害。为什么虐童事件频发？因为教师的专业能力缺失，不会解读孩子的行为，不明白孩子行为背后向成人发出的信号，说白了不具备"爱和教育"的能力，只能用简单粗暴来解决问题。所以教师要对"爱的内涵"有更深刻的思考：解读孩子的行为，尊重孩子的需求，走进孩子的心灵，"尚本、循道、重人"，尊崇天性，遵循规律，尊重个性，追求对幼儿更深层次的爱，给每个花蕾自然绽放的时间和空间。

下面我接着刘老师的日记，继续讲述后续的故事：

为了缓解小班幼儿的入园焦虑，老师们进行观察研究，针对孩子们的不同表现，结合小班幼儿的心理特点进行分析研究，解读幼儿行为背后的需求，制定不同的引导策略。教师们细心观察孩子哭闹的表现，把幼儿入园哭闹的原因和焦虑的表现进行分类。比如老师们发现孩子们哭闹的高峰基本在早、中、晚和吃饭的时间。分析原因：早晨多是因为与家长分离不舍而哭，中午大多是因为午睡习惯和环境的不认同（有的孩子习惯家人陪睡，有的在家没有固定的午睡时间等，总之幼儿园的午睡不是他们想要的），于是用哭来表达他们的不满。晚上哭闹的孩子有几种原因，有的是知道家长要来接自己了急不可待的哭，有的是见到家长终于来了，憋了一天的委屈终于爆发了委屈的哭。吃饭时间的哭，有的是因为挑食，有的是因为不会自己吃，有的是因为吃饭又勾起了对家里的就餐习惯和环境的想念……老师们发现孩子们的焦虑反应也可以分为几种类型，而且每种类型的表现与孩子的气质类型和性格有密切关系。比如黏液质气质类型的孩子大多属于"基本稳定型"（不包括上过早教班的孩子），这类孩子表现为情绪基本稳定，偶尔受其他孩子情绪影响会伤心，但很快就会跟随老师的活动转移注意力。这类孩子有个最大的特点，刚入园的几天非常快乐，新鲜劲过后会有情绪波动。胆汁质气质类型的孩子大多属于"暴躁破坏型"，表现为哭闹严重，分离困难，撒泼打滚，甚至打老师、摔东西，这类孩子老师会给他一个发泄角，通过敲打、撕拉让他试着宣泄自己的情绪。抑郁质气质类型的孩子一般是一天到晚陷在不能自拔的情绪中，他们甚至不吃不喝不说话，躲在一旁就是掉眼泪，面对这样的孩子我们的老师会说："哭一会儿吧，哭出来会好受些。"然后会在下班后去家访，打开孩子的心扉，让他们感受到老师的爱，建立信任，愿意和老师倾诉，愿意依赖老师。我们的教师甚至还和幼儿约定好，周一老师带着玩具去家里亲自接他一起上学。为了缓解大多数孩子的焦虑程度，老师们牺牲个人休息时间，组织双休日的户外亲子活动，纪念碑广场、云天广场、南湖公园到处留下过师生游戏的身影。通过这些活动，幼儿之间、师生之间、家长之间、家园之间都相互增进了了解，增强了信任。有的家长开始私下里结成友好对子，帮助孩子交朋友。一个月下来，我们的老师累瘦了，嗓子哑了，但是孩子胖了、笑了、爱上幼儿园了。

刘老师的工作日记中记录的是日常的工作，传达出来的是对幼儿的关爱，对幼儿教育事业的热爱！

当你能够结合专业知识来分析孩子、解读孩子时，你会发现幼儿的种种表现并不是为了"气你"，他们是最自然地情感流露。读懂了孩子的行为，老师的爱不再盲目，而是更加有的放矢，尊重、倾听、共情、等待、帮助、疏导……深层次的"爱"真的是一种能力，幼儿教师要具备爱的能力，具备创造爱的环境的能力。这种能力体现在教师对爱的理解、对爱的意义的认识，体现了教师道德情操的高尚，是教师心灵的净化与升华。"教师之爱生必为之计深远"，老师对孩子的爱要有理解、有尊重、有智慧、有行动。

我一直认为，充满爱的幼儿教育，是一种特别的爱，源于人的本性，升华于幼儿园教师的专业性，润物无声，春风化雨。正是这种对教育的爱，让我们的教育生活，让我们的整个人生，散发出不一样的温暖和光彩，让您与孩子像花儿一样自然绽放！

四、新时代对"关爱"的思考

首都师范大学学前教育学院附属幼儿园园长　张秀梅

当我还是个孩子的时候就很喜欢和伙伴们一起玩，当我不再是个孩子的时候依然喜欢和孩子们在一起，也因为这种喜欢而踏上幼教之路。从教20多年，心酸的幸福的也都经历了一些，无论怎样，爱都是一个让我们感到职业幸福的关键因素。2018年，教育部颁布了新时代各学段教师的职业道德行为规范，无论哪个学段都离不开爱。关心爱护每一名幼儿，强化了我们幼教人的责任与使命。在我们不断努力前行的路上，"德"永远是第一位的，它需要爱的浸润与滋养。

1. 格局——源于视角的关爱

早些年，我们总能听到社会上对幼儿园老师评价的各种声音："看孩子的""很轻松"等字眼，甚至是阿姨保姆的帽子都给这个职业扣上。记得无论是在网络上还是现实中也都有不同的辩解：幼儿园老师就是 N 项全能，除了音体美还有裁缝警察设计师……前后就像正反两方。其实静观二者都是通过幼儿园看幼儿园老师，只不过一个站在门里一个站在门外。

不谋全局者不足以谋一域，是要我们跳出幼教，从国家社会层面看自己。习近平总书记指出，我国是中国共产党领导的社会主义国家，这就决定了我们的教育必须把培养社会主义建设者和接班人作为根本任务，培养一代又一代拥护中国共产党和我国社会主义制度、立志为中国特色社会主义奋斗终身的有用人才。在当前新时代背景下，我们的综合国力不断增强，国际地位也在逐步提升，人民群众的期待也在增强，我们的教育需要与发展相匹配。我们要在大格局大视角下看学前教育，会有更加深远的现实意义。儿童的发展是社会的希望所在，因而也是社会的责任所在。我们要培养德智体美劳全面发展的社会主义建设者和接班人，就要站在幼儿全面和谐发展的核心立场上，关注幼儿的兴趣和需要，对幼儿进行适合其身心发展特点与需求的教育。国家的政治、经济、文化等领域的变革，都在不同程度地影响着我们教育的发展。有了这样的站位，再回头看我们的职业，对幼儿个人、家庭、社会和国家都有着重要的价值，我们也就更能够懂得"四个自信"的现实意义，做"四个引路人"的时代意义所在。因此，格局会拓宽我们的视野，让我们有更科学的视角、更长远的眼光去关爱幼儿、培养幼儿。

2. 自信——源于专业的关爱

随着教育不断的发展，幼教的专业性也开始逐渐被社会看到。家长及社会对一所幼儿园的评价，已经从对物质环境的重视转变为对师资队伍、园所文化、办园理念等育人文化的关注，我们的办园压力也已经从经济方面转化为提升品质方面。因此，我们需要有足够的专业功底，来支持满足社会发展带来的需求，那么，锻造一支专业的师资队伍就成了关键所在。

提升教师专业胜任力是我们目前迫在眉睫的工作，也是新时代教师自信的基础。我们提倡老师做到四点：第一是自重。就是要谨言慎行，为人师表，尊重自己的人格，提升自身修养，为幼儿树立榜样，能够有效地帮助家长树立科学的育儿观。第二是自励。学习是一种品德，我们最常说的就是阅读，读书足以使人开茅塞，除鄙见，得新知，养性灵。除了《纲要》《指南》等文件性的读物，还要有多领域的广泛阅读。我们在学习与实践的过程中，要不断地深入了解幼儿，努力使幼儿的学习与幼儿的需要、兴趣一致，掌握科学的、多样化的、行之有效的方法和手段，能够保持敏锐与长远的目光。第三是自警。就是要懂得什么是红线底线不能碰，懂得避开身边的消极因素，消除侥幸心理，正所谓"择其善者而从之"。第四是自省。孔子曰"吾日三省吾身"，自律反思是一种能力，亦可成为一种习惯。善于反思、善于自省的老师能够不断进步，也是我们造就政治素质过硬、业务能力精湛、育人水平高超的高素质教师队伍的核心力量。

今年的新冠肺炎疫情让我们有了一段特殊的经历，在这样特殊的时期，教师更需要思考该如何支架幼儿的生活和成长，鼓励幼儿能够用积极的态度去面对生活、用积极的行动去感受生活、用美好的梦想去创造生活。在这样的思考下，我们通过线上教学，利用公众号平台开展了"珍爱生命，面对疫情，萌娃们的梦想和行动"生活故事系列活动。在这些记录里，有的孩子身边的亲人就是勇敢的"白衣战士"，有的孩子居家生活从单调到丰富多彩，有的孩子拉起了小提琴演奏《我和我的祖国》……孩子或许还懵懵懂懂，但在心中埋下了一颗敬畏生命、热爱生活、感恩祖国的梦想种子，我们的老师就是在关爱引导幼儿在生活行动中面对和思考。儿童不在我们身边，但课程依旧可以在儿童身边，因为我们依然在用专业关爱儿童成长。

3. 豁达——源于信任的关爱

德国哲学家雅斯贝尔斯说过这样一段充满爱的话：教育的本质意味着一棵树摇动另一棵树，一朵云推动另一朵云，一个灵魂唤醒另一个灵魂。世界上没有一朵鲜花不美丽，没有一个孩子不可爱。因为每一个孩子都有一个丰富美好的内心世界。

在我还是一名一线老师的时候，曾带过一个愿意表达但又有些口吃的男孩，他有一个哑母，多数的时候是奶奶接送，偶尔哑母的几次接送也都是来去匆匆，但我从她微颔着的面孔中看到一双渴望交流的眼睛。我和哑母的沟通从开始用眼神交流到手舞足蹈的比划，再到后来我们用一个本子，把想说的写在上面用"看字"来沟通。男孩成了我和哑母之间传递本子的"邮递员"，他每天和我开心地讲述家里的故事，那水灵灵的大眼睛里充满着快乐与希望，时间久了，他的口吃没有了，笑容多了，妈妈也能够抬起头自然地对我微笑。我想，很多时候关爱就是一个眼神、一句问候、一个微笑，而换来的则是彼此内心的一份信任。

当我在管理岗位的时候，依然鼓励老师们关注关爱每个孩子，因为我们给的或许是孩子未来生命中的一份力量。比如年轻家长在育儿方式上主要有两个方面，一是经验不足，二是时间不允许。我们都知道，家庭是幼儿园重要的合作伙伴，对于学前幼儿，就要落脚在"老师为年轻家长提供育儿良方"上。在疫情被初步控制之后的复工复产期间，我们调研、询访发现幼儿父母的陪伴率骤然下降，于是我们通过线上教研、视频培训、网络学习引导教师关注幼儿居家生活，通过公众号定期发布"亲趣时光"中不同的亲子活动，丰富幼儿家庭周末生活，传递一份关爱。

师德是一个永恒的话题，《易经》中提到"天行健，君子以自强不息；地势坤，君子以厚德载物"，眼下的疫情更是对我们的一次大考，我们看到了很多"抗疫英雄"，看到了各行各业的有识之士，这些人之所以被社会被人民点赞，因为他们有高尚的品德，心中有爱，大爱到对国家的责任感与使命感。

"凡是人，皆须爱，天同覆，地同载"，当我们沉静下来，带着一颗朴素的心去看待教育，我们的心中就会收获一份自信、一份豁达，从而真正地回归教育本质、教育初心。

五、融情育爱　师德润童年

在涿州市第二幼儿园 36 年的发展历程中，师德建设一直是幼儿园的工作重点。我园以《新时代幼儿园教师职业行为十项准则》《幼儿园教师专业标准》等中央文件以及党的十九大报告精神为引领，结合"融情育爱"的办园理念，深入探索师德培养的有效机制，全面落实"立德树人"的教育目标。让关注师德建设落地生根，让师爱浸润在幼儿园的一日保教工作中。

1. 以爱为魂，打造心向阳的团队

爱是教育的起点，也是教师的初心。作为幼儿教师，内心的爱越富足，越能够将自己的正能量释放给儿童，越能够给予儿童真正的爱与关怀。在师德建设中，在园所爱文化的引领下，营造"爱"的氛围，开展"爱"的活动，传递"爱"的力量，让每一名教师被尊重、被看见、被欣赏，让教师在爱的滋养中彼此给予力量，在平凡的工作中找到属于自己的职业幸福感，点燃对自身成长的追求和践行师德的自律。

（1）在环境浸润中形成爱的氛围

园所环境如水可浸润心灵，有爱、民主、和谐、积极的园所氛围，让每位教师对职业保持一份责任感和使命感。园所实施民主开放的管理模式，给予教师更多的自主权、参与权，让每位教师参与到园所三年规划、园所文化建构的研讨中，激发教师的内驱力和责任感。园所环境中，开辟"最美教师""你是我眼中的那束光""梦开始的地方""正是花开""园史展厅""教师说"等宣传板块，将每一位教师身上的美好——积极的教育观、园所发展中形成的二幼精神，在环境中有形地落实，用无声胜有声的方式让爱成为教师成长的氧气，成为教师的共同价值取向，有效推进了师德建设的落实。

（2）在活动体验中增强爱的责任

我园将"加强师德师风建设、培养高素质教师队伍"的目标，贯穿于教师专业发展的过程中，每学期分层次、有重点、持续开展多维度师德活动，提升教师对师德的认知和体验。多年来以"爱岗敬业，从我做起"的师德精神为宗旨，开展了"我为二幼代言""身边的感动""我心目中的幼儿教师"等系列师德活动。依托中国学前教育研究会课题《依托团队活动提升幼儿教师归属感》的研究，开展丰富的文化、心理、专业等多种形式的团队活动，让工作在二幼的每一个员工享受到了乐生活悦工作的美好，在这个有温度的团队中，始终对这个职业保持一份敬畏和使命感。

（3）在致敬前辈中传承爱的力量

在我园有这样一个特殊的群体，他们就是扎根在幼儿园工作25—30年的老教师。他们是园所精神的传承者，是践行师德的表率，为了积极弘扬老教师高尚的师德精神，不忘教育初心，更重要的是号召青年教师向身边的老教师学习，更好地发扬和传承二幼精神，我园开展了"不忘初心　向老教师致敬"温情四部曲活动，2月份,团支部开始策划收集资料;3月份，各个教研组邀请老教师走进身边讲述工作中爱的故事;5月份，利用微信公众平台推送老教师师德事迹;6月份，全体教师齐聚一堂开展向老教师致敬现场活动，老教师们用一个个生动的案例传承爱岗敬业、乐于奉献的二幼精神，成为年轻教师成长路上的灯塔，共同在工作中绽放为人师的光彩。

2. 以爱育爱，践行为人师的承诺

教师是幼儿园最宝贵的财富，教师状态也是一日工作中最重要的呈现。我们提倡教师要向儿童学习，在"爱和自由"的理念引领下，和孩子们在一起的感觉变得柔软而富足。我们相信，每一个孩子都拥有一颗"本自具足"的心，以敞开的内心、自身的善意、对儿童的敬畏为资源，我们的教育便成功了一大半。在和儿童彼此链接中，每个人内心丰富的感受，生命深处的期待与渴望都被激发并表达出来，以爱育爱，让教育变得有生命力……

（1）师爱内化于心

如何使教师对师德规范的执行变成一种发自内心的自主选择，将国家有关的师德政策转化为教师内在的师德信念，是我们重点思考的问题。结合幼儿园一日保教工作规范要求，我们利用教研活动组织教师结合政策文件，梳理一日保教工作中教师应有的"爱"的状态。同时通过教研组研讨、文字解读、案例分享、教师表演等多种形式，将"爱"的行为践行到一日活动中。同时各个教研组将一日活动的各个环节编排了一日活动情景剧，如："晨间接待篇""线上活动篇""进餐篇""户外活动篇""区域活动时刻"等，自我内化的同时用生动的方式完善了保教工作的师德规范。这种源于自我的规则，自然形成遵守规则的内驱力。给教师带来自然、安全、稳固的工作状态，凝聚人心生发力量。

（2）师爱外化于行

师爱是一种博大的爱，它不仅包含着教师的亲切和宽容，也包含着严厉和严格。因此，教师爱的智慧下真正施以爱的教育，无疑具有特殊的意义。我们立足于培养"和爱一起长大"的幸福幼儿，把"以爱育爱"的理念融入幼儿的一日生活，营造爱和自由的氛围，追随儿童的视角，尊重每一个个体，保护儿童自尊，平等对待所有幼儿。

运用共情的理念从关注儿童情绪开始，搭建起良好的师幼关系。鼓励老师们用欣赏的状态、倾听的方式走进每一个孩子的心灵，营造信任的、接纳的心理环境。同时在活动中每学期开展探究式主题活动，支持孩子们自主探究，在发现问题、解决问题的体验中获得自信。一年一次的"科技节"，两年一次的"童话节"，三年一次的"儿童画展""爱心义卖"等全园幼儿共同参与的主题大型活动，为每一个孩子搭建展示自信的舞台。放手幼儿做自己的主人，开展自主区域、自主进餐、自主日等活动，让幼儿在自我服务、自我管理中激发成长的力量。

3. 以爱为根，成就有温度的文化

在师德建设过程中，园所爱的文化浸润在园所的一砖一瓦、一物一景；爱的文化呈现在教师、孩子的一言一行、一字一画；爱内化于心，外化于行，形成二幼独有的"爱"文化。

（1）师德为先，制度领航

我园在探讨师德建设策略的过程中，自下而上地形成了"市二幼师德三十条""教师爱的状态行为规范"，让教职工对照师德标准自觉地随时进行自我检视。日常班级中开展"夸夸我的好老师"，孩子们、家长们用自己的语言和文字记录教师爱的表现，有温度的制度让规范成为示范，形成了风清气正的良好园风。

（2）爱的浸润，共同成长

爱出者爱返，福往者福来。孩子们每天感受着爱，也用自己的方式表达着对老师的爱。每天早晨的问好声；周末两天不见悄悄地给老师打电话；自主日精心为老师制作的小礼物；游戏中依偎在老师怀中亲昵的拥抱，

"师幼爱"在一起共同成长。同时教师们用开放、自然的心态组织家长开放日，家长们在参与中感受着老师对孩子的爱，从而积极支持园所、班级工作。"爸妈故事团""班级家长助教""安全检查员""爷爷奶奶夕阳红义工团"等一系列家长义工活动层出不穷，他们用无私的奉献表达着对教师的认可和支持，"家园爱"在一起共同成长。

（3）爱的反馈，激励前行

当教师心中充满了对孩子的爱，工作也会发出动人的光彩。多名教职工先后荣获"河北省师德标兵""保定市师德楷模""涿州市师德标兵""涿州好人"等荣誉称号。每学期末家长调查问卷中，家长对教师工作状态的满意率达到99.8%。在"夸夸我的好老师"活动中很多家长有些"嫉妒"地对老师说，孩子的眼中老师比妈妈还亲呢，融洽的师幼关系更是让90%的新生入园分离焦虑期缩短到一周左右。公众平台上数万条的留言更是对二幼教师爱岗敬业、爱生如子的精神给予肯定和称赞，在这样爱的反馈中，激励教师不断前行。

在扎实推进"立德树人"，深入探索师德培养的有效机制过程中，我们捧着对幼儿教育的初心，对家长的责任心，对孩子的爱心，让师德建设由制度管理走向行为自觉，在园所内形成一股不经行政推动而自发传播的力量，融情育爱，师德伴童年，每一位教师都在教育的舞台上成就一份最美的事业，展现出新时代幼儿教师的风采。

六、立德强基，规范保教行为

北京市大兴区黄村镇第一中心幼儿园园长　王晨光

《新时代幼儿园教师职业行为十项准则》指出：要规范保教行为，尊重幼儿权益。我认为尊重幼儿权益首先要尊重幼儿的年龄特点，尊重幼儿的发展要求。立德树人是发展中国特色社会主义教育事业的核心所在，是培养德智体美劳全面发展的社会主义建设者和可靠接班人的本质要求。培养什么人、怎样培养人、为谁培养人，这个根本问题是不断引领幼儿园夯实立德树人根本任务的方向标。因此，我园在教师队伍建设、教育教学工作、家园协同等方面紧紧围绕立德树人这一根本任务勇于实践和探索，致力于打造师德纯正、家风纯净、幼儿纯美的和谐园所。

1.强化师德教育，纯化教师队伍

常言说，人无德不立，国无德不兴。习近平总书记强调："核心价值观其实就是一种德，既是个人的德，也是一种大德，就是国家的德、社会的德。"没有具备高尚师德的干部、教师队伍是教不出好学生的。我园始终坚持把"明大德、守公德、严私德"作为师德建设之根本。

（1）明大德，铸牢精神支柱，坚定理想信念

坚定正确的政治信念，是一个人首先要修好的"大德"，也是立身做人的"定海神针"。我园为树教师之大德，以政治学习为引领，组织干部、教师学习研讨习近平总书记重要讲话精神及市区级教育大会精神，掌握当前教育背景，明确教育任务及方向，坚定全体教师的理想信念。树立正确的世界观、人生观、价值观，争做"四有好老师"，争做幼儿的"四个引路人"。

（2）守公德，强化文明意识，校正人生坐标

德高为师，身正为范。教师要教育好幼儿，首先自己要有高尚的道德情操。中华优秀传统文化中的文明意识源远流长、丰富多彩。因此，我们引导教师积极从中华优秀传统文化中汲取营养，充分发挥优秀传统文化怡情养志、滋养心灵、涵育文明的重要作用。通过开展"中华优秀传统文化在幼儿园的实践研究"及"珍视传承优秀传统文化"专题培训，"激发提振坚定民族自信师德教育专题培训"，促进了全体干部、教师把坚持"以为幼儿服务为核心，以提升职业道德为基本要求，以形成团结互助、平等友爱的人际关系为原则"的要求落到实处。

（3）严私德，锤炼意志品质，恪守做人准则

以师德选树、最美家庭评选、五星评选等活动为载体，激发教师严以修身、厚以责己、薄以责人、崇德向善的高尚情怀，培养教师创新、实干、奉献、互助的品质；创建班级微笑墙，引导教师时刻将微笑传递给每一名幼儿及家长，坚守教育初心，用崇高的爱国情操、专注的敬业精神、质朴的诚信素质、宽容的友善人格，书写对中华民族核心价值的坚守，以人格魅力铸就事业丰碑、创造人生辉煌。

2.以活动为依托，坚持五育并举

坚持五育并举，"培养德智体美劳全面发展的社会主义建设者和接班

人"，是教育工作的根本任务，也是教育现代化的方向目标。为此，我园坚持"心中有目标，行动有方向，幼儿有发展"的特色幼儿活动创设理念，多角度推进幼儿综合素养的提升。

（1）突出德育实效

孩子是祖国的未来，是家庭的希望，幼儿阶段是培养良好品德行为的关键时期。我园借助清明节、中秋节、父亲节、母亲节、重阳节等重要节日契机，进行感恩、孝道的教育；利用每周一的升旗仪式，通过"轮流争当升旗手""爱国歌曲表演唱""教师国旗下讲话"等环节，以及新中国成立70周年"我和我的祖国"系列活动，进行爱国主义教育；通过开展"晨间宝宝接待""小客人来我家""文明礼仪手抄报"等活动，进行礼仪教育以及"品格课程"的开展与挖掘，最终达到从小培养幼儿具有良好的道德品质，树立正确的世界观、人生观、价值观。

（2）创新智育途径

"生活即教育，只有与生活相结合的教育才是真正的教育。"我园将这一理念贯穿幼儿的一日生活，深入挖掘课程内涵，开展丰富的教育活动及区域活动，并在区域里投放多样的、充足的、适合不同层次水平幼儿发展需求的活动材料，支撑幼儿活动，同时融入教师的有效指导，从而不断发展幼儿发现问题、解决问题的能力，使幼儿持续获得新经验，增长知识，提高技能。

通过"传承经典　童心诵读"活动，让幼儿从小诵读古典诗词，储备丰富的词语，渗透传统文化内涵，为后期的文学素养发展奠定基础。"跳蚤市场"系列活动的开展，激发幼儿想办法与同伴互换，发展语言表达、沟通、交往、合作等多种能力。

（3）强化体育锻炼

体育是增强幼儿体质，发展体力和运动能力的教育，是有效实施各育的基础保证。我园依托户外混龄阳光区域游戏、民间体育游戏节、幼儿运动会等形式激发幼儿参与体育活动的兴趣，培养幼儿自信、勇敢、坚毅的意志品质，发展幼儿的身体协调能力，增强体质。

（4）增强美育熏陶

培养幼儿感受美、欣赏美、创造美的能力是幼儿美育培养的重要目标。我园依托自由鸟美术课程、班级美工区域特色、美术工作室，促进幼儿美育综合素养的提升。通过"六一民俗文化节"，组织幼儿观看非物质文化遗产演出，使其亲身感知非遗文化中的优秀元素，培养幼儿审美能力、高尚情操和文明素养。

（5）重视劳动教育

优化综合实践课程活动，发挥劳动综合育人功能，我园依托"小脚丫走天下"亲子社会实践活动，让幼儿亲身体验农作物的春播秋收，体验植物的种植方法，大家一起采摘白薯、种花生、植树，近距离地感受了农耕生活，体验劳动的乐趣。开展"我劳动　我快乐"劳动体验、"勤劳小使者"家庭劳动打卡，以及"我为小朋友服务"等活动，鼓励幼儿做力所能及的事情，幼儿通过观察、采访、体验，萌发幼儿尊重劳动者、热爱劳动的社会情感。

3. 建立协同机制，促进家园共育

习近平总书记指出，"家庭是人生的第一所学校，家长是孩子的第一任老师"，要给孩子讲好"人生第一课"，帮助"扣好人生第一粒扣子"。可见，家庭教育的重要性。

（1）家教指导，更新理念

首先要让家长深刻认识到：家庭教育才是真正的人生"起跑线"。为人父母的职责与任务是对孩子的启蒙教育，教给孩子做人的道理。因此，我园非常重视对家长的引领教育，通过开展体验式家长会、亲子共读、参与式家长教研、定期发布"正面管教"公众号及举办"正面管教"讲座等多种活动，帮助家长树立正确的成才观，掌握科学的教育方法，学会鼓励孩子的方法，提高家长的教育能力。

（2）良好家风，能量之泉

传统家风可归纳为"仁义礼智信"和"孝悌忠信礼义廉耻"。人类的发展，社会的进步不断丰富了家风的内涵，以家风涵养社会主义核心价值观，已成为社会主义文明的新途径。我园积极开展"知礼仪 传家风手抄报"亲子制作、展示和参观，教育引导家长重视良好家风的传承与建设，为幼儿的健康成长创造良好环境。

（3）言传身教，榜样示范

家教靠的是家长的言传身教、以身作则、以道德力量潜移默化地感化孩子的心灵。我园家长积极报名参加护校队执勤、故事妈妈进班级、义工服务等活动，以身作则为孩子树立学习榜样，在孩子幼小的心灵中播下了服务他人、无私奉献等美好品德的种子，帮助他们形成美好心灵，促使他们健康成长，长大后成为对国家和人民有用的人。

学前教育是"根"的教育，对人的一生发展起着至关重要的奠基作用，需要幼儿园、家庭、社会共同努力，尊重幼儿、关爱幼儿、发展幼儿，使孩子们从小养成良好的生活习惯、学习习惯、品德习惯，成为合格的社会主义建设者和接班人。

七、基于"共情润心 双格发展"的师德建设"四维"体系

中国儿童中心实验幼儿园园长 杨彩霞

"教师发展，师德为要。"师德建设是一个"传统"的"新"课题，在落实立德树人根本任务的历史新时期，具有尤为重要的意义。习近平总书记在全国教育大会上指出，教师是人类灵魂的工程师，是人类文明的传承者，承载着传播知识、传播思想、传播真理，塑造灵魂、塑造生命、塑造新人的时代重任。教师对于学生个人成长、社会发展、民族复兴，乃至整个人类的文明进步都发挥着重要的作用。

学前教育是整个学校教育中，教育者与受教育对象之间年龄差距最大和心理距离相对最大的一个时期，更需要教师俯下身来，倾听幼儿的心声，共情幼儿的认知、情感和行为，呵护幼儿的心灵；同时学前教育阶段也是个体毕生发展过程中，身体和心理发展变化最快的一个时期，幼儿身心尚未成熟，更需要成人的关爱与引领。

《中共中央 国务院关于学前教育深化改革规范发展的若干意见》《新时代幼儿园教师职业行为十项准则》《幼儿园教师违反职业道德行为处理办法》等文件为师德建设指明了方向、提出了具体要求，与此同时"红黄蓝幼儿园虐童事件"等恶性事件的发生也为师德建设敲响了警钟。

中国儿童中心实验幼儿园一直非常重视师德建设，为探索学前教育阶段师德建设的长效机制，在传统师德建设活动的基础上，我园以科研为先导，围绕"共情润心 双格发展"的教育理念，开展了师德建设的实践研究，探索形成以儿童权利观为师德之基础、法律为师德之底线、道德为师德之根本、能力为师德之保障的师德建设"四维"体系，以支持教师职业发展、支持儿童身心发展。

1. 以高尚师德践行"共情润心 双格发展"教育理念

我园是以"共情润心 双格发展"为办园理念，为儿童幸福美满的人生奠定基础。"共情"即感同身受，做出适宜的情感性应答；"润心"即用情感滋润人的心灵。"共情润心"即通过共情环境的营造、共情互动的行动来润泽人的心灵，从而实现儿童健康人格、健康体格的和谐发展。

共情是道德发展的基础。在教育实践中，教师需要具备高尚的职业道德，运用"共情润心"的理念和方法，共家长之情、共教师之情、共儿童之情，在尊重平等的教育氛围中，以爱育爱，促进儿童积极、主动、富有个性而全面地发展。

2. "四维"体系，创新师德建设

构成师德建设"四维"体系的儿童权利观、法律、道德、能力之间相互作用、相互影响，共同形成了一个有机整体作用和体现在教师的职业素养之中。

（1）儿童权利观：师德之基础

1989年联合国起草和通过的《儿童权利公约》，共54项条款，规定了世界各地所有儿童应该享有的数十种权利，其中包括最基本的生存权、全面发展权、受保护权和全面参与家庭、文化和社会生活的权利等。

为了充分保护儿童权利，我园从三个层面加强了儿童权利视角下的师德建设工作。一是引导教师掌握儿童发展特点和规律、树立科学的儿童观。例如，通过《一笔画儿童，一笔画成人》等体验式培训活动让了解儿童、尊重儿童、树立科学的儿童观成为一名合格幼儿教师的基本要求。二是引导教师深入理解儿童权利。例如，儿童权利卡片分类等体验式培训活动，使教师认识到儿童是有权利的，理解儿童权利是尊重和保护儿童权利的基础。三是引导教师以儿童为中心，采取恰当的教育行为，支持儿童发展，促进儿童权利的实现。例如，通过与儿童权利保护相关的典型案例分析，使教师认识到儿童是有权利的，尊重和保护儿童权利是成人的责任，同时知道如何采取有效的措施促进儿童身心健康发展。师德培训主要采用专家引领与日常教研相结合，促进教师将儿童权利观、儿童权利保护内化于心、外化于行。

（2）**法律：师德之底线**

法律是最低限度的道德命令，作为教师既要追求高尚的职业道德，又要守住师德底线——遵纪守法、依法执教。依法执教既是对教师教育行为的规范与要求，又是对教师教育行为的保护。分析社会上发生的虐童事件，其中有的教师并不清楚自己的行为已经构成了虐童行为、触犯了法律，也有的教师以"为了孩子好""孩子过于调皮"等借口对儿童实施了违法行为。因此，法律的实施能够加强教师对师德的重视和认识，也能够净化教师队伍，同时还能够促使教师加强对儿童和自己教育教学的深入研究。教师应该主动参加法律学习，成为守法楷模。

知法学法。"知法学法"是教师守法用法的基础。为了保障教职员工的学习，我园为教职员工购买了大量的法律法规书籍，如《中华人民共和国未成年人保护法》《中华人民共和国教师法》《中华人民共和国义务教育法》《学生伤害事故处理办法》《中华人民共和国食品安全法》等。同时定期组织教职员工学习国家法律法规和文件政策，结合发生的幼儿教育消极事件及时学习研讨，结合日常教育教学事例及时学习研讨。

守法用法。遵守法律，依法执教，既让教师守住师德底线，又让教师充分利用法律保护儿童。同时我园组织教师积极指导家庭教育，向家长宣传《儿童权利公约》《中华人民共和国义务教育法》等相关法律规定，使其知晓幼儿园的相关规定，家校合力共同促进孩子们健康快乐成长。与此同时，教师运用法律保障日常教育教学的顺利实施，维护教师权利。

（3）道德：师德之根本

育人先塑己，树人先立己。在庆祝改革开放40周年大会上，获得"改革先锋"称号的于漪老师曾指出："什么是教师？教师就是给学生点亮人生明灯的人，当然首先要自己心中有太阳。教师心中没有太阳，怎么把阳光洒到学生的心中。"为提高教师的思想道德素养，我园从思想建设、制度建设、活动建设、文化建设等各方面进行了整体规划，并开展了形式多样的师德建设工作。

思想建设。"有理想信念、有道德情操、有扎实学识、有仁爱之心"的"四有好老师"为师德建设指明了方向。我园将教师思想建设融入到教育教学环节之中（如师德宣言、师德承诺书等），提高教师的政治站位，以坚定的职业理想信念、执着的精神坚守幼教一线。

制度建设。在制度建设方面，我园建立了师德考核制度，制定了一套师德师风考核评价体系，建立了师德师风学习制度、师德承诺制度、师德师风互帮互助制度、师德师风督促反馈制度等，并研制了师德师风考核的实施方案，在日常工作中落实推进。

活动建设。在活动建设方面，我园将师德建设与日常教学和管理工作密切结合，使师德活动常规化，融入教学与管理的各个环节之中。例如，注重党风建设活动，运用党建工作"五法宝"推进队伍师德师风建设；开展师德演讲，师德情景剧表演，展示优秀教师风采、树立良好师德榜样；进行团队建设活动，凝心聚力，愉悦身心，提升人文素养与品行修养等。

文化建设。我园融合"共情润心　双格发展"的办园理念，坚持以研促教的强园之路，不断提升两支队伍的整体素养，充分利用、整合中国儿童中心的资源优势，不断提高办园水平，同时形成了共情、自由、平等、诚实、守信和积极向上的文化氛围。我园的教育理念墙，充满温情的"爱心抱抱"主题围栏，各班级内共情幼儿的"情感小屋""我的'哇'时刻"展示，用爱心浇灌幼教事业、展示教师风采的"爱的港湾"等，都深刻蕴含着"共情润心　双格发展"的教育理念。

（4）能力：师德之保障

"德以导能，能以表德"，教师的"德"与"能"是辩证统一的关系，相辅相成、相互影响。申继亮教授在其主编的《师德心语——教师发展之魂》一书中指出："德"规定了"能"的方向，同时也是教师做好本职工作的动力。"德"可以促进"能"的形成，教师的德行修养越高，就能越好地履行教师职责，教书育人的效果也越好。教师如果没有扎实的专业基础和文化素养、优良的组织教学能力，那么"德"就成为空谈。

教育是一项充满爱的事业，为了让教师具备爱的能力，"以爱育爱"，我园以"沙盘活动"和"教育戏剧活动"为载体，对教师进行了共情能力的培训，进行提升心理健康能力、家校沟通能力等的培训。同时，为了推动教师将师德主动融入到日常教育教学行为之中，主动去理解儿童、尊重儿童，创设多样化环境关爱儿童、支持儿童发展，我园每年进行"共润杯"教师教学活动大赛。在评价标准中，师德是其中的一项重要内容，例如"教育环境"指标中"班级氛围民主、和谐，师生之间、幼儿之间关系平等、友好，师生之间能够换位思考，互相理解、互相尊重、互相关爱、互相信任、互相支持和鼓励"；"综合评价"指标中"教师能从幼儿学习和发展角度对自己的半日活动进行反思，积极看待和接纳他人建议"等。

3. 与爱同行，师德建设在路上

（1）师德建设是一项系统工程

从生态系统论的角度来说，师德既受到教师自身因素的影响，又受到幼儿园内部环境的影响，还受到家庭、社区、社会大环境的影响。我园在进行师德建设"四维"体系探索的同时，采取了提高幼儿教师工资待遇等保障措施。从全社会来说，还需要共同创设尊师重教的良好氛围，充分重视幼儿教师的作用；行政部门需要进一步提高幼儿教师工资待遇、社会地位等配套制度，加大师生配比等；高校需要加大幼儿师资的培养力度等。

（2）师德建设是一个常态化的过程

马克思曾指出："整个历史也无非是人类本性的不断改变而已。"对于个体来说，道德修养也是一个毕生追求与完善的过程。师德建设既是一项短期内需要严格落实的核心工作，又是一个长期积累的过程。既需要高尚师德文化氛围的积淀，又需要管理者为他们提供学习与完善的机会，不断提升教师终身学习的意识与能力。

（3）师德建设由制度管理走向行为自觉

理想信念是师德之魂，要持续加强教师的理想信念教育。同时以积极心理学理念为指导，为教师提供积极发展的制度环境与心理环境，激发教师自我完善的内在动机，促进教师积极心理品质的发展。例如促进积极心理学所倡导的六大美德（智慧与知识、勇气、仁爱、正义、自我约束、自我超越）、24项积极心理品质的发展。

"双格教育教于行，共情润心润无声"，中国儿童中心实验幼儿园将继续秉承"共情润心　双格发展"的教育理念，一如既往地以幼儿园教师特有的睿智、仁爱、执着、敬业、奉献，践行着"太阳底下最光辉的事业"，展现着新时代幼儿园教师的职业风采！

八、以"享趣教育"文化为引领，助力新时代师德建设

北京市大兴区亦庄镇第二中心幼儿园园长　王娜

　　师德，即教师职业道德，是指教师在从事教育教学活动，履行教书育人职责时必须遵循的行为准则和道德规范的总和。师德是教师的灵魂，是教书育人的根本。它强调教师的个人修养、个人知识的积累和传道授业解惑的能力，以及在本职工作中的特有气质、工作态度和工作作风。

　　党的十九大报告指出，要全面贯彻党的教育方针，落实立德树人根本任务。新时代的幼儿园教师，卓有成效地做好师德建设，提升幼儿园教师的师德素养是首要任务。师德建设，是对教师坚持正确的引导，教育其树立正确的思想观、价值观、人生观，增强其教书育人的自觉性和以身立教的社会使命感。亦庄二幼深刻理解师德建设的内涵，顺应国家教育发展趋势，在园所"享趣教育"文化引领下，对师德内涵的理解有着一些思考与实践。

　　"享，献也。"《说文》中，"享"既有受用的意思，也有贡献的意思。趣，从走从取，快步趋之，积极向前，必有所取。趣有主动获得之意，体现了成长的积极性。亦庄二幼围绕"享趣教育"的内涵，提出了"乐享·启趣"的核心理念，以生活性、趣味性、自主性为原则，在享趣中唤

醒教师的内在师德力量，促进教师积极成长。

1. 乐享幸福，滋养情感，唤醒教师的事业心

对于新时代的幼儿教师而言，她们性格开朗奔放，有自己的思想和个性，那么师德建设如何入脑入心呢？伟大的人民教育家陶行知曾说："一切的学问，都要努力向着人民的幸福瞄准。幸福是一种感觉，更是一种信仰。"为此，我园以"乐享幸福"为宗旨，加强教师师德建设。

（1）乐享生活的幸福

幸福力最大的源泉之一就是生活，在生活中充满热情的人，在工作中会表现出更多的热情和朝气，从而彰显个人修养和工作作风。作为一名幼儿教师，每天面对的是3—6岁的幼儿群体，孩子的世界是简单快乐的，但又时常会制造一些小麻烦。教师需要克服自己生活中的不良情绪，以积极的状态、饱满的热情投入到工作之中。因此，我园师德建设工作着眼教师的生活，关注教师的生活幸福指数。我园积极建设教工之家、健身房、母婴关爱室、图书室，开展瑜伽、舞蹈、书法等社团活动，为教师营造温馨舒适的生活环境，便于大家工作之余的愉悦放松。另外工会开展丰富多彩的文体活动，如妇女节、教师节、生日会、庆新年等活动，增添教师的生活仪式感，让大家在幼儿园这个大家庭中感受家的温暖。

乐享生活的幸福是要让教师懂得生活、热爱生活，从而滋养教师乐观、开朗、包容的情感态度，唤醒师德，从内心深处关心呵护幼儿心灵。

（2）乐享事业的幸福

教师职业道德规范中提到："热爱幼儿教育事业"。这是教师日常工作中应践行的行为准则，而不是一句空洞的口号，那么如何有效落实这项准则要求呢？我们认为只有教师在个人发展过程中感受到职业幸福感，才能让教师真正地理解职业的意义，并将教育工作作为自己一生为之努力的事业。为此我园以乐享事业幸福为目标，充分发挥园所文化建设的引领，

分层次培养教师队伍，中层干部深入一线指导业务，骨干教师发挥辐射作用，积极聘请专家指导，高质量开展教科研工作。通过理论与实践有效结合，帮助教师提升业务能力，使其从学习型教师向研究型教师发展，从而体验工作的胜任感、快乐感，也进而自发地展现出教师内在的师德力量。

同时，我园用尊重、赏识和激励的手段，给予教师充分的信任和肯定，积极搭建平台，展现教师师德魅力，开展"我的师德故事""我身边的师德榜样""师德伴我成长"等多种活动，让教师在真实、平凡的工作经历中，强化自我认同、他人肯定，使教师的积极性得以发挥，从而激发教师对教育事业的满怀热爱。

2. 以情促趣，以趣导行，点燃教师的内在动力

乐趣是在做一件事时能产生快乐、喜悦、自豪感等情绪反馈；情趣是在乐趣的基础上投入情感，形成爱好；志趣是把乐趣和情趣联合起来，确定未来的发展方向，并为之努力和奋斗。我园认为师德师风建设与培养高素质教师队伍是相辅相成，互相促进的。基于这样的思考，我园以"启趣"为核心，注重发挥教师自主性，以情促趣，以趣导行，以行树德，让每一位教师都行有力量，从而落实以趣促德的师德建设工作。

（1）启迪心灵，以乐趣点燃师德内在力

乐趣是成长中的快乐体验和积极情绪，做一件事时能收获乐趣，就能够产生积极的情绪体验，感受到幸福与满足。我园注重教师教学能力的培养，积极开展基本功培训与考核，半日活动指导与观摩，教育活动评比与展示等活动，创新活动形式，激发教学乐趣，发掘教师个体的闪光点，肯定教师的每一次成长和进步，助力教师形成更稳定的心理状态和师德素养。

（2）启导行为，以情趣促进自我行动力

情趣是对乐趣的进一步升华，注入了感情的情趣比乐趣在程度上更为

深刻，在时间上也更为持久。将乐趣升华为情趣，才能更好地投入其中，更加积极地将思想付诸行动。行动力是怀着积极向上的态度，在"做"的过程中不断提升自我。我园注重创设多元体验的空间，激活教师的研究能力。一方面以研促教，开展集体教研、"研究合作组"等活动，涵养教师职业情趣。另一方面，通过开展师德专家讲座、教师春秋游、团队拓展、分部门心理疏导等活动，拓展趣味性的情境，增进同事之间的互动和交流，让教师在自由表达、合作共融的过程中，激发师德，促进自我行动力。

（3）启发智慧，以志趣注入发展原动力

智慧是包含多种元素的综合能力，也是教师师德素养和业务能力的综合体现。我园坚持"以人为本"的原则，着眼于教师的长远发展。通过组织业务学习和教科研培训等，更新观念，提升专业理论水平，引导教师立足岗位，尽情施展教育智慧，不断探求新的教育教学的方法和途径，实现创新性发展。

志趣是结合乐趣和情趣而确立的志向和意趣，人只有志向高远，才会有高度的学习自觉性，才能锲而不舍地追求自己的人生目标，才能更有发展力。发展力是以教师自身师德素养为内核动力，它既有信念引领下的成长自觉，又有智慧驱动下的创新发展。我园注重培养教师高尚的理想信念。一方面以师德理论学习等手段，树立教师教育信念，涵养责任与担当，葆养教师志趣，以此唤醒教师的成长自觉；另一方面为教师搭建发展平台，开展园所开放活动，鼓励教师承担各级展示活动，请教师为家长、社区开展专题讲座等，为教师成长注入发展原动力。

总之，幼儿教师是幼儿园保教活动的直接实施者，是师德建设参与中的主要成员，只有提高教师的师德素养，加强园所师德建设工作，才能保证幼儿健康全面发展，同时促进教师的专业成长。

幼儿园师德建设不仅需要幼儿教师自身的努力，也需要园所营造良好的文化氛围，为幼儿教师创设良好的外部发展环境，有助于他们良好的专业成长和自身价值的实现。因此，我园为教师创设宽松、愉快的工作和生活环境，给予他们物质和精神上的关心以及情感和心理上的支持，开展人性化管理，有针对性地帮助教师培养良好的心态，营造良好的人际氛围和心理环境。

习近平总书记提出，要把立德树人的成效作为检验学校一切工作的根本标准，真正做到以文化人、以德育人。[①]文化为根、德育为魂，在幼儿园的师德师风建设工作中，我园将"乐享·启趣"融入其中，提供和储蓄积极的情感支撑和发展动力，促进师德建设工作落实到每一位教师的内心深处，落实到每一位教师的实践行动中，进而助力教师的成长、园所的发展！

---

① 习近平：《在北京大学师生座谈会上的讲话》，人民出版社 2018 年版，第 7 页。

九、柔性管理

——让师德焕发最亮的光彩

北京市大兴区黄村第三幼儿园园长　郭嫒

2018 年 7 月，我接手了一所乡镇中心园，承担起带领团队迈向立德树人、追求卓越的奋进之路。

初入新园，我做的更多的是走进每一间教室、了解每一个工作岗位，去感受着园所的工作氛围和教师的工作状态。相对而言，园所的各项规章制度齐全，并有比较完善的监督管理机制。只是，老师们在参与学习研讨时常常一言不发，在陪伴幼儿游戏时总是规定多于激发，一板一眼中缺少了一份暖意。

这让我想起著名的"北风和南风比威力"的故事：为了让街上行人快速脱掉大衣，北风得意扬扬地释放出寒风凛冽的威力，一时间冷得刺骨，行人都把大衣裹得紧紧的；而南风则缓缓地释放自己的能量，徐徐吹动中带来风和日丽，行人们身上渐暖，开始解扣脱衣……南风最终获得了胜利。其实，这就是一个刚性管理与柔性管理的较量。刚性管理，更注重建章立制和职务的强制性和奖惩性，用权力、制度来约束管理员工；柔性管理，则以人为中心，力求赋予员工以权力和能量，用理解、认同来激发内在潜力和主动性，让爱与温暖萦绕于心。

作为管理者，既要依靠法定权力本身带来的权力性威信，更应以自己的品德、智慧、才干、成就等人格因素去形成感召力，形成以榜样的示范性和导向性为基础的"柔性管理"模式。因此，我带领班子成员，借鉴了"南风式"管理方法，为工作注入真情实感，采取对话、记录、展示等方式，让每个努力的身影被看见，让每个爱的行动被认可，让每个美好瞬间被欣赏，从内心深处来激发每位教职员工的内在潜力、主动性和创造精神，把组织意志变为个人的自觉行动，并将这种爱与激励的温度和力量，传递给身边的孩子们，这样的爱不但具有温度，更是具有专业性的爱。

1. 走心的对话，唤醒爱的能量

第斯多惠说过：教育的艺术不在于传授的本领，而在于激励、唤醒和鼓舞。管理又何尝不是这样呢？每个人在成长过程中都会遭遇烦恼和曲折，如果管理者能够善于洞察，适时睿智地给予分析和鼓励，就能帮助教师打开心结，让积极主动成为日常。

我刚刚接手新园不久就发生了一件事情，因为沟通不力，一点小事却让家长提出了调班的要求。这让小刘老师的思想发生了波动，一时间灰心丧气，竟然有了离职的想法。我找到保教主任和同班老师，了解事情的整个过程后，亲自找到小刘老师，起初，她顾虑重重，以为我要严厉批评她。但是，我却是一句句重新还原事件中她所说过的话，先听听她这样说的想法和道理，再讲讲作为听者所得到的感受。然后，我试着把她的想法用另一种话语表达出来，再体会一下这样表述所带来的感受。这样做，既没有完全否定她，又让她能认识到自己言行中不妥之处。小刘老师一时顿悟，原来，家长的抵触和不信任，是自己的一些言语所带来的。看着她很懊丧的样子，我也向她分享了自己初为人师时的小烦恼、小失败，告诉她，这是每位新手教师的必经之路，关键在于认真地思考和不断地修正行为。

在我的鼓励下，她主动找到家长进行沟通，并特别注重向家长展示孩子的点滴成长瞬间，终于重获家长的信任，工作起来更加顺畅，与幼儿和家长建立了友好和谐的关系。在全园大会上，刘老师分享了自己的心路历程，大家的认可成为她的成长撬动点，越来越积极、主动的工作状态让她有了更多的展示自我的机会，在园内讲故事比赛中大放光彩，并代表园所在全区比赛获得优异成绩。

走进教师的内心，捕捉了教师的工作状态，与她们推心置腹地对话，为其创造宽松、平等、相互尊重和信任的工作环境，才能充分调动教师的积极性、主动性和创造性，产生积极正面的影响。因此，我们将对话作为干部的月工作重点，把握每个人的特点，走进她内心最柔软的地方，尝试去了解、感受教师的工作困惑，为她们的成长寻找一个支点，让我们的团队更加积极向上、和谐灵动。

2. 走心的记录，诠释爱的能量

教师是倾听者，听你诉说童言趣语；教师是陪伴者，陪你走过春秋冬夏；教师是追随者，跟你一起探索这世界的奥秘……每位教师在教育生涯中都会书写各种记录，如果管理者能够善于引领，积极有效地给予点拨和肯定，就能帮助教师梳理经验，让行动研究成为日常。

童年的独特的价值，儿童发展的独有规律，儿童成长的每个脚步，都会在记录中闪耀光彩。2019年5月起，我带领教师尝试用"游戏故事"的方式记录孩子游戏的每个"哇"时刻，让他们的需求被看见，让他们的学习被认可，也让教师专业的爱被诠释。

比如，在户外区域的设置上，老师们都按照惯例进行了划分和准备。我要求他们必须参与孩子的游戏，随后要与孩子进行交流讨论，一定要记录孩子们游戏中所说的话，哪怕是看似不经意的一句。两周后，我们进行了一次教研，大家分享自己记录的孩子的原话，同时分享自己参与游戏的感受。一句句地念，一句句地听，一句句地想……老师们忽然有了恍然大悟的感觉：原来，我们想的不一定是孩子需要的；我们觉得没啥可玩的不一定就没有学习的价值。孩子们不仅有自己的经验，更有很多自己的想法。于是，老师们重新规划了室外活动场地，并在孩子的帮助下予以命名：泥巴厨房、威力 CS 体验馆、迪士尼乐园、丛林探险馆、沙水乐园、花园寻宝、小小菜园、赛车俱乐部等，孩子们的游戏梦想成真，为他们带来成长的快乐，更为老师带来成就感、幸福感和使命感。

在教师的记录里，我们会读到一份惊喜，也会读到几分快乐；会读到飞扬感动，也会读到冷静的思考，他们惊呼：原来，每时每刻，孩子们学习行为都在自然而然地发生着。这样走心的记录，既是站在幼儿的角度去感受童心童趣，看见他们的兴趣点和学习能力，又是基于理论的基础去思考和分析，从而在材料投放、环境创设、师幼互动等方面给予有效的支持与引领，为幼儿创设自主学习、自信创造的空间，充分发挥自身的教育作用，获得更多孩子的拥戴，不断看见更加努力、更加自信、更有价值的自己。这样的记录方式，使教师与幼儿真正地对话，多一分理性思考，成就一份更加专业的爱，让我们的团队更加激情四射、闪耀光芒。

3. 走心的展示，释放爱的能量

众所周知，每个人都有生理需求、安全需求、归属和爱的需求、尊重的需求和自我实现的需求。马斯洛需要层次理论，带给我们最大的启示就是要看见幼儿园里的每个人，看见每个人工作的身影和努力的样态。如果管理者能够善于搭台，开放平等地给予展示和赞赏，就能帮助教师不断修为，让爱与奉献成为日常。

对于幼儿园教师来说，全身心融入于幼儿的一日生活中，往往会忘却了自己，但是，这并不意味着可以忽略他们的每一善举和爱意。我为管理团队提出了要求，就是去捕捉教师的优势和亮点，发现教师工作中的美，给予教师正面积极的鼓励和回应。虽然，我们都有撰写管理故事的要求，但是，这些故事如何呈现并发挥最大价值呢？

于是，我们在全园会上增添了"爱的讲述"板块。起初，故事的讲述者是自己，每个人把自己在工作中的做法和感悟分享给大家，在彼此的交流和对话中获得归属感和被认同感。随后我们发现，老师们更愿意讲述自己身边的老师的平凡举动。于是，我们将"爱的讲述"放大于整个团队，和教师一起去寻找、发现身边最美的瞬间，用图片或文字记录的方式予以呈现，既有老师与幼儿投入游戏的瞬间，也有老师与家长亲切交谈的画面，还有大家相互帮助、共同学习的一幕。大家发现，爱很简单，又不简单，他们享受着这份爱，也把"爱的讲述"延伸到班级微信群和家委会中。

我们发现，老师最期待的、最享受的，就是全园会上这个"爱的讲述"的环节，每一个人都可能成为讲述者，每一个人又都可以成为被讲述者，伴随着小惊喜、小感动、小兴奋，每个人都成为创造美、发现美、感受美和记录美的那个最最重要的人。大家在交流中感受爱的心流，在听同伴的讲述中发现彼此，让我们的团队更加充满温暖、迸发力量。

孟子曰："以德服人者，心悦而诚服也。"立德树人，涵养师德，规章制度是坚实的前提，而柔性管理手段更充分激发和汇集团队的力量，也改变着教师的视角和行为。北风凛冽，行人裹衣；南风柔暖，行人宽衣。多一分关心与尊重、多一分对话与沟通、多一分激励与肯定，必将以柔见心，春风化雨，让师德的光彩点亮团队、成就最好的我们！

责任编辑：王世勇　赵圣涛

封面设计：王欢欢

责任校对：刘　青

图书在版编目（CIP）数据

百名中小学校长谈师德／鲍传友，张曦丹 主编．—北京：人民出版社，
　2020.11

ISBN 978－7－01－022566－1

I.①百…　Ⅱ.①鲍…②张…　Ⅲ.①中小学－师德－研究　Ⅳ.① G635.16

中国版本图书馆 CIP 数据核字（2020）第 205306 号

百名中小学校长谈师德
BAIMING ZHONGXIAOXUE XIAOZHANG TAN SHIDE

鲍传友　张曦丹　主编

人民出版社 出版发行

（100706　北京市东城区隆福寺街 99 号）

北京盛通印刷股份有限公司印刷　新华书店经销

2020 年 11 月第 1 版　2020 年 11 月北京第 1 次印刷
开本：710 毫米 ×1000 毫米 1/16　印张：26
字数：380 千字

ISBN 978－7－01－022566－1　定价：98.00 元

邮购地址 100706　北京市东城区隆福寺街 99 号

人民东方图书销售中心　电话（010）65250042　65289539